絵D－13　チポリーノの冒険（本文91ページ）

絵K－13　チポリーノの冒険（本文121ページ）

絵S－13　ね　こ（本文146ページ）

絵K－12　チポリーノの冒険のさくらんぼ城（本文158ページ）

絵4　ドリトル先生アフリカゆき（本文191ページ）

健常児の長靴（本文131ページ）

K君の長靴（本文131ページ）

改装版　さくら・さくらんぼの
障害児保育

斎藤公子　編著

Kフリーダム

はじめに

一九八一年、国際障害者年のはじめに、私は、ひとりの障害をもつ学童くらぶのこどもを亡くしてしまった。彼女はまもなく小学校の四年生になるはずであった。ほんのわずかの時間ひとりで家におかれた間に、早春まだ残る寒さをきづかってのストーブの火が、親心に反し災いしたのであろうか、焼失した家の中で死んでいたのであった。

自閉症児であった彼女は、さくら保育園で三年、さくらんぼ学童くらぶで三年保育されたのであった。それなのに、ふりかかる災害からのがれ、自らのいのちを守る〝力〟をつけてやれなかったという事実に、深い悔恨の念に私はかられるのである。

「せっかくここまで育てて下さったのに」と御両親は私どもにわびられたが、わたしたちこそ御両親に対し申しわけない気持でいっぱいである。

いったい彼女は、突然おそいかかってきた猛火から身を守るためにどのような行動がとれたのであろうか。なぜ外にのがれ出ることができなかったのか？

お母さんの話では表側はかぎはかかっていなかったとのこと、それなのに彼女は裏側の台所にゆき、お父さんの話によると、流しの下の戸をあけ、頭を中に入れていたとのことであった。

彼女はやはり必死に行動していたのであった。それが何故に流しの下にはいろうとしたのか。水を求めて台所に行ったのか？　煙をのがれて流しの下に頭を入れたのであろうか？　それとも、小学校の担任の先生の話によると、彼女は、災害訓練のときはいつも机の下にはいる、ということを身につけていた、とのことであったが、その訓練での学習がそうさせたのであろうか?

それにしても、どんなことをしても外にのがれ出る、という力をつけることができなかった保育、学校教育が悔やまれるのである。このことは、私の非力をみせつけてくれた。

それにもかかわらず、あえて、これまでわたしたちが行なってきた障害児保育についてまとめる決意をしたのは、埼玉大学の清水寛先生の暖かいはげましと、青木書店の千田顕史氏の粘り強いおすすめがあってのことである。

彼女のことを電話で清水先生につげたとき、先生はこう話してくださった。

「斎藤さん、心理学者の城戸幡太郎先生から直接うかがったことがあります。大正十二年の関東大震災のとき城戸先生の親友が校長をされていた小学校で、『普通学級の子どもの大多数が生き残ったにもかかわらず、障害児学級の生徒たちは、その危険からかれら自身の生命さえ救う方法を見いだすことができなかった。そのことから、知能というのは、ただテストなどによって評定される能力ではなくて、環境に適応して生命の危機から自分を安全にしていくことのできる能力であって、そのような能力は生活の必要から発達し、また学習されていくものだと考えさせられた』と。この体験とその中で痛感した能力や教育についての新しいとらえ方の必要性への自覚が、その後、保育問題研究会や教育科学研究会などを創設し、日本の民主的で科学的な保育・教育運動を推進していくための心理学研究をすすめていくなかで、今日まで一貫して先生の中に生きていることを知り、強い感銘をうけました。さくら・さくらんぼの障害児保育はこれまでの四半世紀に及ぶながい苦難の保育実践・運動の中から花開いてきたものですが、このたびの悲しくつらい体験を大切にし、これまでの障害児保育の実践についてもみんなでふりかえりながら、いっそう実践や研究を深め、すべての子どもたちの生命が本当に大切にされる日を望みながら勇気をふるってがんばっていこうではありませんか」――と。

城戸幡太郎先生が保育問題研究会をつくられてすでに四五年たっている。先生はこの〝自らのいのちを何が何でも守ることができる〟という力を、すべての子どもにつけるというヒューマニズムに徹した教育を求められたからこそ、〝人間とは何か〟〝人間の脳はどのようなメカニズムで発達するのであろうか〟と人間の科学を追究してこられたのであったが、戦前の国家権力はこの団体の解散を命じ、戦後再び研究活動が再開されたのではあるが、まだまだすべての学校・保育園・幼稚園のものとはなっていないばかりではなく、いまだに保問研参加を禁ずる行政側や園長たちも多い、というなやみをうったえる保育者たちが数多くいる、という現状なのである。

考えれば、わたしたちの側にも一因があることはいなめない。現に、焼死した彼女は、まだまだ自ら動こうとする力も弱く、ことばも一語文がほとんどであったというのに、小学校に入学し、名前が書けるようになった、ということをわたしたちも喜んではいなかったか？

文字のよみかきだけで幼い子どもの発達ははかれないと、日ごろわたしたちはさけびながら、障害児の小学校教育に対してはあまりにも無力であった。この反省がいま、この筆を走らせるのである。

たしかに、さくら・さくらんぼでの障害児保育は一定の成果をあげていることは事実である。映画「育つ1・2」（安田生命社会事業団）「さくらんぼ坊や1」（共同映画社）にうつし出されるちえおくれ児の発達を目でみて、感動で涙した、と多くの人たちが語ってくれる。

また、さくら・さくらんぼを卒園してそれぞれの小学校にはいった障害児たちのその後の発達ぶりを喜びいっぱいで話してくれる両親たちが多いことも事実である。

しかし、まだ十分に遊べる力を獲得しえなかった重いちえおくれ児に対しての卒園後の対応は十分であったのか？それゆえに、学童くらぶをつくってきたとはいえ、それはまだ、その子たちへの全力投球のものではなかった。半分以上は担当者まかせであり、また卒園した障害児のすべてが学童くらぶにこれるわけでもない。こんな状態に痛烈な一打を与えてくれたのが今回の不幸なできごとであった。

これから、わたしたちは何をなさなければならないか。わたしたちを頼ってきた障害児の親たちも、現にここからはなれてたいへん不幸な状態にいる人もいる、ということをきくと、障害児たちの生涯にわたっての真の友となるのでなければ、その成果も単なる一時のものとして消え去ることだってありうるのだ。こんなことを今、真剣に考えなければならない時がきたのだ、と、私は一九八一年、国際障害者年に筆をとる決意をしたのである。

それは、自分だけでできる仕事ではない。大勢の人にうったえ、大勢の人の共感、協力、批判をうけなければならない。

とりわけ、悪条件の中で重い障害児たちを必死に育ててくれて、自らのからだをこわしてしまった職員たちが健康を回復し、この仕事を支えてくれるのでなければできないことである。すべての障害児がいのち輝かせ、心から笑える日のために、そしてその子らをとりまくすべての大人が喜び合える日のために、この想いがわたしの筆を走らせるのである。

一九八一年一〇月

斎藤　公子

目次

改装版

さくら・さくらんぼの障害児保育

第一章　さくら保育園の障害児保育の始まり

さくら保育園の始まり

さくら保育園は今から二五年前、一九五六年、典型的な教育・保育闘争の結果生まれた。子どもを自然の中でのびやかに遊ばせ、自主的に創造的に育てたい、と考えた私と、子どもは〝鉄はあついうちにきたえよ〟で小さいうちからきちんと躾をすべきであるという園長を含む他の職員との闘いであった。子どもたちは私をえらんだ。

そのためその子らの母親たちが狭いあき地をかりて小さい一部屋だけの保育室をたてたのが始まりであった。園児がふえつづけ五年間増築に増築、やっと認可基準に達した時、火災で全焼、再建に一年、認可をみとめてもらうためにまた一年かかり、七年間の無認可時代に終止符をうち、ようやく一九六二年四月認可が得られたのであった。

A君の入園

A君はさくら保育園認可第一号の措置児であった。彼は四月生まれであったため、措置番号が一番のこどもである。

苦難七年の無認可時代も終わり、私たちにとっても待望の認可であったが、おそらく、A君の両親にとっても待ちに待った入園であったろう。彼の家庭は貧困であり、無認可の園には入所させることはできなかったのであろう。両親とも行商に出ている間、彼は家におかれていた。近所の人たちの話では、斧などふりまわすのでとても恐ろしかった、ということで、おそらく近所の人たちも喜んだのではないかと思われる。

彼はまもなく六歳をむかえたが、まだことばは出なかった。担任は園長である私で、彼を含め二二人のこどもを受けもったのであった。

彼は入園式の次の日、行商に出かける前につれてきた母親がかえると、一目散に家の方に馳け出した。追いかけた私が彼をだきとめると、彼は力いっぱいあばれ、私の髪の毛をむしり、顔につばをかけつづけた。それでも私はからだの大きい彼を必死にいだき、園につれもどし、一日中彼の手をひき、また彼をだいた。

彼は異様な臭気をただよわせていた。みると耳から膿が流れ出していた。その下には古い膿がもう固い膜になり、首すじにまであかのようにこびりついているのであった。きけば、母親は生活に追われ、とても長く医者通いはできないので放ってある、というのである。

そこで私は毎日彼を医者につれてゆく決意をし、あまり時間をとられないように特別にたのみ、ゆくとすぐ治療を受けられるようにした。この間、他の子どもたちは他の職員に頼んだのであったが、無認可時代入園していた子どもたちが半数以上いたため、遊びのリーダーが育っていて、私が一、二時間留守にしてもはいりたての子どもたちを遊びにひき入れてくれたのである。

医師の診断によると、片耳は完全に鼓膜はくさりなくなっているとのこと。あとの片耳の鼓膜はまだ三分の一くらい残っている、というのであった。そして治療には長く通わなければならなかったのである。

彼は医者をきらった。四月生まれでからだも大きく、力も強いためとても他の職員がかわることができず、それから一ヵ月以上、毎朝彼と私との医者通いが始まった。

彼はまもなく私をすきになってくれ、私と手をつないで歩くときは笑顔になった。

こうして認可第一年からの障害児保育がはじまったのである。

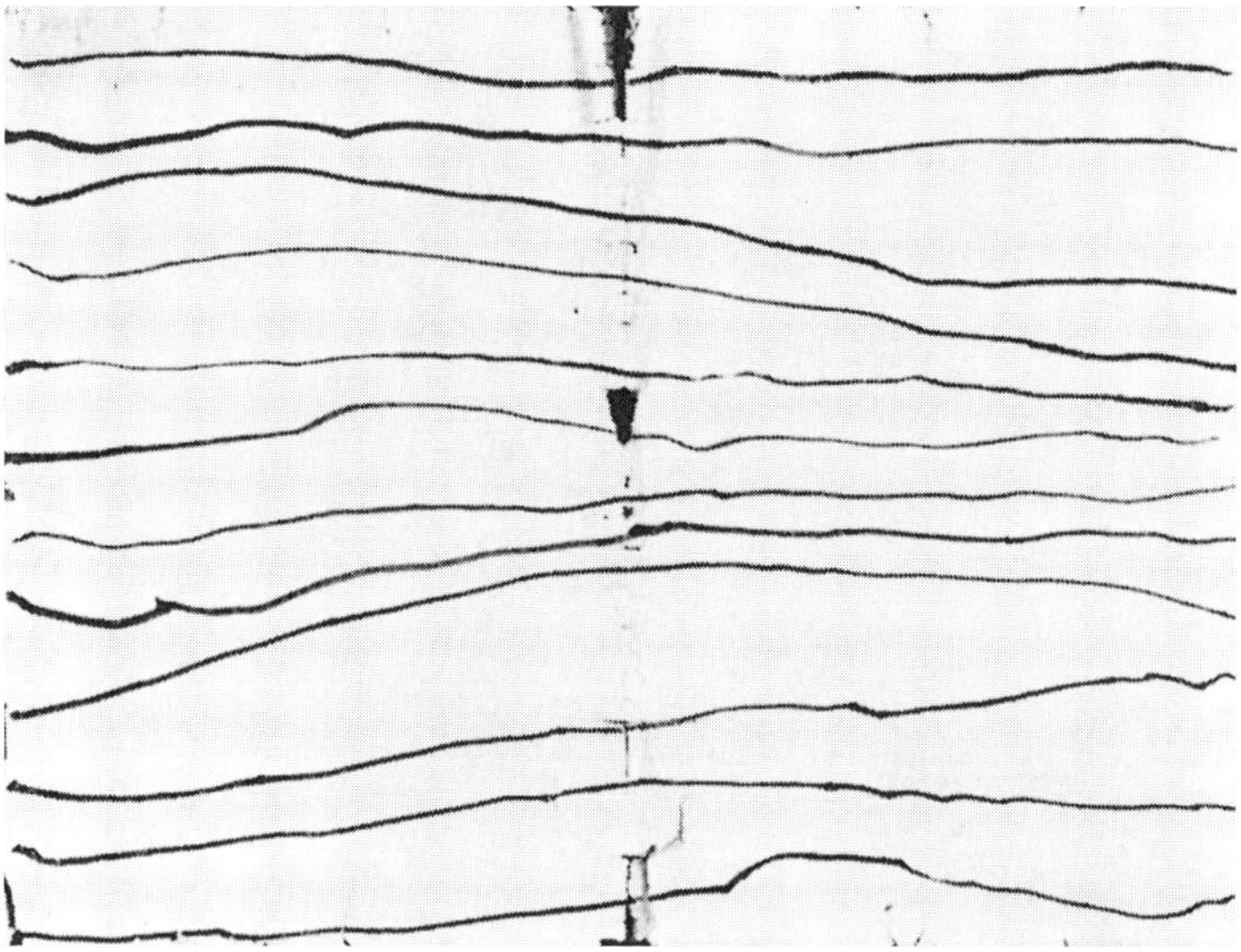

絵A—1（6歳1ヵ月の時，はじめてかいた絵である）色はまだ不安げな紫ではあるが四つぎりの紙2枚の大きさに思いっきり横に線をえがいた．少し心がほぐれてきたのであろう．

医者通いの中で心が一つに

一ヵ月あまりの彼と二人きりの医者通いの時間は、私と彼の心を一つにしてくれるとてもとても貴重な時間であり、彼は二、三日で私をしたうようになり、にげてかえろうとはせず、入園したてのあの恐ろしげな顔はきえてなくなった。他のこどもたちは最初はおどろきおそれたようであったが、すぐに彼を受け入れやさしくしてくれた。

しかし、彼はことばがなく、どう友達と接してよいかを知らなかったのであった。

すっかり耳の膿がとまり、医者通いもおわったころ、彼ははじめて絵を描いた（絵A—1）。

このころのさくら保育園は、二年前に火災で全焼したため、全父母一丸となっての募金活動の結果、ようやくまことに粗末な園舎が建ったばかりであった。

保育室はまだできず、ホール一室で一歳児以上の混合保育が行なわれ、庭の南東の隅にある民家を借りて零歳児の保育をしていた。敷地はやっと二〇〇坪に拡張できたところであった。

狭い園舎であったが、無認可時代に比べればやや広がり、庭は狭くても前はたんぼで、東側は桜並木の土手がながくつづき、春はまことにみごとな桜のトンネルの下を子どもたちは駈け、そしてなだらかな土手をおりて川にはいると、えびがに、どじょう、時にはめだかもいたのであった。

今とちがって車も通らず、まるでさくら保育園専用の道のようであり、子どもたちは山羊や緬羊のつなをひき、うさぎやにわとりを抱き、あひるを川に追い、毎日のように土手をあそび場として育っていた。

土手の笹には蝶のさなぎがさがっていたり、毛虫も蛇もみな子どもたちの友だちであった。桜並木を南に少しゆくと鉄橋があり、上は高崎線が走っている。子どもたちは土手をおりて鉄橋の下をくぐり、その上を列車が通るときはその轟音におどろいたり歓声をあげたり、時には土手に並び列車にむけて手を振るのである。毎日のことなのでもう列車の運転手たちとも仲良しになり、手を振って答えてくれるのであった。

この土手でつくしを摘み、笹の芯をぬいて亀の子をつくり、その葉で舟をおって川に流して喜び、蛙のたまごをとり、めだかをすくい、えびがにを取り、土手をよじのぼる競争をし、そして向う側に渡り、毎日が探険隊気取りで、大昔の人たちの住居跡の組石に腰をかけたり、雑木林でかぶと虫やくわがた虫をさがしたり、神社の境内では杉木立で木鬼を楽しんだり、石段では「グリコ、チョコレート、パイナップル」とじゃんけんあそびをし、おひるのサイレンをきいてやっと帰路につく、という毎日であった。子どもたちのポケットには、さまざまの形のどんぐり、木の葉、虫までがはいり、お母さんたちは悲鳴をあげることが多かった。

A君はこうした子どもたちの散歩の仲間ににこにこしながらついてゆくようになり、ある日、汽車をみて「ポーポー」ととてつもなく大きな声を出した。

絵A―2（6歳2ヵ月のころ）　6月．片語をはじめて話しはじめたころの絵．

子どもたちはびっくりすると同時に、笑う子どももいたのである。そこで、私はクラスの子どもたちにA君のことをきちんと話をした。

「Aちゃんは耳の奥の大事な鼓膜がやぶれて音が聞こえなかったから今までおはなしができなかったのよ。でもお医者さんに通ったら片方の鼓膜が少しよくなってちょっとだけ聞こえるようになったの。そしてはじめて汽車のことを〝ポーポー〟といえたのよ。これからだんだんいろんなことがいえるようになると思うの。だからみんなでAちゃんにおはなししてあげてね」と。

まもなく上のような絵を描いた（絵A―2）。

まだ色は紫であったが、人間らしい形があらわれてきた。しかも胴体がついている。相当の発達である。

映画「三歳児」

七月にはいって、共同映画社の人たちが訪ねてきて職員たちをおどろかせた。映画をとらせてほしい、というのである。

この時の職員は、さくら保育園の開設当時から私を手伝ってくれた坂山柳さん（現熊谷・くるみ保育園園長）と、その後群馬県前橋の保育園からとびこんできた田中稅子さん（現深谷・すみれ保育園園長）と、埼玉保専の新卒である神田さと子さんで、あとは調理士・保育助手として、園児の母親が四人手つだってくれていた。

映画社の人たちは「三歳児クラス」に焦点をあてて四〇日間集中的に撮りたい、というのである。このとき助監督であった山崎定人氏が、一八年後に監督として再び来園し「さくらんぼ坊や」を撮影したのである。

職員たちは、三歳児クラスは担任がまだ新任であることから危惧し、私がもし五歳児クラスと一緒に三歳児クラスをも担任してくれるならよい、というのであった。

きけば、東京で撮影したいと思い、何ヵ所か回ったが、三歳児はマイクをむけただけですぐ泣き出す子が多く、とても短期間で撮影は困難であり、経費の関係で長くカメラやマイクに馴れさせる、ということはできず、さくら保育園の話をきいて訪ねてきた、というのである。

「三歳児」を、という企画は、三つ子の魂百まで、とも昔からいわれているように、ヒトの子が人間として自立する大切な時期であるのになぜか今まであまり重視されていなかったためとのこと、大脳生理学が戦後だんだん発達し、指のうごきもやっと人間らしく親指がその他の指とも対向できるようになるのが三歳であるということをきいて、どうしても三歳にスポットをあててみたいから、というのである。

そこで私は、七・八月と二ヵ月、五歳児クラスの他に三歳児クラス二〇数名を担任することになった。

A君は私がどこにゆくのにもついてくるので、私が三歳児クラスの子どもたちだけと遊ぶときも、当然の顔をしてついてきて、全く三歳児のなかにとけ込んで遊び、私も子どもたちもそれが少しも気にならず、ごく自然であった。あとでき上った映画「三歳児」の画面をみたとき、どこにでも大きいいがぐり頭のA君のにこにこ顔がうつり、しかも三歳児と一緒に、三歳児になりきって遊んでいるのにびっくりしたのであった。みなさん方も映画「三歳児」を

絵A—3（6歳3ヵ月）　7月，友だちの中で笑顔が出てきたころかいた．色はもう明るいだいだい色である．

観るとき、そこにA君を発見されることだろう。

このころの絵（絵A—3）は、暖かいだいだい色で、まだ足は出ないが、頭・胴・手のある人間（たぶん大勢の友だちであろう）が何人もいる絵を実にたくさんかくようになった。彼は一日中にこにこと笑顔であった。

まつりの遊び

撮影隊が撮影にはいったその七月はたいへん暑かった。七月末の深谷の夏まつりは、みこしをかついでいる人たちに路すじの人たちがてんでにバケツの水をかけるならわしであった。まだプールがなかったので、子どもたちはこれをまねて、大型箱積木などをかつぎ、庭中をねりあるき、他の子どもたちはバケツに水を入れ、かついでいる子どもにかけてあそび、庭中は水びたしになったが、これで子どもたちは暑さを忘れた。「三歳児」の映画にうつるプールは映画社の人たちがこれをみて寄贈してくれたものである。

子どもたちはひとしきり庭で水をかけ合うと今度は室内にはいり、部屋の中に机や椅子を使って〝山車〟をつくり、めいめいリズム楽器をもち出して祭ばやしを演ずるのである。

絵B—1 入所したばかりの女の子の絵である．動きのない人形を描くなど，概念的な絵しかかけない．だが自分の名前はかける．

そのあとは紙をとり出し絵をかきはじめる。認可第一年は新しく入所したばかりの年長児もおり、家で文字などを教わっていた子どもたち、友だちとからだをうごかして遊ぶことを知らない子どもたちは入所当時の絵はひどいものであった。

ところがまつりのあそびを経験してからは、急激に絵がかわってきた。その手許を、車椅子に大きなカメラをもってのったカメラマン、その車椅子を押す助手、数人のライトマンがもつ猛烈に暑いライトがとりかこんでも、絵を描くこどもたちは少しも意識せず、自分の絵を描くのに没頭するのであった。

映画「三歳児」にはそうした子どもたちの姿が大うつしされているのだ。

その時の子どもたちの絵を紹介しよう。

入園したての絵と比べてみてもらいたい。最初は画面に文字らしきもの、数字などしかかかなかったり、人形のような人の絵に自分の名前をかいていた子どもたちが、わずか四ヵ月で、もうたのしい自分の絵、自分の頭に描

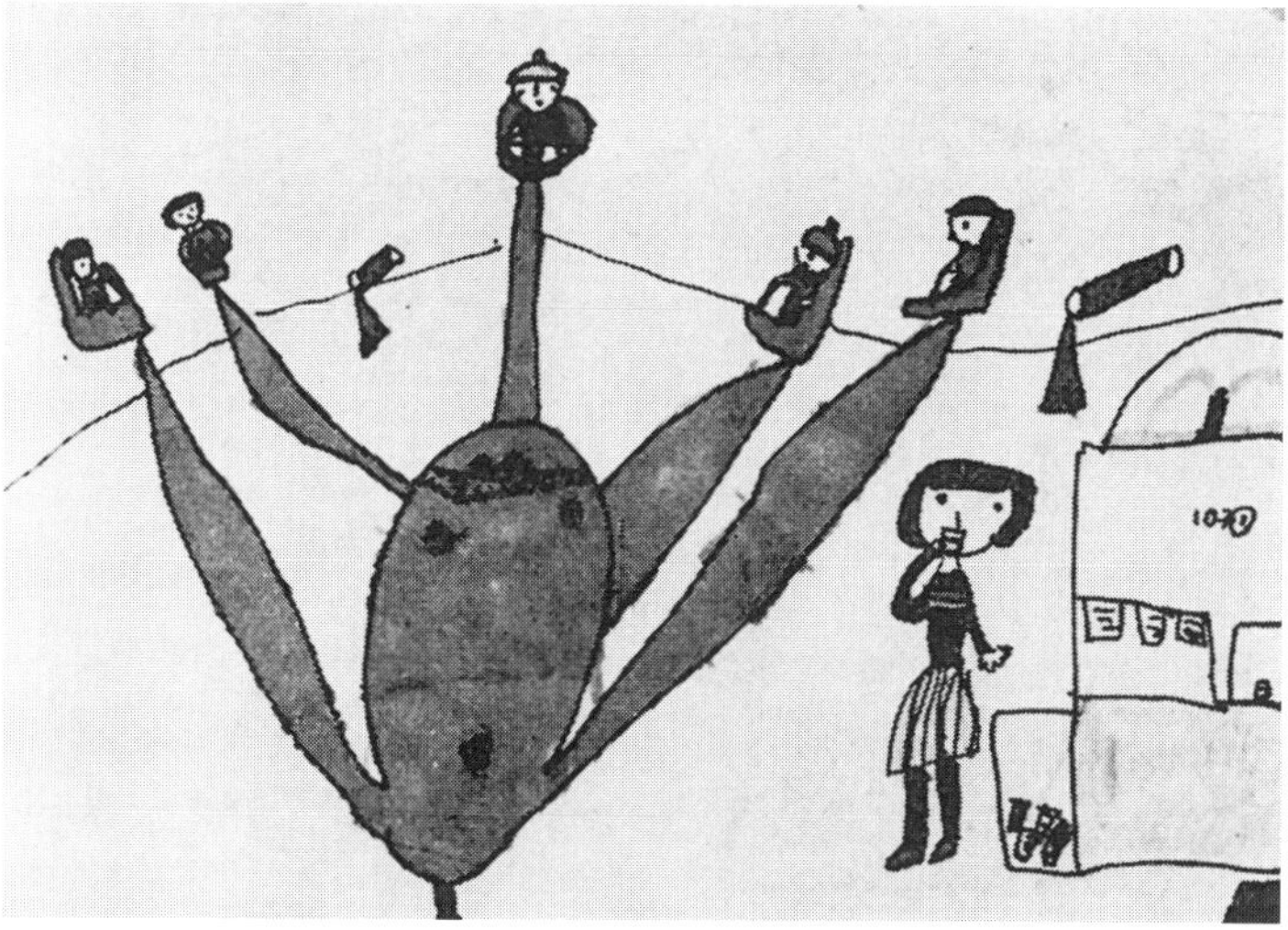

絵B—2　同じ女の子が冬にはもう“たこ遊園地”といってこんなたのしい絵をかいた．

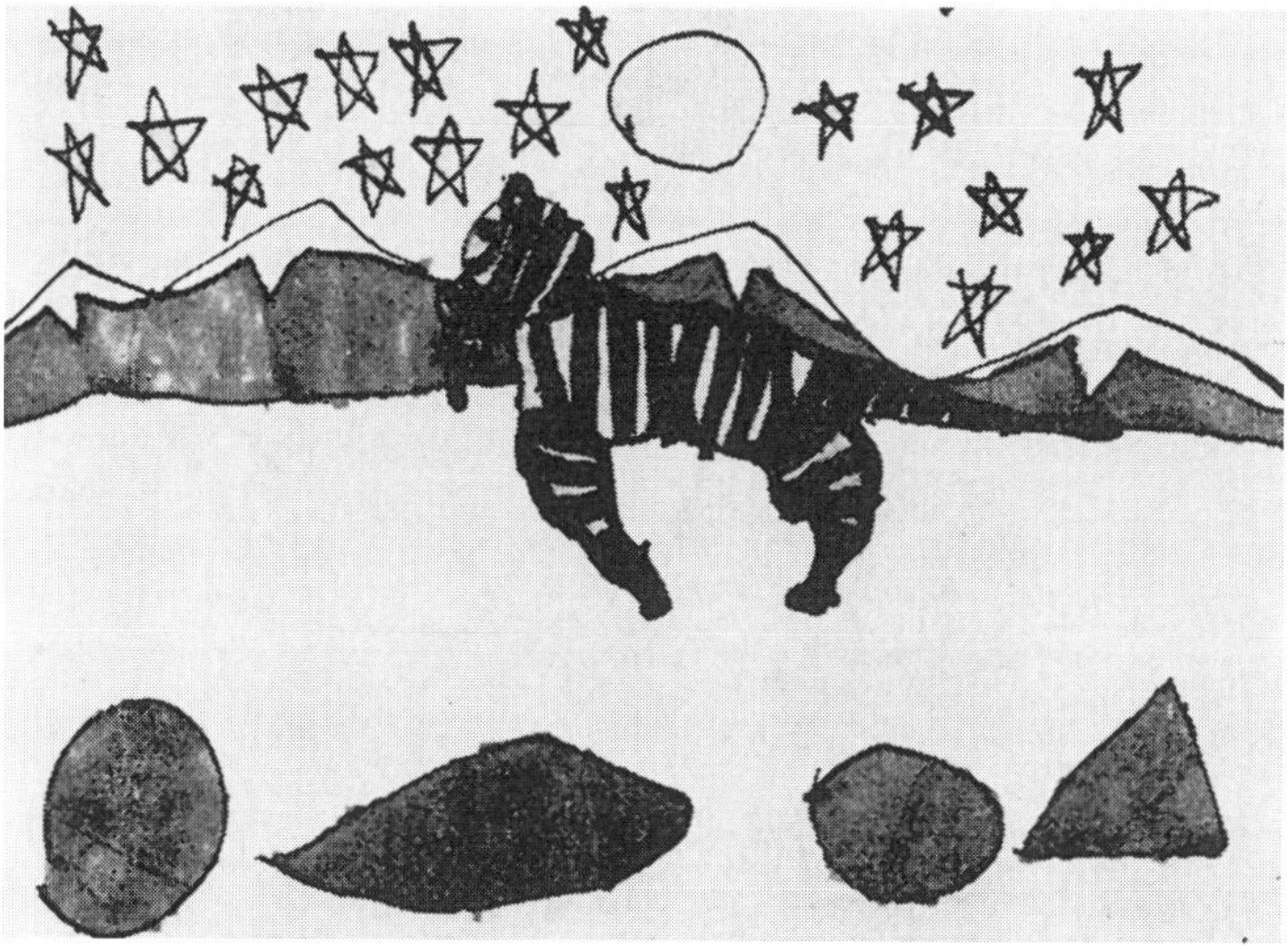

絵B—3　同じ子だが，「偉大なる王」という紙芝居をよんでもらって，お母さんトラが夜，人間の気配を感じ，子どもを口にくわえて奥地に移動するところをかいている．わずか1年でさくら保育園の子たちはこんなに変化したのである．

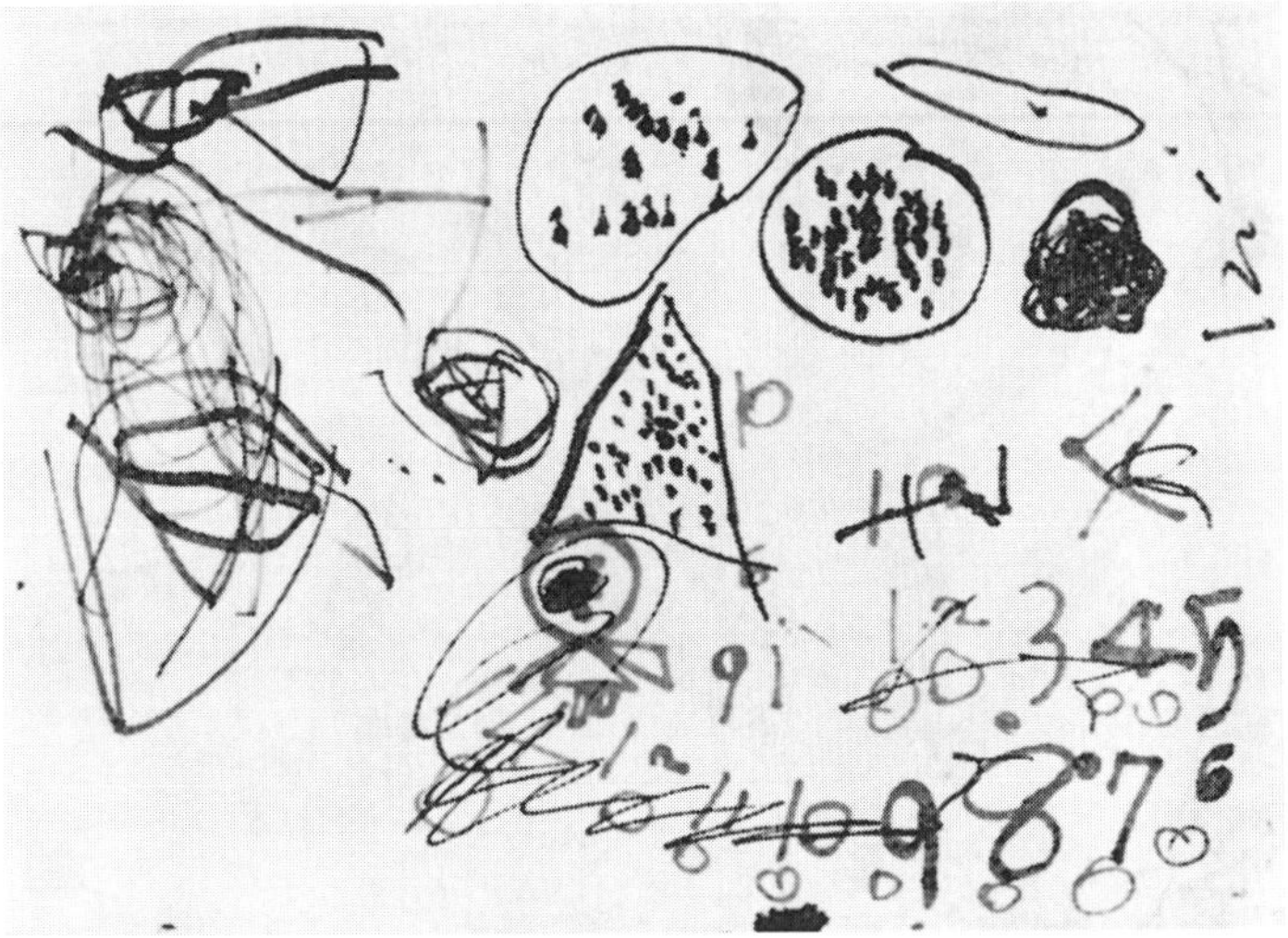

絵C―1　4月，同じく入所したての男の子の絵．やはり文字，数字，自分の名前をかき，絵そのものは無目的でたのしくかいてない．

絵C―2（4月）

絵C—3　7月，やはり3ヵ月でおまつりをみてきたあとかいた．映画「3歳児」ではこの絵をかいているころが撮影されている．

絵C—4　9月，自分の家をかいた．もう画面に自分の名はかかない．

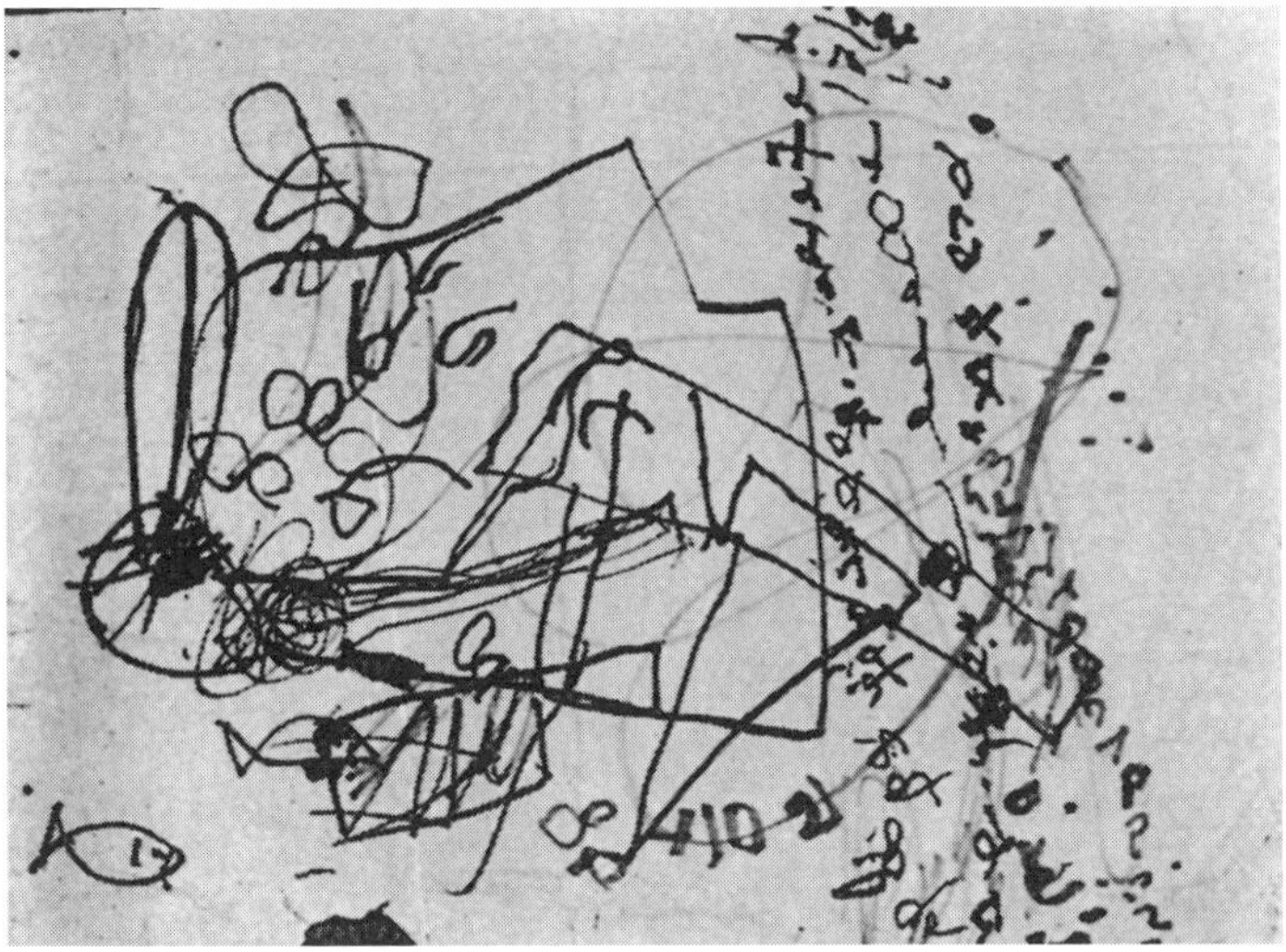

絵D—1（年長児の男の子の絵） 認可第1年に入所したころは，家にいるとき文字などをおそわったらしく絵に字があらわれ具象は出ない（4月の末，はじめてかいた絵）.

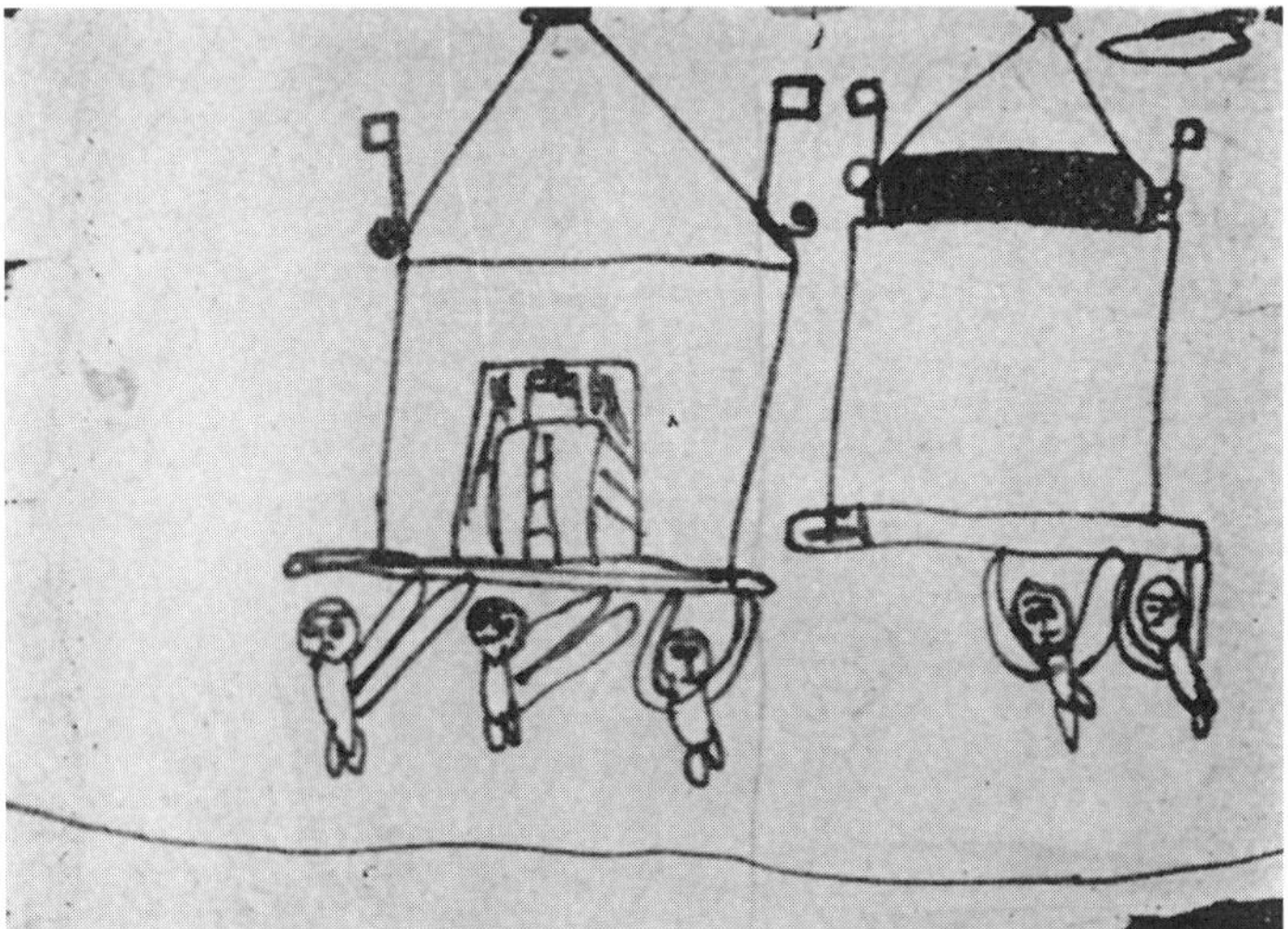

絵D—2 同じ子が，3ヵ月たってまつりのあそびのあとはもうこんなにたのしいおみこしをかついでいる絵をかくようにかわった.

いた絵を描いているではないか。

ことばがふえてくる

さて、秋ごろからA君のことばはだいぶ名詞がふえてきた。

彼は虫がすきで、友だちがトンボをつかまえるとほしがり、すぐ取ってしまうが友だちはそれをゆるしたのであった。

「Aちゃん！　それ〝トンボ〟」といっておしえると、A君は大きい声で、「タンバ！」という。

絵A―4　同じころかいたうさぎの絵である．赤い色である．

「ちがうよ、〝トンボ〟」

〝タンバ！〟

〝トンボ〟

〝タンバ！〟

やさしいクラスの子どもたちは根気づよく彼にことばをおしえていた。

このころA君は絵をたくさん描いた。三歳児クラスの子どもたちが描くような絵であった。

〝うさぎ〟の絵（絵A―4）、〝ぞう〟の絵（絵A―5）、赤のたのしい色彩である。

たくさん歩き、たくさん虫をとったの

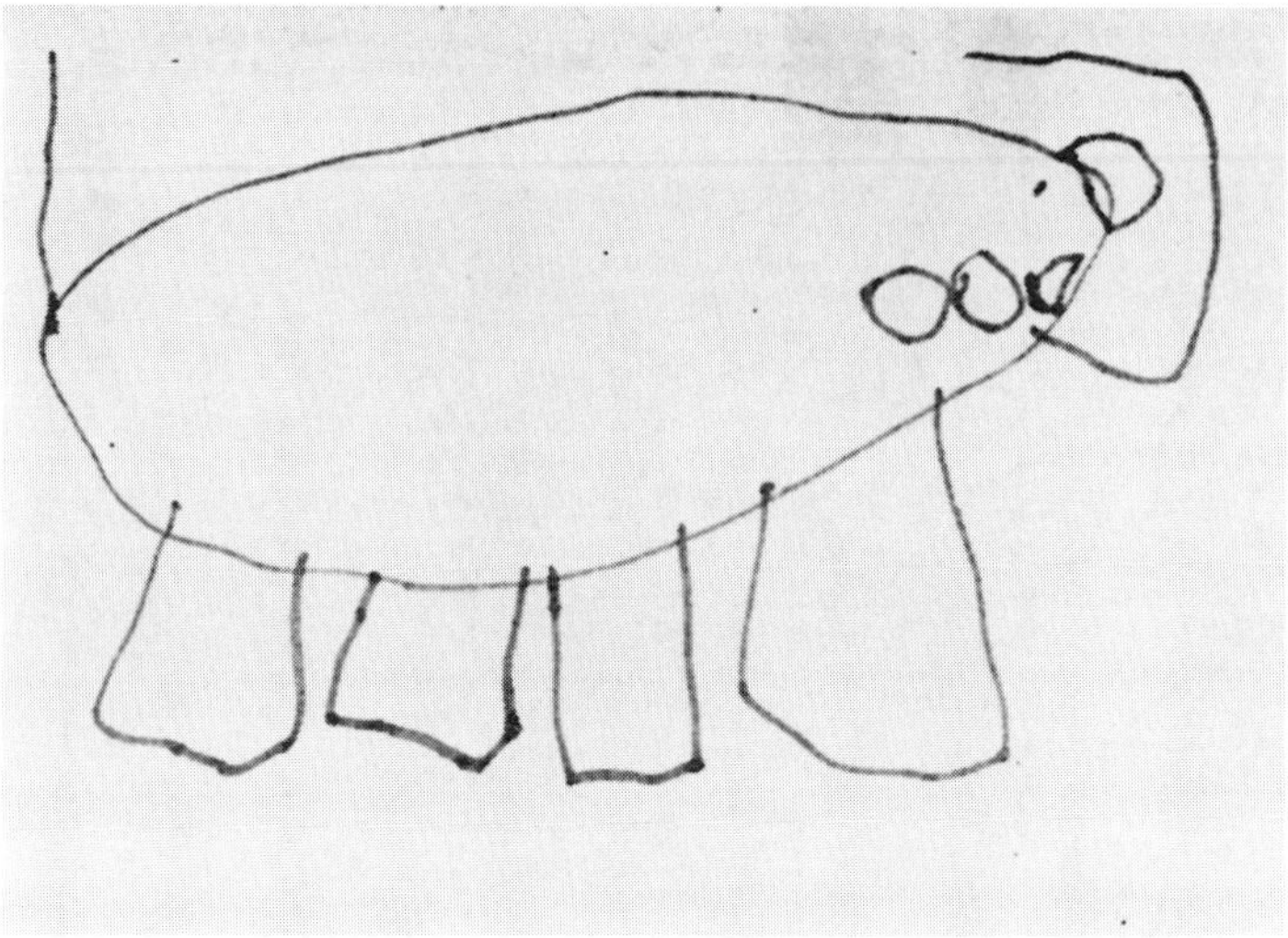

絵A―5　6歳のA君はもう赤の色で4本足のぞうをかくまでになった.

で、指がいっぱいある〝足〟と〝手〟であった。

A君はリズムあそびもたいへんすきになった。さくら・さくらんぼのリズムあそびはとうにつくり出されていたから、映画「三歳児」を観る人はこのリズムあそびを観ることができる。そのスピード感に「これが三歳児なのだろうか」と当時観る人たちはおどろいたのであった。ピアノはまだなく、私は小さいオルガン、それも古いのをもらったものをひいていた。

友だちの中で発達する

A君は冬にはやさしい友だちがたくさんでき、そのころはもう発音はまだおかしいが会話ができるようになった。

お父さん・お母さんは必死に毎日行商をしていたが、あかるいA君の毎日はどんなにはげみになったことか、とてもとても私たちを信頼してくれる父母であった。

仲よしの友だちのお母さんをはじめ、クラスのこどものお母さんたちはみなA君の変化をとても喜んでくれた。

A君は卒園のころはもうみんなと一緒におはなしがきけるようになり、インドの民話「黄金のかもしか」が大すきで、動物にやさしく、命をかけてもわるい王様から黄金のかもしかを守

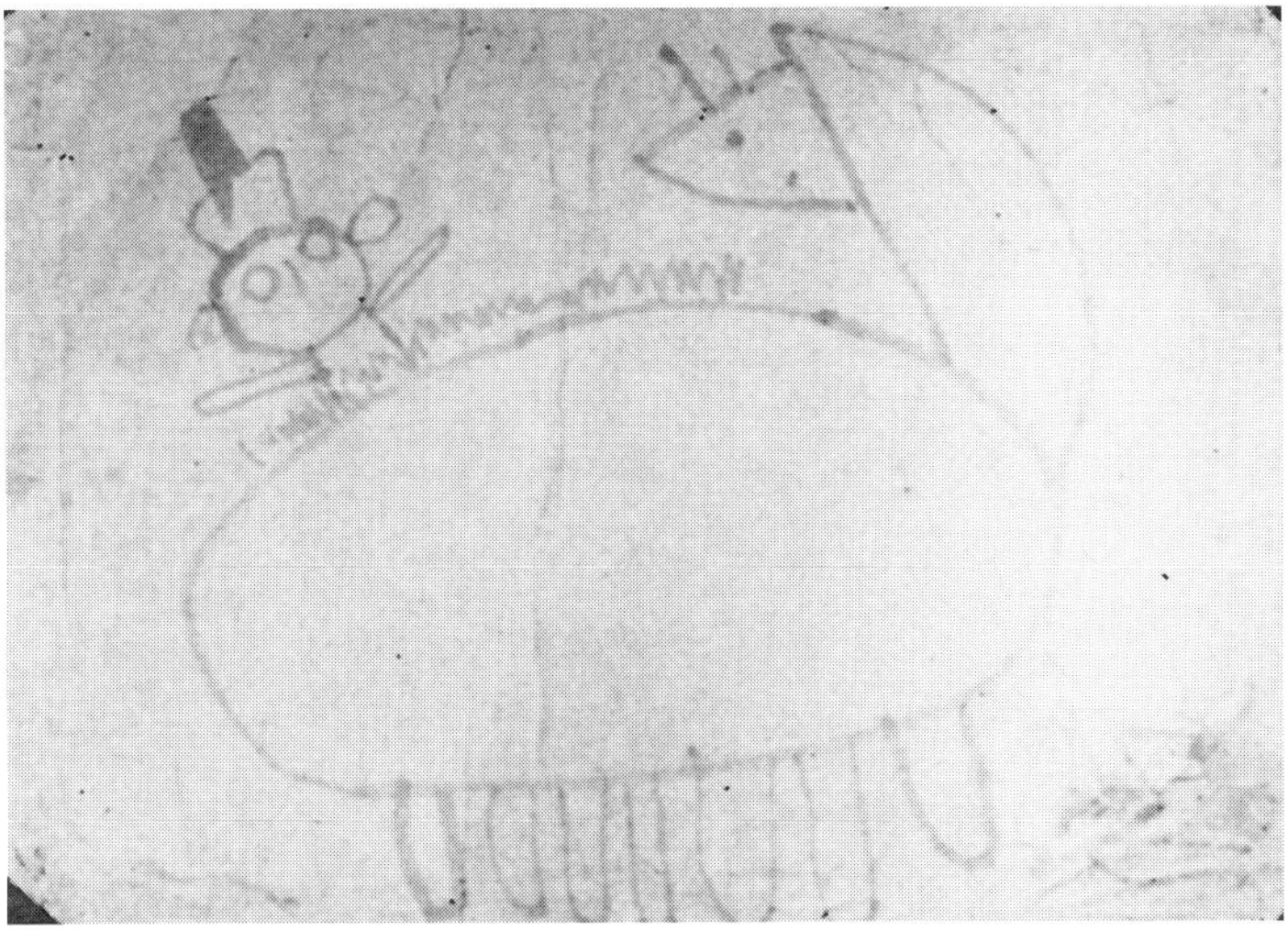

絵A—6（6歳11ヵ月）「王様が馬にのっている」といってかいた．（カラー口絵参照）

る少年トミルが大すきで、ざんにんで欲のふかい王様をにくんだ。でもA君は馬にのった王様の絵をかいたが、やさしい王様を黄色でたのしく描いてしまうA君であった（絵A—6、口絵参照）。

成長したA君

A君は小学校に入学してから、小学校の先生からはまことにやさしいこども、という評価をうけたようだ。入園前の〝狂暴性がこわい〟という近所の人たちの評価はもう誰も思い出すこともできないようであった。

同窓会、というとA君はかならずきた。みんなで電報あそびをしたときのこと、A君は電文を友だちからきくとき、「え！？」と何回もきくのである。

そして次の人に伝えるときは、大きな声で、半分ぐらいに短くなった電文をつたえるので、みんなは大笑いをした。A君も大笑いをした。とてもとてもたのしい同窓会になった。

A君は中学校に通うようになると、さくら保育園の横の小さい道をわざわざまわり道をしてもとおるようになった。わたしは毎朝庭掃除をしつつ、A君がとおるのをまった。

A君はいつも笑顔をたやさなかった。
A君は中学を卒業して仕事をするようになった。
今でも職員がわたしに代わってときおりA君の家を訪ねてくれる。

（斎藤　公子）

第二章　さくらんぼ保育園の障害児保育の始まり

さくらんぼ保育園も、その創設の年から障害児保育を始めたのであった。

季節保育所として出発

一九六七年、さくら保育園の土台もやや固まりはじめたころ、私は農村部の放置されている子どもたちのために季節保育所を開設する目的で、まわりの自治会の会長の家を訪ねた。どの自治会の会長さんも「間に合っているよ」という返事である。

それでも私は実際は間に合っていない、と思っていたので、今度は少しばかり面識のあった、婦人の民生委員を訪ねてみた。

この民生委員の婦人の住む地域は開拓地であり、中国からの引揚者が入植し、なれない農業をしていたところである。私の住む地域の北隣りである。毎年農繁期には用水に幼い子どもが落ち、小さい棺《ひつぎ》が運び出されるということを私はきいていた。

まもなく一〇世帯、子どもの数は一五人、の申しこみがあった。年齢は零歳から五歳までである。

保育室といっても私の家は六畳と三畳のみで、ただ敷地は三〇〇坪あり、桃の林と、ややひろいぶどう棚があり、その下にはさくら保育園の子どもたちをつれてくる時のために野外テーブルがこしらえてあった。

雨の日はおやすみ、ということにし、保育料は無料、食費は一日五〇円で給食をつくることとした。保育時間は朝

さくらんぼの前身季節保育所の庭にはぶどう棚があり，その下には簡単なテーブルがあって，子どもたちの遊び場になっていた．

七時から夕七時までの一二時間、職員は私を含めて二人。いよいよ五月、春蚕《はるご》、麦刈、田植の準備、西瓜の苗植え等忙しい毎日が始まった時から、大谷季節保育所は開設された。

季節保育所開設当初から私の家に住み、手伝ってくれた人、この人が後のさくらんぼ保育園の園長となって、大勢の障害児たちを含めての保育をしてくれた千葉法《のり》子さんである。

最初、人さらいにさらわれたごとく泣いた子どもたちも、毎日の楽しい散歩、面白いおはなしや絵本、おいしい給食、の他に、友だちとの泥んこ遊びの楽しさを知って、朝七時をまちかね登園するようになったころ、前の桑畑に桑つみにきたお母さんが、四歳くらいの女の子をつれて遠慮がちに私を訪ねてきた。

Mちゃんの入園

女の子は今まで聾《ろう》のお兄さんと遊ばせておいたため、いまだに会話ができない、というのであった。

最初、集団生活は軍隊生活のようで可哀想だ、と反対したおじいさんも、前の畑からのぞき、楽しそうな子どもたちの姿をみてゆるしてくれた、というのであった。

こうしてMちゃんは季節保育所の子どもたちの仲間になることになった。

お兄さんは聾学校の中等部に通っており、たいへん年がはなれていたためか、わがままのところがあり、ことばの理解もおくれていたので、友だちの中で遊ぶようになるまでには日数がかかった。最初はほとんど千葉法子さんが相手になって遊んだ。

二〇日間の季節保育所の期間が終りになった。しかし、このころ子どもたちは保育所がなければ一日もすごせないほどになっていて、雨の日も傘をさしてきてしまう状態であった。

ここで、農村のおかあさんたちは生まれてはじめての経験をすることになった。

季節保育所を冬になるまで延期してほしい、という請願の署名をし、市長さんに陳情に出かけたのである。

父母の会できる

その甲斐があり、一一月までつづけることができるようになった。

この運動の中でおかあさんたちは深く結び合い、父母の会ができ、もっと保育室を広げて雨の日も保育ができるようにと、バザーにとりくんだ。そして一間半幅の廊下をひろげることができた。

母親たちは子どもたちをねかせてから、ときおり保育所に集まってくるようになった。

子どもたちのこと、保育所の運営のことが話しあわれるのである。

ところがMちゃんのお母さんは「家では、おじいさんの〝ねろ！〟という号令で、夜の九時にはみんなねるんだよ。まるで芝居の幕がきっておとされるみたいなんだよ」といってかなしがった。

私たちはお母さんを勇気づけた。「Mちゃんのために一生懸命おじいさんに頼んでみてね」と。

「家じゃ私のエプロン一枚だっておじいさんが買うんだよ」といっていたお母さんが、とうとうにこにこして父母の会に参加するようになった。もちろんおじいさんも心から私たちに協力してくれる人になり、現在のさくらんぼ保育園の敷地の大半はこのおじいさんの厚意によって広げることができたのである。

夜私の部屋にあつまって話しあう季節保育所の園児のお母さんたち．ほとんど農業をしていた．
酪農，畑仕事に昼間はつかれきったが，この夜のひとときは何ものにもかえがたいたのしいかたらいの時であった．

農村のお母さんたちの会話は、昼間のはげしい労働の疲れも忘れて深夜までつづいた。

あるお母さんは「今までえんどう豆をやわらかいうちに摘めたことがなかった――」と話した。

ねたきりのお姑さんの世話をしながら農業をしていたあるお母さんは、「おばあちゃんに便器をあてがっておいて畑に出ている間に、おばあちゃんが動いて便器が外にはずれてしまい、そこに柱にひもでつないでいた息子が這っていっていじくっていたこともあった」「いつかは、口をなんだかもぐもぐしていると思って手をいれてみたら、かなぶんを食べていたんだよ」と、零歳から一二時間預かってくれる保育所のありがたさをしみじみと話していた。

「ここじゃ何を話したって少しもまわりに知れないから本当に気楽にしゃべれていい」。これが農村の嫁であるお母さんたちの本音であったようだ。

Mちゃんはしだいに二語文・三語文と、発音はまだ不明瞭ながら話すようになってきた。初めのうちは前の畑のお母さんのところに甘えて泣いてかえることが多かったが、いつの間にかにこにこ顔で友だちとも遊ぶようになり、最後の年は町のさくら保育園の年長児クラスにまじって遊べるようになってきた。

Tちゃんの入園

そんなある日、また一人の障害児をつれた母親が私を訪ねてきた。六歳をすぎ、本当は小学校に入学するはずであるが、ちえおくれのため教育委員会は就学猶予をすすめたというのである。学校の先生から私を紹介されたというのであった。

Tちゃんは大きい目でじっと私の顔をみたが、ことばは一こともなかった。

Tちゃんは、月満ちて生まれたのに一七〇〇gしかなかったという。お母さんは比較的高年齢の出産で、しかもTちゃんは年子で出産した。

この時お舅さんはガンで入院中、お姑さんはほとんどねたきりで、お父さんもからだをこわし、お母さんはただ一人、重労働の桑きりの仕事を上の子どもをおぶいながらTちゃんを産む日までした、というのである。

そのころ農村部のお産は助産院ですることが多く、未熟で生まれたTちゃんを大きい病院に入院させてもらえず、Tちゃんの両側に湯たんぽを二つおき、部屋には蚊帳をつって寒くないようにしておいて畑に出た、というのである。

「でもこの子は生きたんね――。よほど生命力の強い子どもだったんだね。私が枕元を通ると目で追ったもんね」とお母さんは話した。しかし大切な生後の二年間、お乳をのませるときだけの接触で、あとはTちゃんは一人っきりでねかされたままであった。二歳になってやっと這いまわるようになったため、今度は畑につれてゆき、桑の木にひもでしばっておいたというのである。

地域のしきたりで就学前の一年は公立の幼稚園につれていった。たいへんやさしい先生が一人つききりになってくれたようであったが、すぐはだかになってしまい、どこにでもおしっこはしてしまうし、先生も大変困ったようであった。

Tちゃんは私を訪ねてきたとき、お母さんにいわれるとぬいだ靴をきちんと揃えた。幼稚園での成果かも知れない。そのころは私はもう季節保育所は千葉さんにまかせ、朝夕だけ寝泊りをして、昼間は街内のさくら保育園に通っていたので、Tちゃんのことは千葉さんたちに相談したところ、やさしい季節保育所の職員たちは二つ返事でTちゃんを仲間にむかえることを承知してくれたのであった。

Mちゃんの時と同じように、それからは一日中Tちゃんには千葉さんがかかりきりであった。

Tちゃんは遊ぶすべをしらず、手当りしだいにまわりの子どもの髪の毛をひっぱった。そしてぐいとひきよせペロペロなめるという。これがTちゃんの親しみの表現であったのだ。Tちゃんの友だちは、それまで犬だけであった、と聞いてうなずけるのであった。

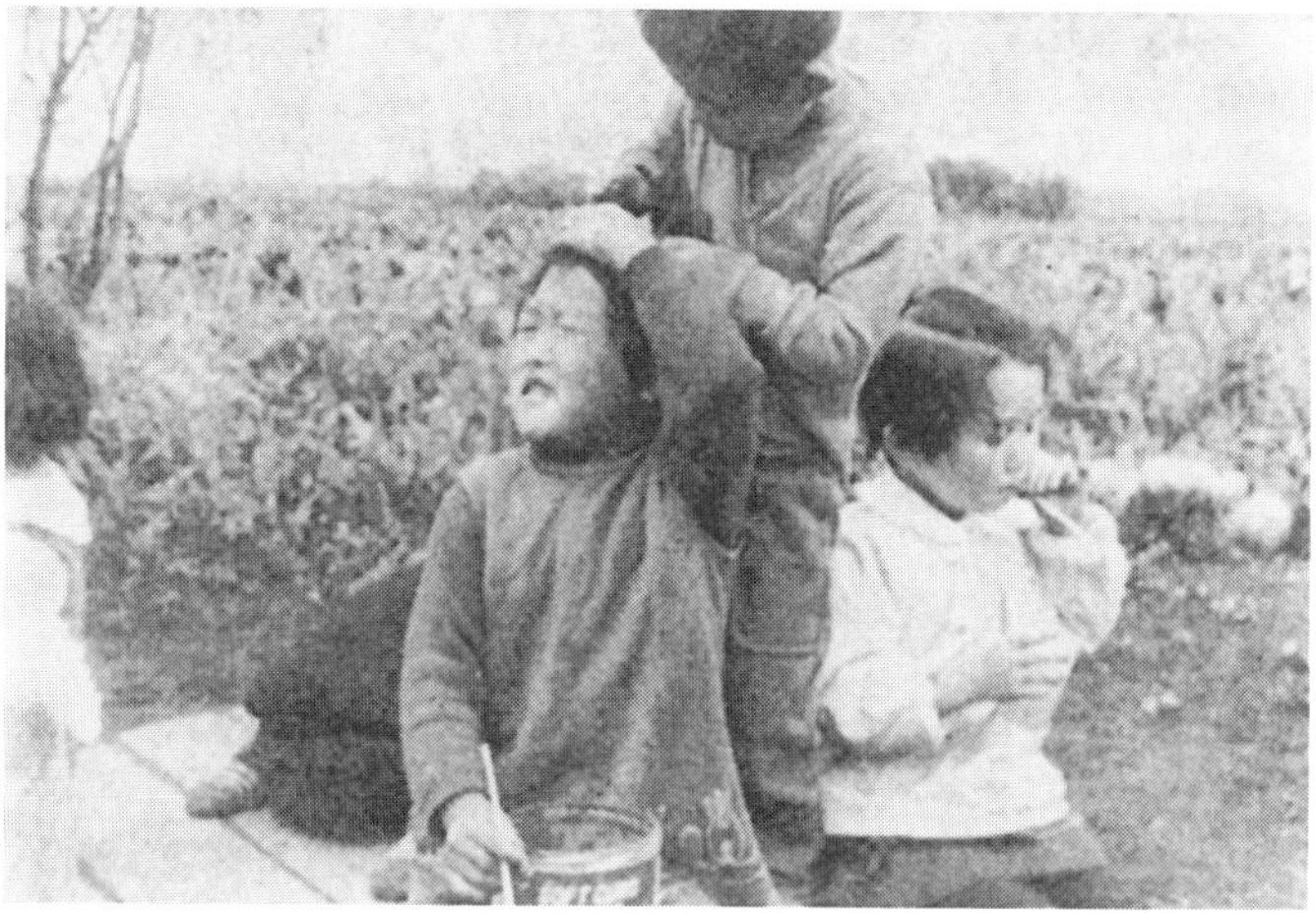

お友だちの髪の毛をひっぱり、なめるＴちゃん。友だちになりたい、という気持をこのような行動でしかあらわせなかったＴちゃんである。まだ、ことばがない。

しかし小さい子どもたちはおびえ、先生たちも毛根がはれあがってきた、というので、私は一日保育にはいってみることにした。

私はTちゃんが友だちの髪をひっぱろうとしたとき、すばやく私もTちゃんの髪の毛を少しひっぱり、「いたい、いたい、ね、お友だちもいたいのよ。ね、いいこいいこしてあげてね」とTちゃんの頭をなでた。

二、三回くり返すうち、私が「いたい、いたいよ」と声をかけるだけでTちゃんは私の顔をみて手を止め、友だちの頭をなでるようになった。私もTちゃんの頭を「いい子ねー」となでた。そして私はぶ

絵を描く

う棚の下の木のテーブルにポスターカラーのびんを並べ、四つぎりの大きい更紙《ザラ》をひろげてTちゃんに太い筆をもたせてみた。他の子どもたちはもう突進してきて絵を描きはじめた。

Tちゃんはその子どもたちの姿をじっとみていたが、はじめてのことに驚いたようで、なかなか筆を紙におろさなかったが、筆のポスターカラーがポタッと紙の上に落ちた。私はすかさず「すごーい！　Tちゃん！　ホラかけたね」とほめ、「もっと描く?」ときくとTちゃんはにこっと私をみた。紙をかえて、Tちゃんのもつ筆にポスターカラーをつけると、Tちゃんはじっとポスターカラーが筆から落ちるのをまった。

「あ！　またかけたね！　もっと描く?」とさそうとTちゃんは何回も紙をかえることを要求するふうで、ついにTちゃんは自ら筆を紙におろした。

泥あそび

Tちゃんは泥あそびの仲間にはいるようになった。しかし食事時になって手を洗うようにいうと、ころげて泣いて、いやがった。またひどい偏食があり、かぼちゃ等の煮つけたものなら食べた。お菓子はたいへんこのんだ。畑で菓子袋を与えられていたという。

やがてTちゃんに笑顔が出てきた（散歩時、留守の家の側を通ると「トン・トン……。イルノカナ？　イナイノカ

入所したてのＴちゃん（素裸になって，髪をかきむしり，
転げまわることもよくあった）.

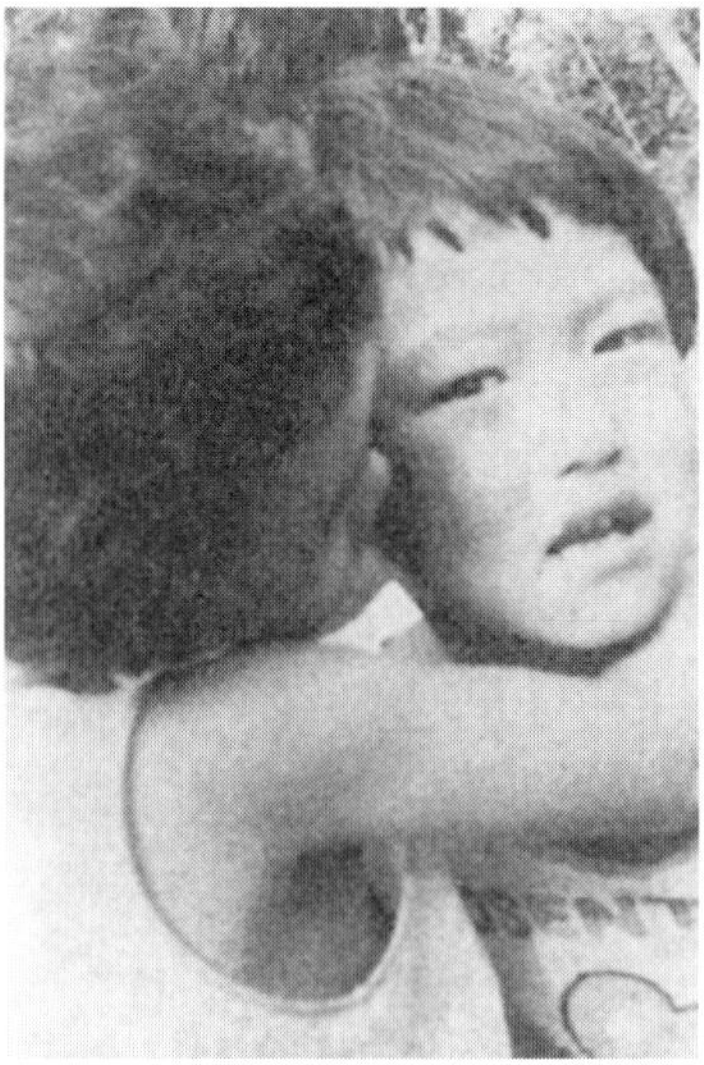

Tちゃんは同じくことばのおくれていたMちゃんが特に好きだったようである.

ナ?」など言いながら遊ぶ。友だちも「カワイイ、カワイイ」となでまわすようになる)。お父さん、お母さんはTちゃんを毎朝つれてくるのがたのしみになった。先生たちもTちゃんを喜んでむかえ、夕方私が町の保育園から帰るとTちゃんの話でもちきりになるのであった。

お父さん、お母さんは心から私たちと打ちとけて話し、もっと小さい時から私たちを知っていたら、と本当に残念がった。

こうして半年余はすぎ、Tちゃんは入学時を再びむかえたのである。

Tちゃんの入学

今度はお父さんもお母さんも子どものための教育の権利を主張することができて、普通学級へ入学をしたのである。しかし、まもなく学校側はTちゃんを重荷にし、お母さんは毎日学校についてゆくことになり、とうとう通園の重症身心障害児の施設にうつるよう説得された。

Tちゃんは再び孤独になっていった。私たちが訪ねてもだんだんこたつの中にもぐりこんだままであったりするよ

半年もたたないうちにもう泥あそびにはいるようになった.

Tちゃんはこんな笑顔で毎日たのしく保育園に通うようになった．

うになった。

私は施設をたずねてみたことがあった。先生たちはたいへん熱心な人たちであったが、ただ重いちえおくれの子どもたちの教育法はあきらかにされていなかったようで、教室の中に座らせ、次々とマイクをもつまねをさせて流行歌をうたわせている風景をみて私は胸が痛んだ。

季節保育所は施設は貧しかったが、広い土があった。涼しい木かげがあった。豊かな水があった。子どもたちを発達させるリズムあそびがあった。ここの施設は鉄筋コンクリートの建物で、床はじゅうたんをしき、立派にはみえても、子どもたちは教室風の部屋に座っていなければならない学校式の型にいれられているのである。

私たちは今、学童くらぶをつくり、養護学校、障害児学級で午前中をすごした障害児たちを午後はむかえ、ひろびろとした土で遊ばせることができるようになったが、その時はまだその余力をもたなかったのであった。

Tちゃんのお父さんとお母さんはそれでもくじけず、同じ仲間の人たちと力を合わせ、中学部をおえたTちゃんたちの仕事をする場所をつくることに成功したのである。

Mちゃんは今高校生

Mちゃんは今高校生である。先日、町でお母さんに出会った。お母さんはいかにもうれしそうに、Mちゃんの近況を話してくれた。

「先生！　小学校にあげるときはあんなに普通学級じゃ無理じゃないんか、と迷って、先生を心配させたけど、今クラスの上位でがんばっているんです。こんどはもっとがんばるっていうんですよ。先生、おじいさんが、先生はどうしてるかなあっていつもいうんです。今度ひまのとき寄って下さい」とうれしいことばであった。Mちゃんのお兄さんは高等部の時不慮の死でなくなり、今はMちゃんが一家の希望である。

（斎藤　公子）

第三章　発達遅滞児A子の発達とさくら・さくらんぼの保育実践

季節保育所はその後も農村の母親たちの切なる希望によってしだいに期間が長くみとめられるようになり、四月から一二月まで開設できるようになった。そこに入園してきたのがA子である（担任—乳児期・千葉法子・相場照子、三歳以上・加藤美知江）。一歳二ヵ月であった。たいへん重いちえおくれ児ではあったが、乳児期からの保育であったため、三年、四年は遅々たるようにみえたが、五年、六年とたつうちに、まるで夕方、月見草の花がポッと音をたてて開くように、七歳で花をひらいてくれた子どもである。

A子の出生時

へその緒を首にまきつけ、顔色は紫色で泣き声を立てず、仮死状態であったという。「さかさまにふったり、水につけたり等して一〇分くらいでやっと産声をあげた」——母親の話である。

退院を二日のばし、入院中は母乳をやったが、自宅に帰ると母乳の出がわるく、ミルクにきりかえたとのこと。長くねたきりであり、ミルクののみも細く、首の座りもねがえりも、普通の子どもたちよりおそく、一〇ヵ月ころやっとねがえりができ、一歳二ヵ月で入園するころ、ようやく座れるようになる。

一歳二ヵ月で入園

A子が入園した保育園は、当時はまだ季節保育所であり、施設といっても六畳と三畳二間だけであったが、三〇〇坪内の敷地には、桃やぶどう、柿、栗などが豊かになり、自然の環境はすばらしかったし、姉がすでに入園していて、集団の中で育つ方が刺激があり、よいのではないかという両親の考えで、まだ歩けないが一歳二ヵ月で入園した。

ドロッとした目でねている時が多く、手足をバタバタすることもあまりなかったが、他の0歳児たちと一緒に目がさめると戸外につれ出し、日光浴をさせながら、他の子どもたちがみえる場所にうつぶせにして腕の力をつけるようにするが、ほとんど頭は地につけて、もちあげる力が弱い。他の0歳児も、六ヵ月ころ、寝返りをするころからおしめをはずし、思いきった薄着で、戸外にゴザをしいた上にうつぶせたり、はわせたりして遊ばせるようにしていた。特に腕の力をつけることを大切に、歩行器をつかわず、段々をおいて、のぼりおりをして遊ばせた（写真1）。

この腕の力をつけるのは、自分の力で、二本の足で立つための基礎として必要な力であるからでもある。健常児は一歳前後で立って歩き出すが、A子は二年かかった。

立って歩く前に、〝ハイハイ〟を充分にさせることも腕の力、足指のけりの力をつけてゆくのに大切なことと考え、私たちの保育園ではいろいろ、楽しく〝ハイハイ〟させることを工夫している（写真2）。乳児期は素晴しい模倣期にあることを利用して、楽しい音楽に合わせて先生が〝ハイハイ〟をしてみせたり、大きい子が、馬になってはってみせたりするとすぐ喜んでまねをする。自分で横になっている身体をおこす力をつけてゆくために、ゴロゴロゴロゴロとどんぐりになって、やはりうたに合わせてころがってみせると自分たちもやりだす。

A子も、毎日のように先生の介助でこうしたリズム遊びをさせていった。

生後二年、やっとヨチヨチと歩き始めたA子は、まだ足の裏はふっくらとして、0歳児のそれのようであった。

頭は少しゆがみ、ヨダレはものすごく、鼻汁もたいへんで、言語はまだ片言もでなかった。しかし、意欲はしだいに出てきて、ヨチヨチとすぐに水道の蛇口に向かった。

▲写真 1　0歳児の保育室にはかならず木製の階段をおきのぼりおりをさせる.

▼写真 2　斜面をのぼるときは特に足指の先に力がはいるので発達に大変よい.

写真 3　1歳児は冬も冷たさをまったく感じないほど水に夢中になる.

写真4・5　一歳児の散歩は車がこない土のみちや野原（アスファルトではだめ）をゆっくりとひとりであるかせることである。

重要な水遊び

一歳児はちょうど写真３のように水に突進するが、A子は三歳すぎまで約一年間、水道の蛇口からはなれなかった。ほかにつれてゆこうとすると火のついたように泣いて抵抗した。

私たちは生物の歴史からいって、最も基本的な感覚機能としての、皮膚感覚の発達を大切に考えて、ともかく、水の感触に夢中になるこの一歳児の時を保障してやるよう、庭に低い水道の蛇口をたくさんつくるようにしている。また、足腰の発達を促すためと、さまざまの自然を発見し、さわり、認知の機能を発達させるために、毎日散歩を日課とした（写真４・５）。A子は、前かがみで、手はオランウータンのように掌を後にむけて垂れ、足裏がふっくらしているために不安定で、あるくのはやっとであった。

A子が二歳の時、母親たちの願いがみのって、認可保育所となった。年々広がって増築、敷地は一五〇〇坪に広がり、保育室は、どの部屋も、東と南から陽がはいり、また、西も窓から秩父連山の夕映が見えるように設計した。庭には大きい土山があり、子どもたちは年齢に応じてさまざまな遊びを工夫し、それがそれぞれの年齢の発達を促すのにたいへん役立った。

どの部屋からも自由に外に出られ、またどの部屋のガラスも下から素通しで、外がみえ、元気に遊ぶ大きい子の姿を、小さい子がみて育つことを私たちは大切に考えてきた。

初めてかいた画

三歳すぎまで水からはなれようとしないA子が、初めてかいた絵（絵A—1）はこのように線も弱く、握る力がたいへん弱いことを表わしている。そこで私たち職員集団は相談をし、どんなに泣いても、もうA子は砂場に移行させようときめた。手にスコップ（大人の花壇用のもの）をもたせ、水にぬれた砂で遊ばせるようにしたら、半年余で、やっと線が少しつよくなってきた（絵A—2）。私たちの園は、表現活動を重視して、クレヨン、またはマジック、ポスターカラーで、全紙大四ツ切りの更紙に、要求する枚数をかかせている。一、二歳児は

絵A—1（3歳4ヵ月） A子が初めて描いた絵．線はまだ弱々しい．水からはなれない時期に描いた絵である．

絵A—2（3歳11ヵ月） 思いきって砂場にA子をうつし，スコップをもつようになって少し手に力が出てきた．

写真 6　１歳児はまだ指先より腕を動かして描くので，いすに座らせず立って描かせるようにしている。

いすをつかわせず、たたせてかかせている。これは腕を十分使うためである（写真6）。砂場はふちがなく、どんどん広げて遊べるようにしてあり、水はホースを使わずに、バケツや空かん、古なべ等をおいて使わせている。重たいものを持つとやはり腕の力がつく（写真7）。握る力も強くなる。握る力は、人間としての発達にたいへん重要なので、室内にもろくぼく風の遊具をおきのぼらせる（写真8）。

こうした遊びを通して、しだいに手足の力が発達し、かく絵の線も強くなり、健常児たちは二歳前後になると、はっきりと目的をもち、マルをえがき出すころ、片ことが急にふえてくるのである。しかし、A子は四歳になってもことばが出ず、絵の形も出なかった。

言語の出はじめ

私たちは、子どもたちを深く観察して、このようにマルをえがき、片ことが出はじめる二歳すぎの子どもたちは両足を揃えて床からはなしてとべるようになることもわかった。しかしA子は四歳であっても両足とびはできなかった。

子どもたちは三歳をすぎると高いところからとびおりることをとても喜ぶ（写真9・10）。一度できれば何度も何度もこころみる。これがやはり、子どもたちの発達を促しているのだということがわかってきたので、ちょっとした機会ものがさず、下がやわらかい土であったりすると、散歩の途中でもとばせたり（写真10）、保育室の床は〃桧〃にして、弾力があるようにしてとばせている。こうした仲間のはげしい運動に刺激されて、A子もとびおりはできないがリズム遊びを喜ぶようになり、めだかになったり、つばめになったりして、広いホールをかけまわるのをたのしむようになってきた。

絵に形が表われる

友だちと、おおかみごっこ等も喜んで、おっかけっこができるころ、四歳六ヵ月、初めて絵に形があらわれ、人間の顔をいくつかかいた。家族をえがいたらしく、〃パパ〃〃ママ〃が口から出る

▲写真7　バケツに水を入れてはこぶ二歳児。砂場には古いバケツ、古なべ、古やかんなど家庭からもらって使わせる。重たいものをもつことによって腕の力もつよくなる。

◀写真8　ろくぼく風のこの遊具は室内でよじのぼって一―二歳の子どもが遊ぶのにはたいへんよい。

写真9　満三歳ちかくなって土ふまずがややできかかってくると子どもたちは高いところからとびおりたがる。下にマットかふとんをしいてやる。

写真10　四歳児たちはちょっとしたところでもすぐとびおりたがる。下がやわらかい土なのでたいへん心地よい。

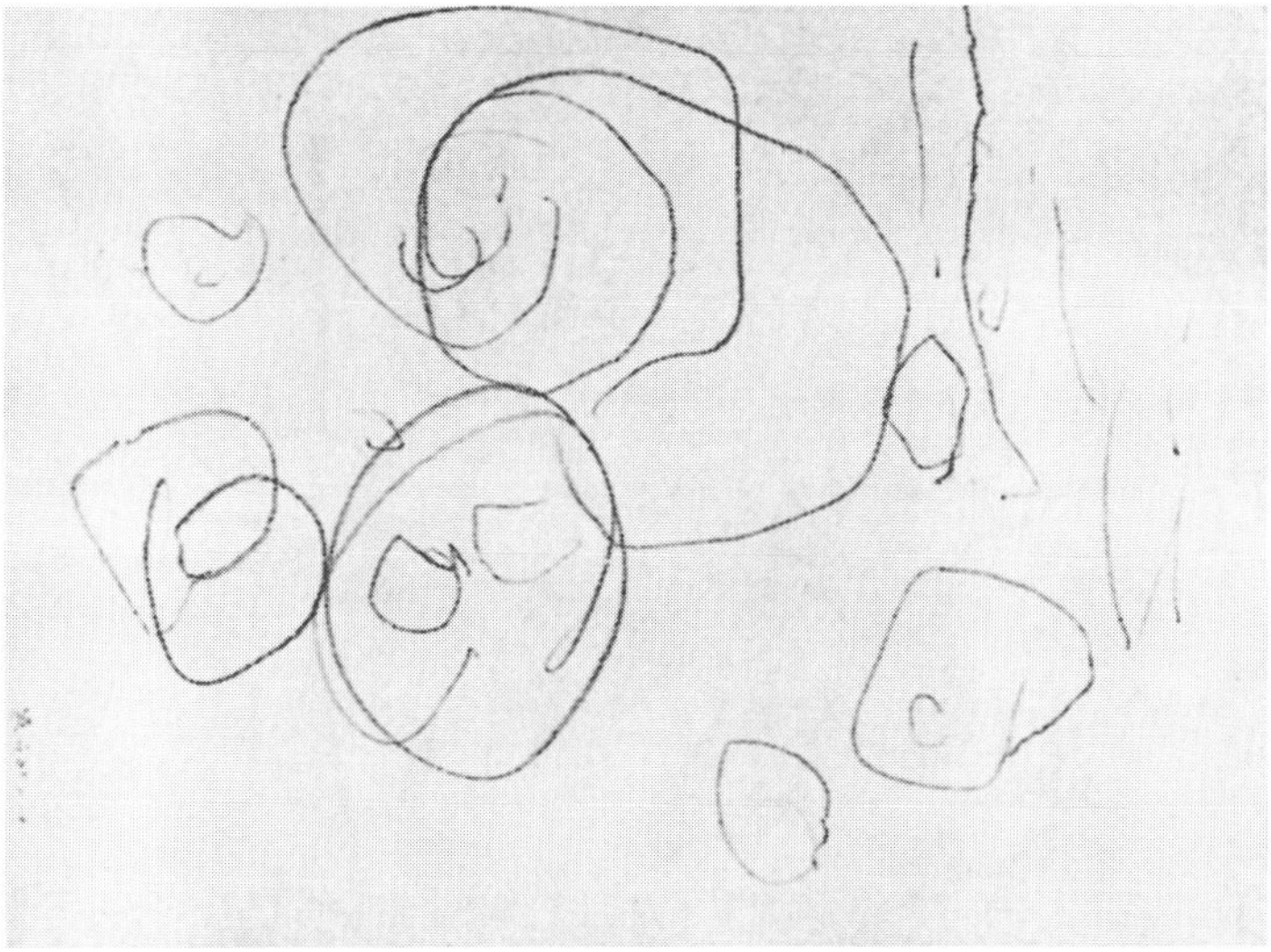

絵Ａ―３（４歳６ヵ月）　はじめて丸をかき，目をかいて，パパ，ママ，とことばを出しながらかいた．

絵Ａ―４（５歳10ヵ月）　５歳10ヵ月のときに人間をかいた．胴，手，足が出てきた．２語文をしゃべるようになった．

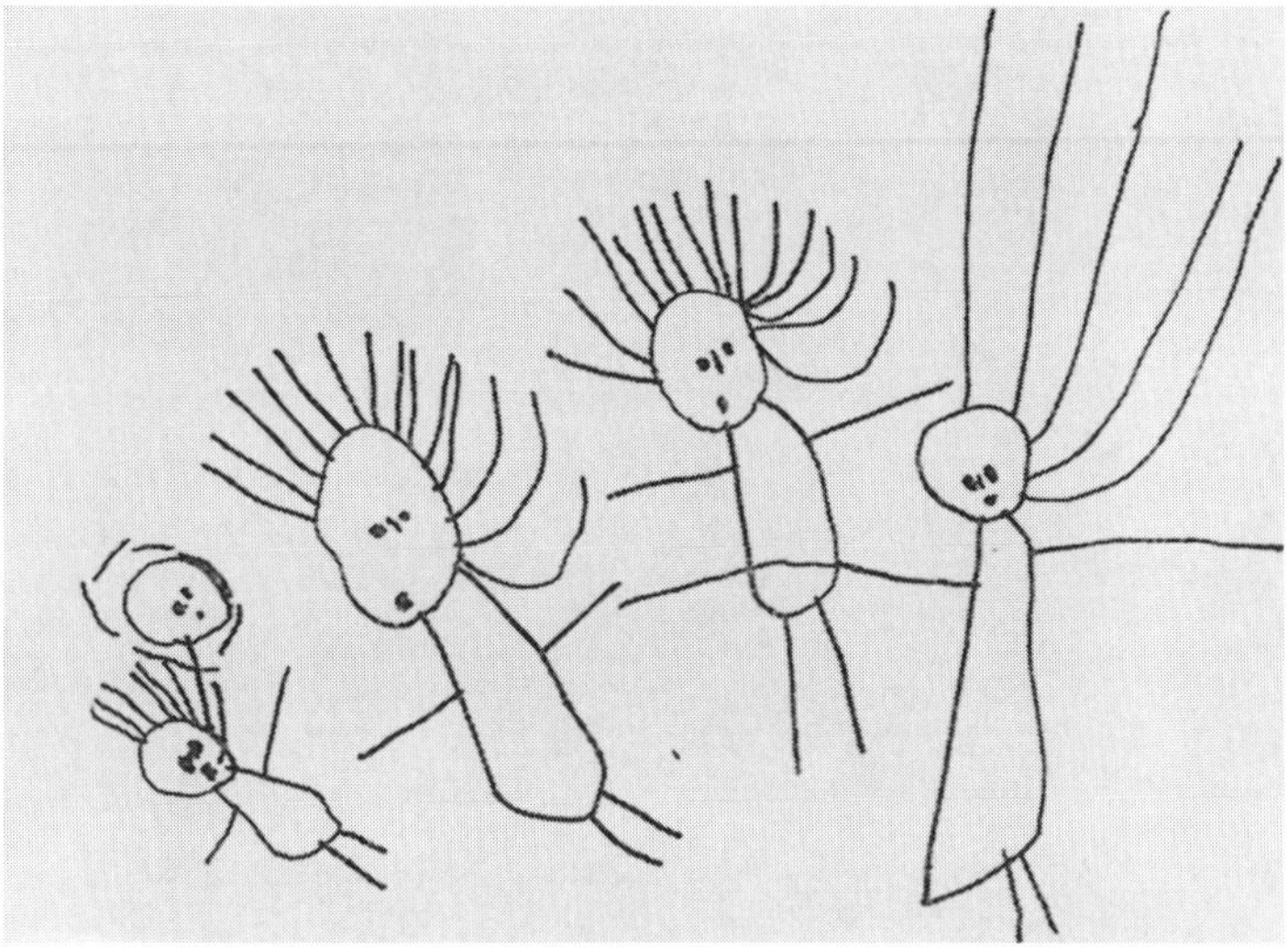

絵A—5　一番大きい人が“かとう”という担任の先生である．クラスの仲よしを描いた．

ようになった（絵A—3）。

五歳になって、人間に身体と手足が出るようになり（絵A—4）、〃ママ、クル〃〃A子、ボウシ〃等と二語文をはなすようになった。しかし、ヨダレや鼻汁はまだたいへんで、排泄はまだおしえることができなかった。

このころから、同じクラスの子どもたちと話しあいをし、A子に対する、まわりの子どもの理解を深めるようにしていった。

六—七歳のA子

私たちはしばしば、子どもたちの絵を生年月日順にならべ、子どもの発達をたしかめあってきた（写真12）。まもなくA子は六歳になるが、思いきって就学を一年のばして、その発達をみてゆこうとの結論を出した。

五歳の後半から〃家族〃の名前をいいつつ絵を何枚もかくようになった（絵A—5、6）。

私たちは、まだ前かがみでオランウータンのように歩くA子の発達を促すために、A子の母親と話しあい、車に乗っての通園を止めてもらうことにした。A子の家は隣村に

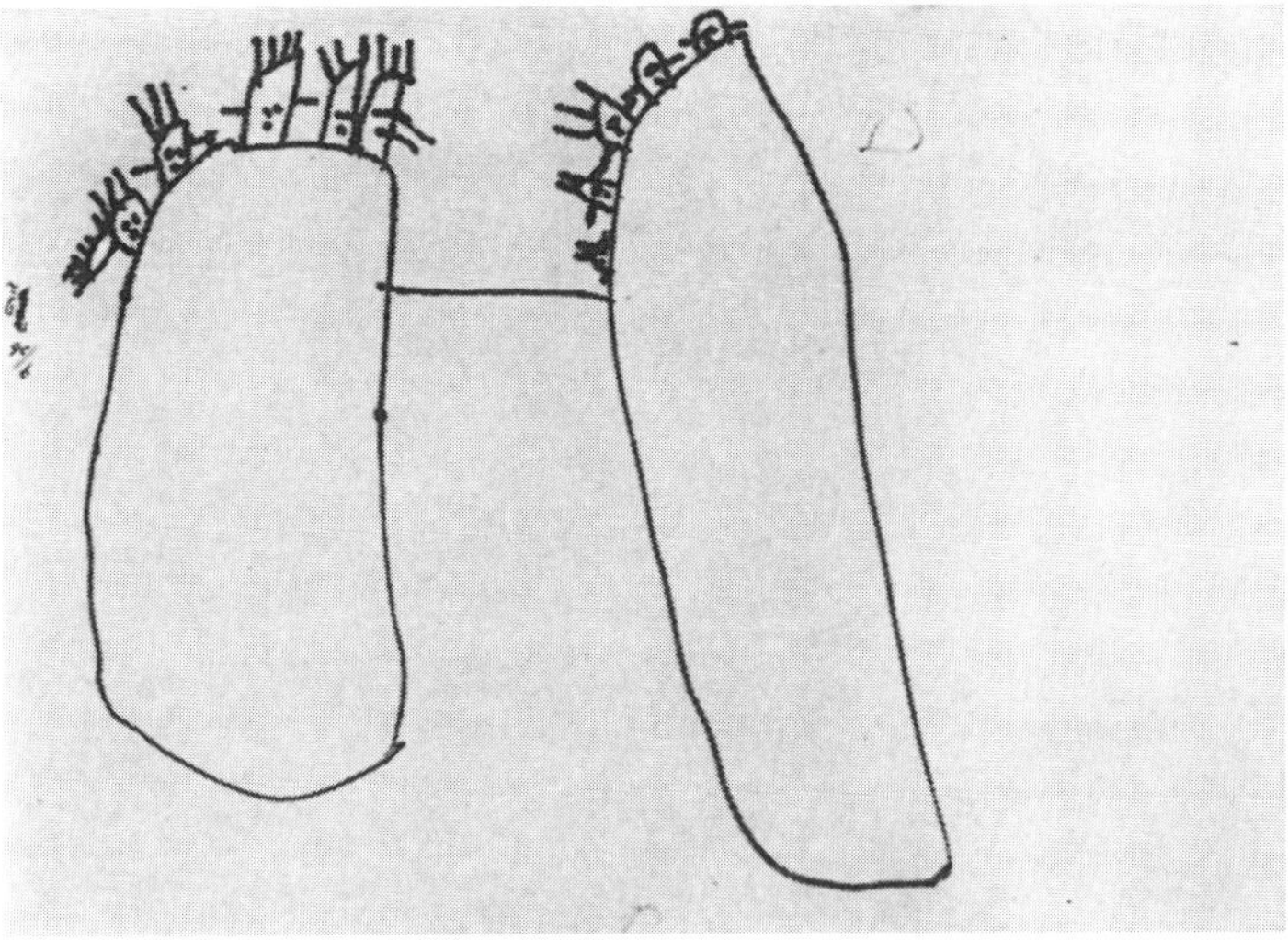

絵A—6（6歳）友だちを描いた.

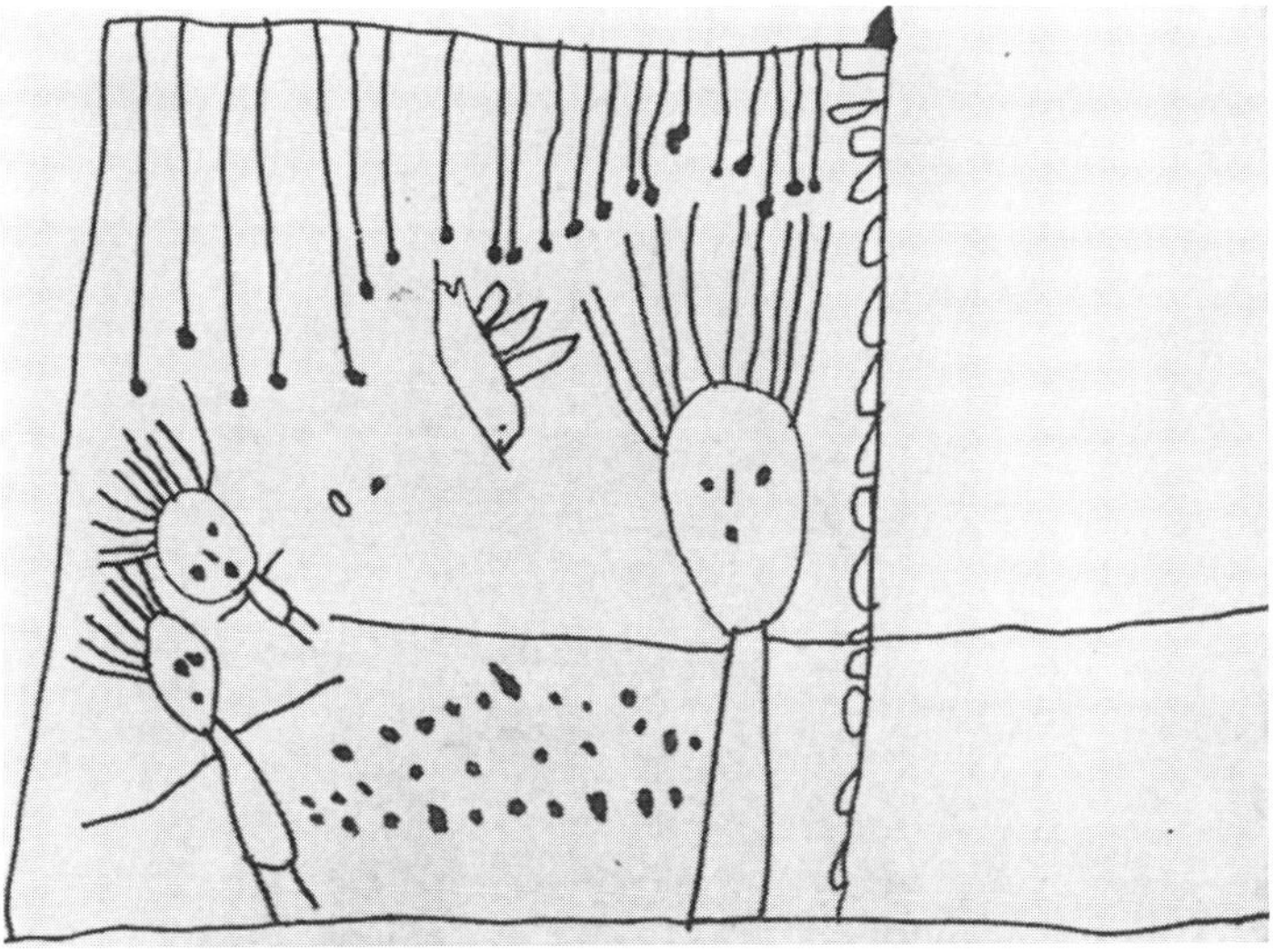

絵A—7（7歳1ヵ月）電気がついている家の中の家族を描いた. おばあさん, ママ, A子がごはんたべてる——といった.

写真11　夜8時半頃から母親との懇談会，父親との懇談会をときおりひらく．これは父親懇談会のときの写真である．わが子の絵を，友達の絵の中でみることによって発達に安心したり，今後注意しなければならないことを発見したりする．

あり、園まで二kmの道のりであったが、それから毎日、A子の歩いての通園の日課が始まった。

発達の観察方法

私たちは、前述のような、園児一人ひとりの発達をみんなでたしかめ合い、おくれた原因をさぐり出し、発達を促すためにみんなで何をなすべきかと話しあう職員会議を毎月持つが、父母たちとも、それぞれの子どもたちの絵を前に同様の話しあいをすることを大切にしている。

発達のおくれた一人の子どもの、そのおくれの原因を徹底的にさぐってゆくことは、すべての子どもの発達を促す上で、たいへん参考になるし、一人でさぐるより、職員会議で、また父母全員でさぐり合うことは、あらゆる角度から検討できて、たいへん有効である(写真11)。

この際、私たちは、心理学的な考察も大切

写真12　職員会議の風景である．全園児の絵を生年月日順にならべると発達のおくれがすぐわかるので，その原因について職員たちと討論し，その対策をたてる．

写真13　かもしかとびをする６歳児．空中に一度とまるかのごときである．

に考え、親子、また保母と子ども、子ども同士の心理的な関係も話しあうが、より大切に考えて話しあうのは、猿から人間への発達の道すじを科学的に学び、エドワード・セガンの、生理的教育に励まされつ、子どもの手の発達、感覚機能と運動機能の発達、その統合能力の検討、言語機能の発達如何についてである。

一人ひとりの子どもの観察方法は、従来も行なわれてきたような子どもの遊びの観察や、言語の記録をとる方法の他に、私たちの園独自にあみ出してきたものは、リズム運動による観察方法と、描画による観察方法である。

リズム運動による観察

㋑　一人ひとり床の上を、素足で走る足音に注意をする。おくれた子どもほど、″ペタペタ″という大きい音を出す。

これは重たい脳髄をささえて、直立二足歩行をするための、背骨、腰の発達、土ふまずの発達と関係があるのではないかと思われる。

㋺　足で床をけって、自分の身体を宙に浮かす力の強さによって発達がはかれるのである（写真13）。〝かえるとび〟や両足を揃えてピョンピョンとぶ〝うさぎとび〟は二歳前後で多くの子どもはできるようになるが、ちえおくれの子どもはなかなかできない。二人ボートの競走をさせてみると、うしろむきになってこぐ子どもの、両足のかかとで床をけり腰をあげてうしろにすすむ動作のはやさによって、やはり発達がはかれる。両足を揃えて、引力に抵抗し、自分の身体を床からはなしてとべるようになるころは、絵に、目的をもって、自分の意志で〝形〟をえがくようになることが観察され、しかも言語の発達との関係もみられ、ちえおくれの子どもたちが、片言が出るのがちょうどこうした運動機能の発達と一致した時期になっていることに、たいへん保育方法をおしえられる（写真14）。かかとをあげてかえるあるきができるのが健常児は三歳ころからである。これも発達がみえるリズム運動である。

㋩　腕の力が弱いと、腕で身体を支える側転はできない。

腕の力の強さでやはり発達がはかれる。乳児期から、私の園に入園している子どもは足の先までピンとよくのびる（写真15）。発達のおくれている子どもは、腕で身体を支えられないので腰をあげることがむずかしい。また腕で自分の身体をうかせて、へいをのりこえさせたりして遊ばせると、やはり、発達のおくれと、腕の弱さの一致がみられる（写真16）。

㋥　とび箱も腕でパーンと箱をうしろにけって身体をうかし、とぶ。その腕のつよさで、やはり発達がはかれる（写真17）。

㋭　円形のホールをスピードを出して走る時の姿勢が、内側に身体をたおして、バランスをとりながら左まわりも右まわりも、スピードをおとさずまわれる子ども（写真18）、またこのなわとびの写真18のような姿勢でカーブをとべ

写真14
二歳児が床から両足をあげてとべるようになるころ急速に言語も発達してくる。

写真15
側転する六歳児。
足のつま先までもう脳の支配が届き、意のままにのばすことができる。入学が可能の発達である。

写真16
塀のとびこえをする六歳児。
腕の力が弱いと、自分より高い塀に腕をかけてからだをあげることがむずかしい。

写真17
とびばこの五段をとぶ六歳児。

写真18　なわとびをとぶ6歳児の円を曲るときの姿勢，とくに腕のふり，足の先に注目してほしい．すばらしい発達をとげていることがよくわかる．

る子どもはみんな好ましい発達をしているが、発達のおくれている子どもはやはりギゴチなく、こんなにバランスよくまわれない、等々。私たちは、細心に子どものリズム遊びを観察するなら、その子どもの発達が、その年齢の子どもとして好ましいものか、そうでないか、がよくわかると話しあっている。

描画による観察方法

年齢ごとに子どもたちの絵を並べてみると、あきらかに単純から複雑に、と認知の発展がみられ、また、しだいに指先が細かに、しっかり動くようになってゆくのがわかる。

好ましい発達の子どもの描画をスケールにしながら、このような指先のちみつな発達を促すのには、はげしい全身運動、腕、足腰をつかう畑仕事や、床のふき掃除、動物の飼育、ふとんのあげおろし、のこぎりをつかってのたきぎきり、などの仕事をさせてきたことがたいへん役立った(写真19、20、21、22)。

一年就学をのばしたA子は、七歳になって六歳児たちとこれらの仕事を分担してやるようになって、急激にことばが多くなり、姿勢もよくなり、マリつきができるようになり、なわとびもゆっくりだができるようになった(写真29)。

そして卒園のころは観察画で畑でとれた大根を水彩絵の具をつかって描いた(絵A―10、口絵参照)。

成長したA子

A子は七歳で排泄は完全に自立した。仲間とともに私(斎藤)の話をきき(写真23)、仲間とともにうたをうたい(写真24)、仲間とともに話し合いに参加ができるようになった(写真30)。

そして仲間とともにことばを自分で考えてカルタもつくった。そして満面にえみをたたえて、自分で堂々とあるき、自分の手で卒園証書を手にとった。

A子はもうオランウータンのような姿勢ではない。しっかりとした足どりで、最後の一年は往復四kmの道のりをあるいて通った。A子はもうヨダレも鼻汁も出ず、人間としてのことばを獲得し、小学校に入学した。

（斎藤公子・千葉法子）

▲写真19　動物小屋のふんのそうじをする六歳児.

▼写真20　山羊に草をたべさせるために原っぱにつれてゆくさくらんぼの6歳児.

▲**写真21**　年長組は冬になると戸外で暖をとるためのたきぎづくりが日課であり，のこぎりはみな自分の引き出しの中に入れてもっている．

▼**写真22**　畑のじゃがいもほりをする年長児．これを一輪車につんでもちかえり，午後のおやつにする．

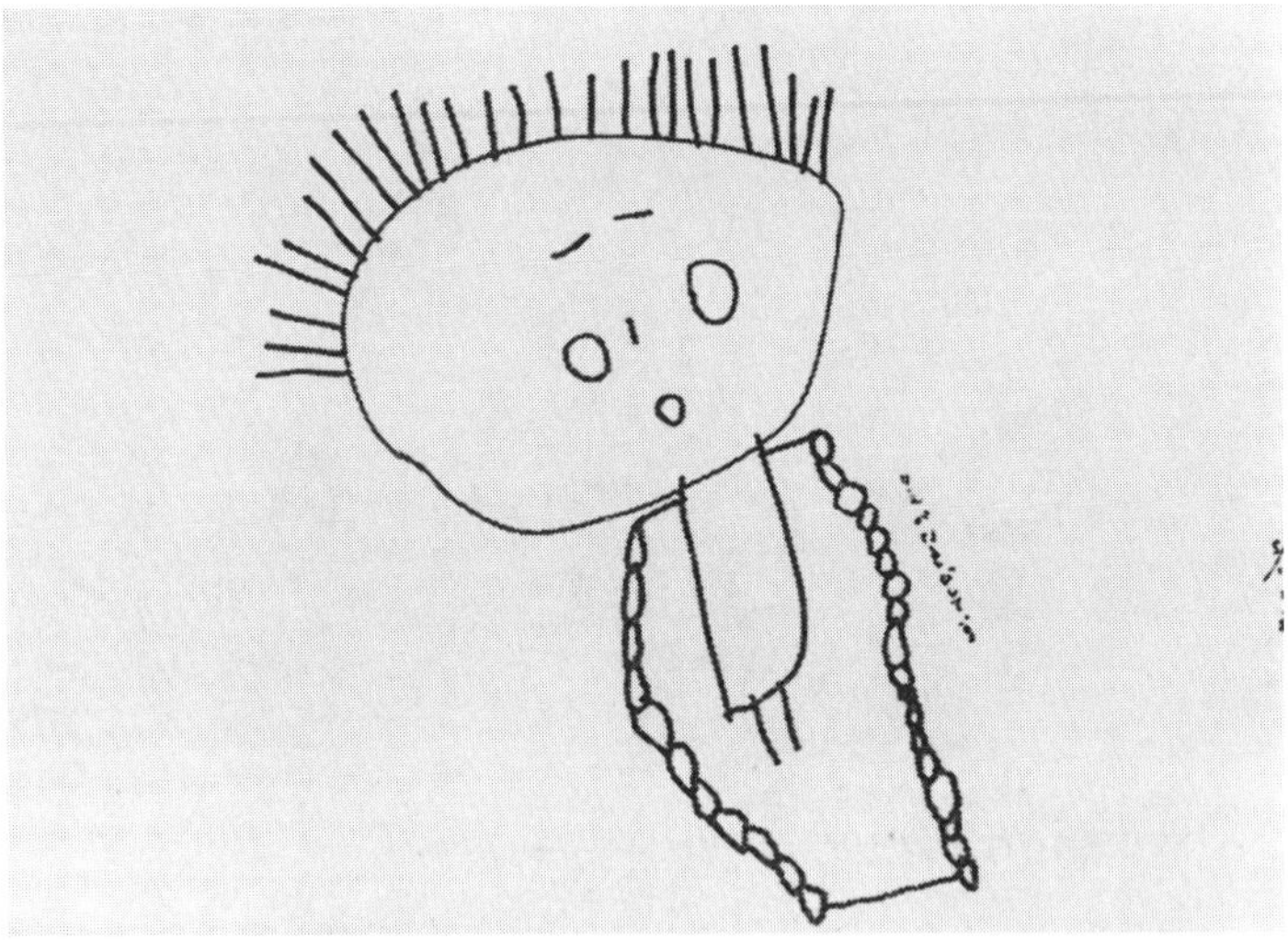

絵A―8（6歳11ヵ月） なわとびができるようになってうれしくてかいた.

絵A―9（7歳4ヵ月） 運動会でマリつきをする自分をかいた. マリつきがたいへん上手であった.

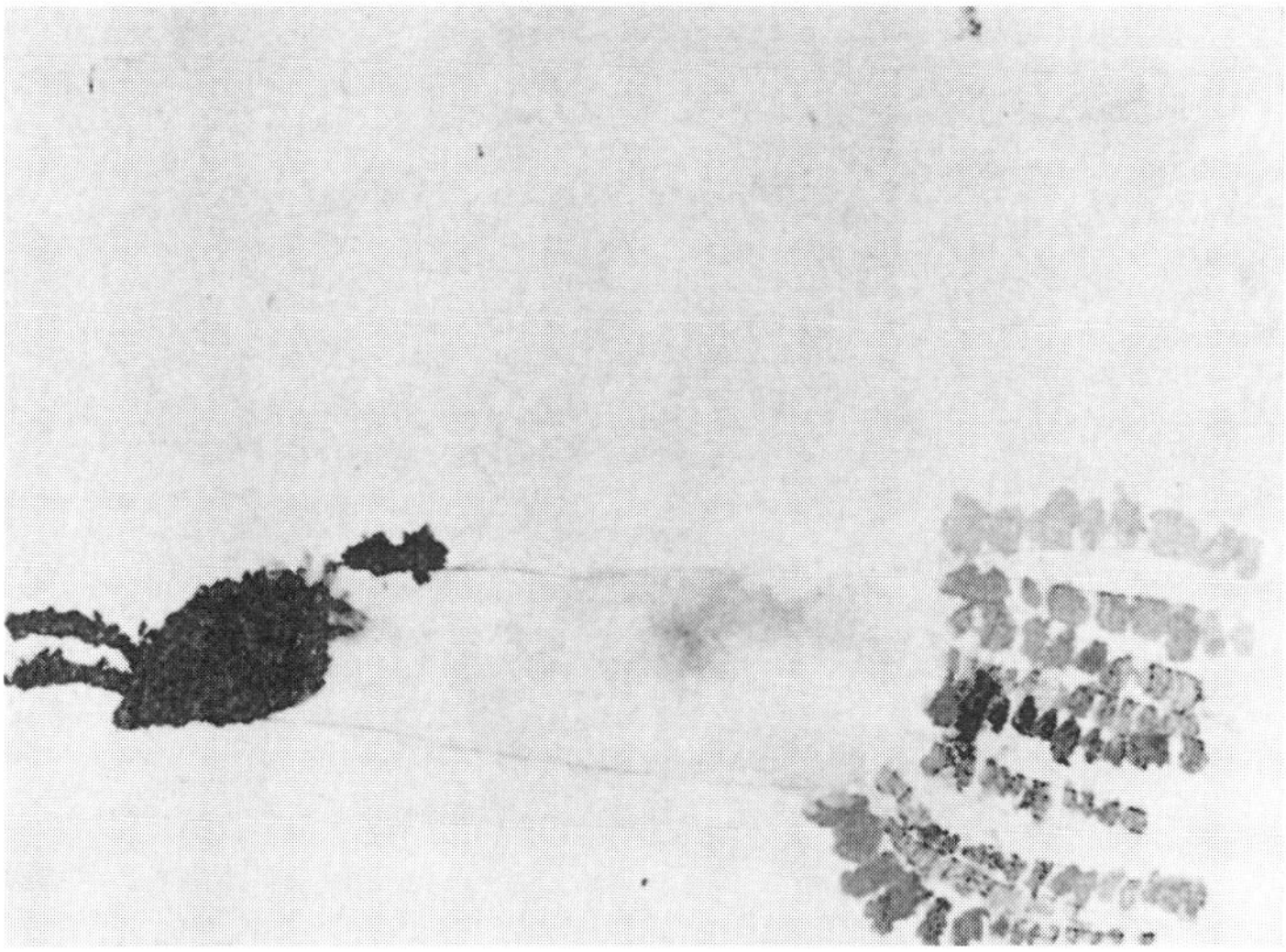

絵Ａ―10（７歳５ヵ月）畑でみんなでつくった大根をぬき，はじめて水彩でかいた．泥のついたままの大根を表現している．（カラー口絵参照）

写真23　斎藤園長の家でお話しをきく年長児たち．Ａ子はもう話の中にはいれるようになった．ちょっとむずかしいところではグゥーッとねむり，わかるところではハッとすぐ目をさます．

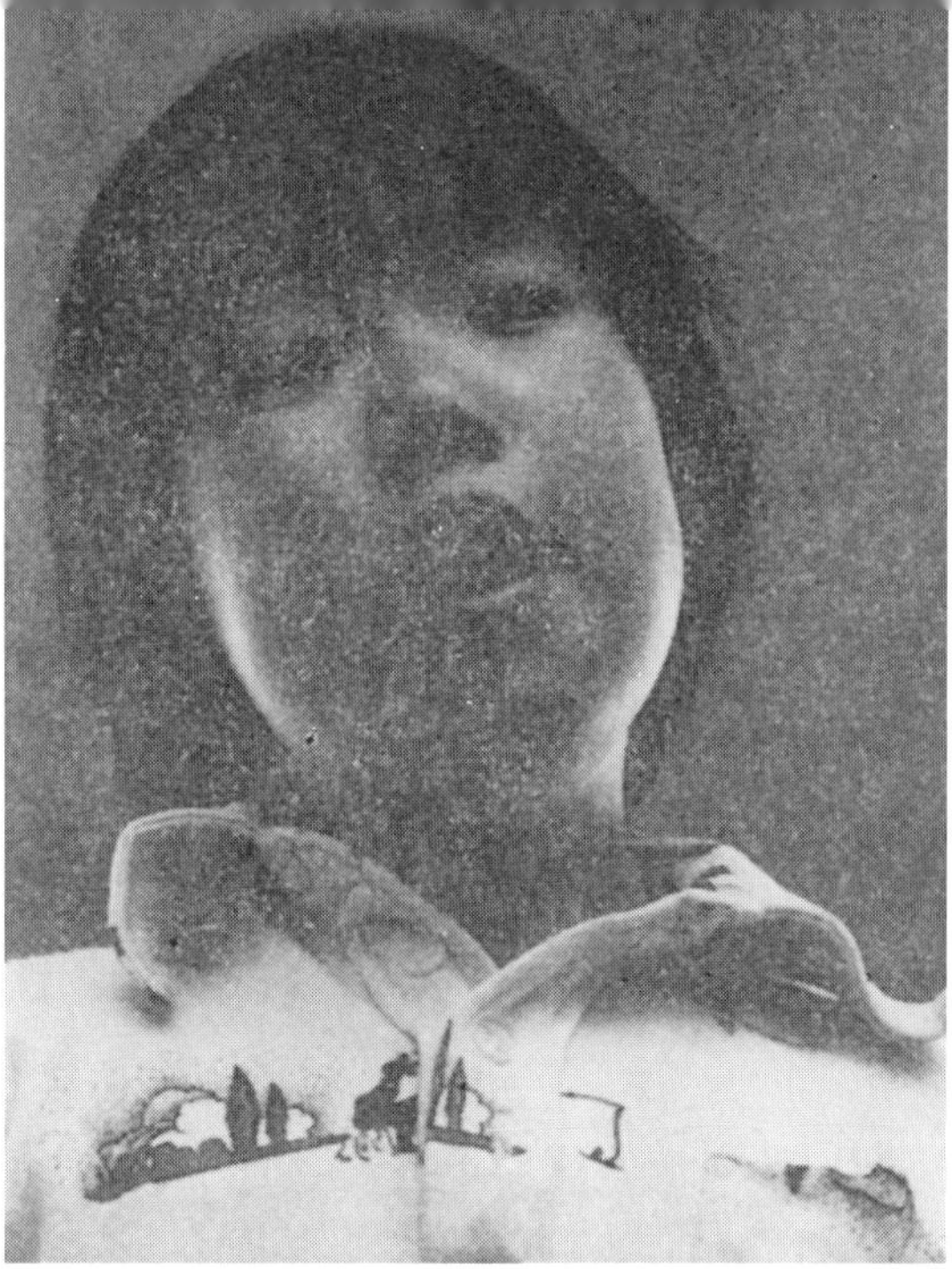
写真24
うたうA子。
卒園のころである。

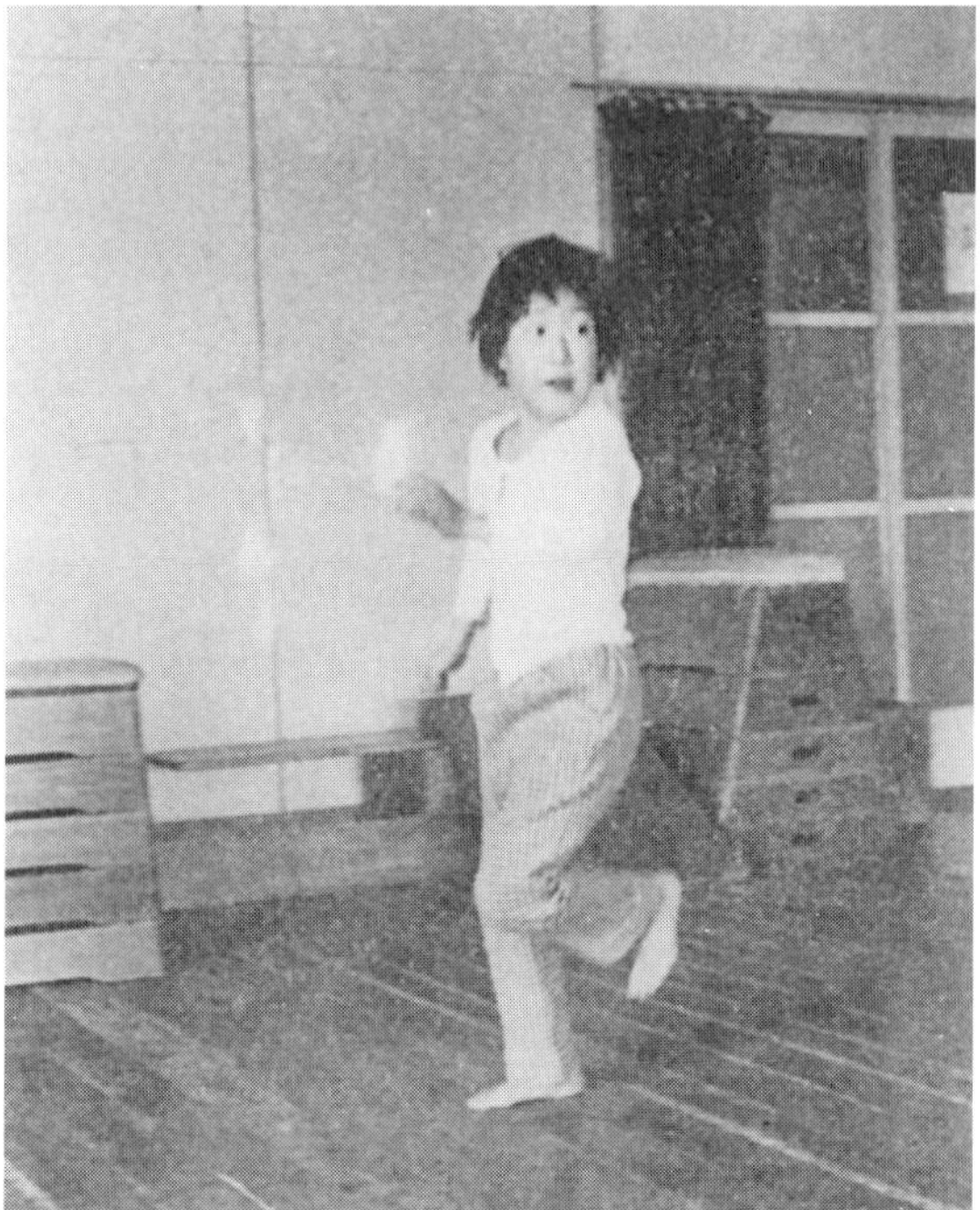
写真25
スキップをするA子。

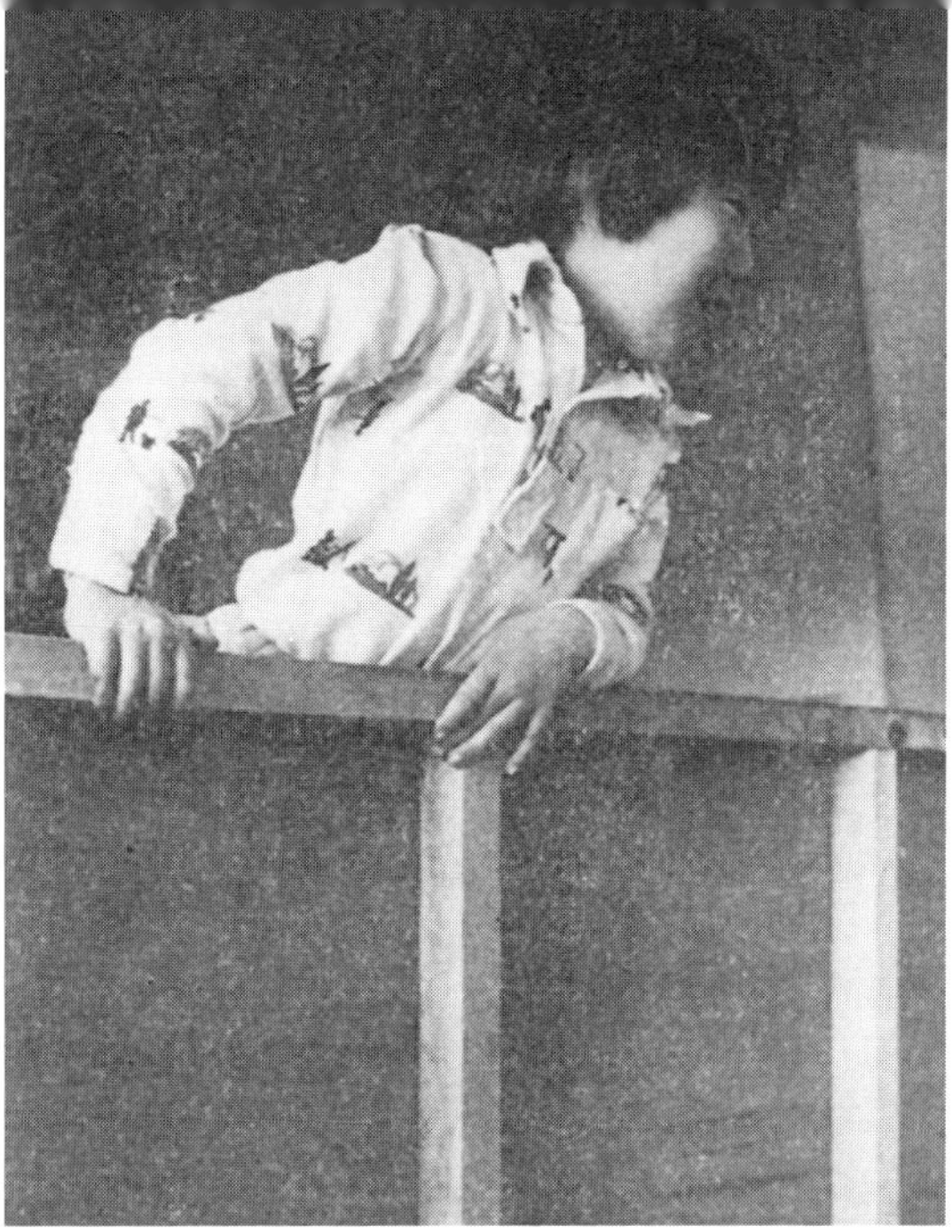

写真26
塀のとびおりもするA子。

写真27
ピアノのさぐりびきがとてもすきであった。

写真28　A子は７歳のときにはもうこんなに高いところからとびおりることができた.

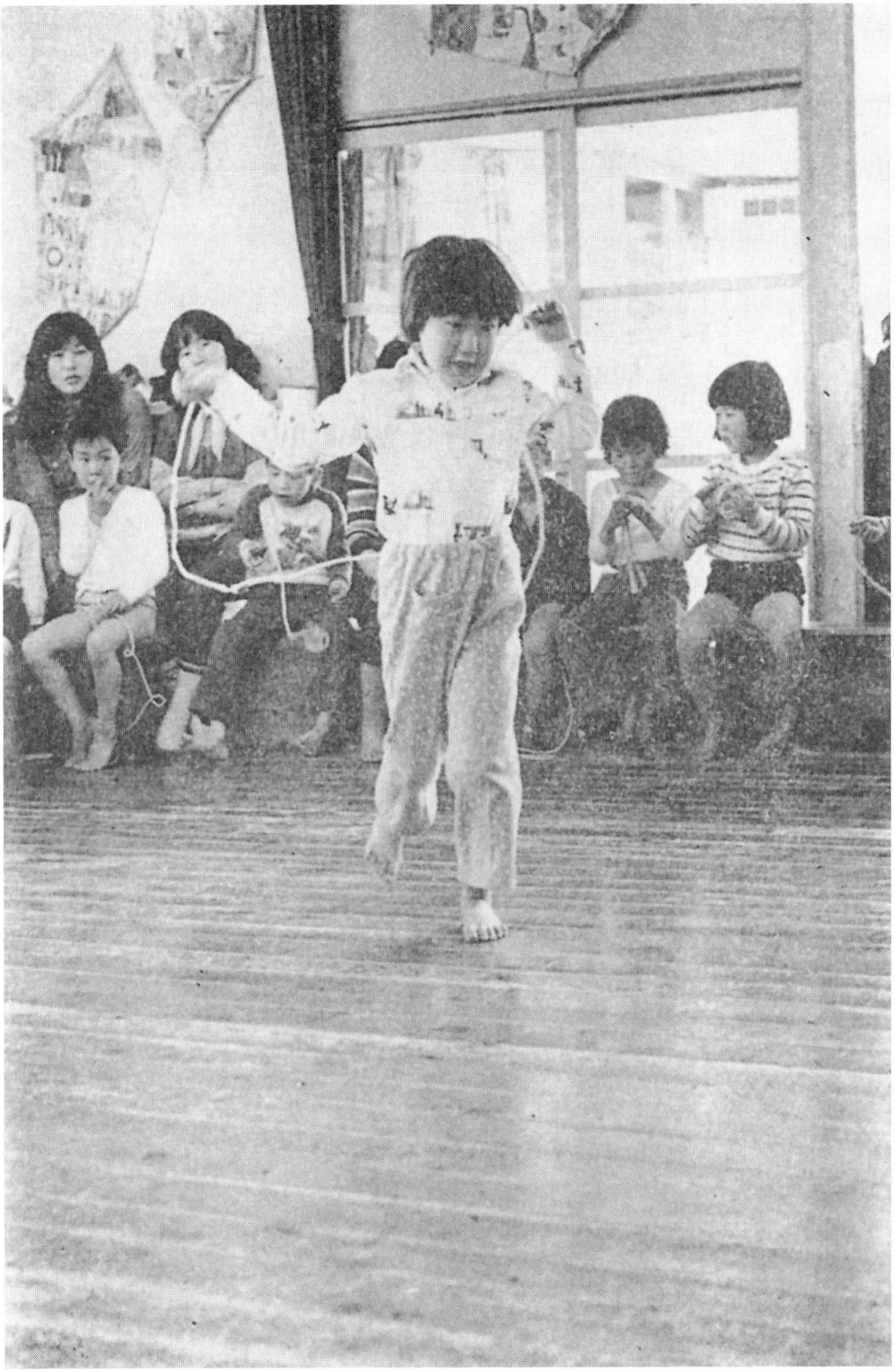

写真29　なわとびをするA子の顔は晴れがましい．

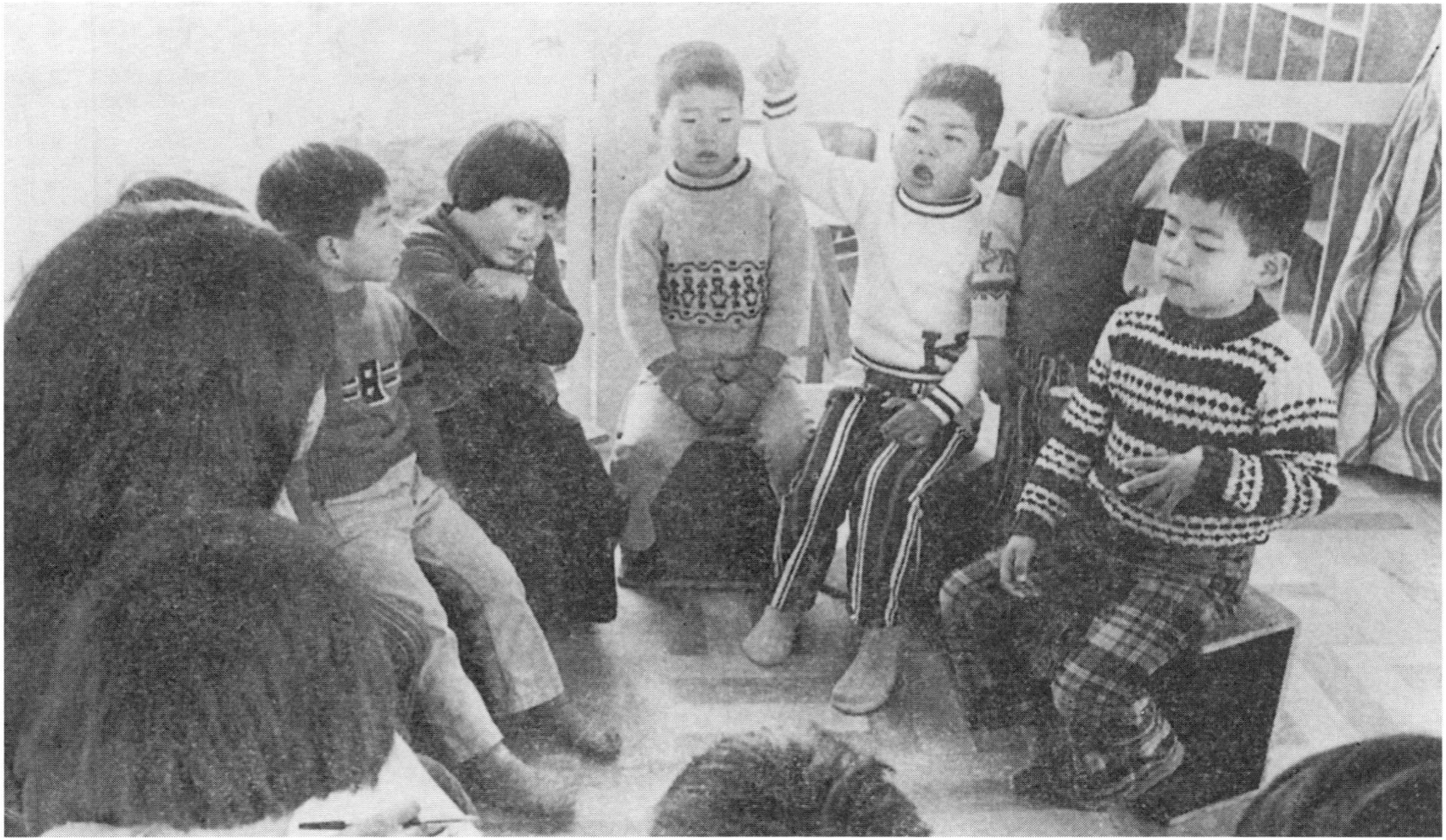

写真30　グループの友だちとの話しあいに参加するA子.

第四章　全盲（先天性白内障）のY子の発達

全盲のY子（昭和四五年七月二三日生）が入園した（担任――幼児期　山崎ひと子・長谷川愛子・千葉法子、乳児期村田倶子・萩原雪子）のは生後一一ヵ月のことで、涙にくれる母親の腕に抱かれた体は、痛々しいほど小さく、ひ弱だった。母親のつわりは生まれるまでひどくて、食事も充分にとれなかったという。生れが二五〇〇グラムと小さかった上に、目の手術をうけたあと母乳も飲めなくなって、うすめた紅茶ばかり与える日々が続いたという。私たちは母親にも強く生きてもらいたいために保母見習いとして職場に迎えいれた。

乳児期のY子

園に来るようになってからも、よく熱を出して生気がなかった。一歳近いのにおすわりも安定しないし、つかまり立ちも足がフラフラしているような状態で、食事の量も非常に少なかった。医師の診断をあおぎ、栄養が充分でないということだったので、園においては昼食やおやつに、肉や魚、チーズ、野菜などをふんだんに与えた。また、農村の食生活の習慣がこの家庭にもあったので虚弱なY子には特別に配慮してもらいたいと、父親にもきてもらって話し合いをした。Y子の母はまだ嫁としての遠慮があったからである。

足腰もとても弱かった。歩きはじめが一歳八ヵ月のときで、足の力も、三歳すぎても三輪車のペダルがふめないほどであった。また、腕や手指の力も弱くて、牛乳をビンごと片手で持てるようになったのが三歳三ヵ月。そのようなY子を、毎日毎日散歩につれだしたり、リズム運動も毎日のようにするようにしていった。

まわりの状況がわからなくなると、ゴロッと横になってしまうので、よく話しかけ、よく歌いかけるようにもした。歌はすぐにおぼえてしまい大人の口まねもよくした。言葉は散歩の道々で草や花にさわって「クサ」とか「ハナ」など具体物と一致するものもずいぶんあったが、「お砂をたべちゃだめよ」と話すと「たべちゃだめよ」といいながらも口にもってゆくのは、言葉の意味がわかっていないのではないかと反省して、ひとつひとつ具体的に言葉をそえるようにしてゆこうと職員会議で話しあった。

私たちの園で、全盲児をうけいれるのは初めてだったので、手さぐりしながら試行錯誤をくり返してきたのであるが、二歳児クラスの後半に重症の中耳炎にかかって、このままでは聴力にも故障をきたす、と医師に警告された。職員会議にかけて、まず体を丈夫にしよう、夜と昼が逆になってしまって、睡眠不足の状態で園に来ていたことがずいぶん無理だったのではないかと話し合われ、お母さんが職場をやめて、Y子の生活リズムが正常になるようにとりくんでもらうことにした。

そのころ、意欲的に保育の仕事にとりくむようになっていたお母さんは当時悩んだが、今では職場で学んだ力でわが子の発達がじっくりみつめられたこと、自分も保母の資格をとるために学べたこと、さらに、盲児のための絵本作りに取り組めたことなど、Y子にとっても、自分にとってもその措置が適切だったと喜んでいる。

三歳児クラスのなかで

三歳すぎて中耳炎も治り元気になったので、お母さんも職場にもどり、お母さんから完全に離して集団に入った。しかし、不安で床にうつぶせてしまう。友だちがしきりに話しかけたり、遊びに誘っても拒否して、担任にも心が開かない日々が続く。

しかし、五月末にみんなで部屋中に机やいす、積木などを使って大きなバスをつくり、遠足ごっこをしたときから、だんだんと友だちと交わってゆくようになる。Sちゃんと一緒に座ってニコニコうたったりしていたが、その後はS

ちゃんの誘いかけを待つ姿もみられるようになった。また、朝夕の園児の少ない時間をYちゃんのための時間にすることにした。静かになるとよくしゃべって、声のする方にドンドン歩いてくるようになり、Kちゃんなど、Sちゃん以外の子どもとも「鳩にエサをあげよう」と一緒に行動するようになる。

そのころから、リズム運動も顔を輝かせてやるようになり、ボートこぎの遊びなどは、方向を示すだけで自分の力で広いホールを往復するようになってゆく。

しかし、成長の速度はゆるやかで、まだ要求や自発的意志をあらわすのが弱かった。SちゃんやKちゃん以外の子が接する姿もみられるようになったが、しかし、子どもの接し方には二通りあって、自分は自分で遊んでいて困っている時にさっと手をだして、適切な援助をしているのは、保育年数の長い子で、赤ちゃんのような扱いで、いい子、いい子と言わんばかりに手とり足とりなんでもしてあげているのは、入園まもないまだ自分で遊べない子であった。このことが職員会議で話し合われ、すべての子どもを自主的にするなかでこそ、Y子もそだつのだということを確認し合った。腕の力はまだとても弱くて、三歳後半で、いすをようやく両手でもち上げられる程度だった。健常の子どもは一歳児クラスでもうもてる。仏の座の花の部分をさわらせようとした時に、親指と人さし指の先端に花びらがふれても感じなくて、自分では指先のもっと下の方をつかって、さぐっていた。

足腰の発達の方は、歩く姿もヒザを曲げてお尻を出した、不安そうな姿がすっかり消えて、他の子どもたちと見分けがつかないほどになった。庭のまん中にある築山の登り降りも手をつかわないでできるようになった。

何でも知りたい意欲は旺盛で「コレナアニ」を連発するようになった。

四歳児クラスのなかで

四歳児クラスになってMちゃんという女の子とよく遊ぶようになる。はじめは対等の関係ではなかったが、その子がパイプ役になってだんだん一緒にいる友だちがふえてきた。「おや

に庭、らがないいをゾナゾナで声い大、え答と」んゃちTとんゃちM、ねとーえ「」?と誰「」!るくでん遊まつ

行く姿も見られるようになり、Y子がしゃべれるようになってから、接する子もふえてきた。

しかし、ある時こんなことがあった。手遊びを、Y子には特別にさわって教えながらしていた時に「Y子ちゃんはバカだ」と入園後日の浅い子が言ったので、みんなと話し合う。おりおり、目がみえないことを話し合っていたので、理解できているかと考えていたが、たえず入園してくる子どもたちも理解できるような話し合いが、不十分であったことを知らされた。

「どうしてバカなの?」「先生とやっているもん」「みんなもバカと思うの?」「バカじゃないよ!」「K君はどうしてできないと思う?」他の子どもたちが「目が見えないから」。しかし、Kにはまだ納得できない。そこで、子どもたちが目をつぶって、保母が出した指をあてさせてみたが、目の前の指がわからない。目をつぶった自分と同じ状態だとわかってからのKは、自然にやさしく接するようになってゆく。

Y子はそのころまだ夜と昼が逆になることが周期的に続いて、睡眠が足りない時など、友だちを拒否することが多いので、もっとまわりの子が働きかけ、遊びの量をふやして夜よく眠れるようにしたいということを職員で話し合った。そして、Y子に手をかす援助をみんなで交替でするようにした。

リズム運動の時には、スキップやギャロップなど年長組の子どもに誘ってもらうようにした。また、Y子が中心になる機会をつくっていこうということも職員どうしで話し合って、体験をみんなに話させたりしていた。

東京に行って「フンフン」あまえた声を出して、レストランでスパゲティをたべた話などは、みんなと一緒に笑い、また、朝からキンピラごぼうづくりを手伝った話では「Y子ちゃんが手伝ったん?」「ウン」と得意顔でピョンピョンとびはねたりして「Yちゃんの話きいて!」と一日中よくしゃべるようになっていった。散歩の時も、道々自ら話し

◀当番で給食を運ぶY子。

ごはんも自分でつげるようになったY子。▼

雑巾がけのための雑巾をぬうY子.

かけて「Aちゃんわかる?」などと友だちの名前を呼んで話しかける姿もみられ、他の子どもたちもそんなY子によく話しかけるようになっていった。

当番もすすんでしたがる。二〇人分のごはんやおかずをボールに入れて運ぶのだが（六七ページ写真）、腕の弱いY子には重そうで、おもわず走りよる子。「自分で!」というY子にその子は、手をたたいたり、声を出して方向をしらせる。「先生とじゃなく、友だちがいい」と友だちと一緒にいたがり、散歩も手をつながないで歩きたがるようになった。

また、運動会のとりくみもだいぶ自信がついて、うつむきかげんだった顔をスッとあげてニコニコしていることが多く、その姿が大きくみえてハッとさせられるようになっていた。かけっこが大好きでお尻がつき出なくなった。リズム運動では、ギャロップもきれいにかかとがあうようになる。なわとびは腕を大きくまわすことがむずかしかったが、懸命の努力をしてくっきりと円を描くようになって、「みて、きれいでしょ」と大得意（連続とびは、まだできない）。指先も、微妙な花びらがさぐれるようになった。

年長組になって

年長組になると畑づくりや、小動物の飼育、室内や庭の掃除などの仕事にとりくむ。五四人の子どもを三クラスにわけて（そのなかにはY子も含めて六人の障害児がいる）、さらに五、六人ずつの小グループをつくっている。グループでは全員が順番に班長になってみんなで力をあわせられるように気を配る役割を果たしているが、障害児や発達の遅い子も、友だちの援助をうけながら班長をしている。

Y子も班長の仕事が大好きでやりたがる。

私たちの園では、食事はクラス全員がそろってからでなくて、グループごとに集まったら食べるようにしているが、Y子はグループの友だちの名前を呼んで、みんながいるかどうか確認する。改まって呼ぶとなると緊張して声にならない。グループの子はいつ呼ばれるかときき耳をたてている。Y子はドキドキして息をすいこんだり、吐いたり、それでもうれしそうにニコニコしながら頑張っている。数人が側によってきて「勇気だして！」とはげます。グループの子どもたちは、せきたてることもしないで、ニコニコと声が届くまで待っている。友だちの名前を呼び終わったY子に「Yちゃん大きい声出せたんな！」「いえた、いえた」などとよろこび合っている。

しかしそのうち「早く班長して」「早く食べるようにしよう」などと他の子どもたちはY子に一歩高い要求をするようになり、Y子も「早くおいで、先に食べてていいかい」など大きな声でさそうようになった。

六月ころのことだが、Y子への援助を班長以外で積極的にする子が少ないし、動物当番なども自主的でない、ということが職員会議で問題になり、子ども集団での話し合いをたえずしてゆくことにした。

ある日のこと、鶏小屋掃除の時に、いつも仕事しないでいる三人の友だちに、わけをきこうということになった。話しているうちに鶏のウンチが汚なくてイヤなのだとわかったが、他の子どもたちはあきれ顔で「オレたちだって自分のいる所が汚ないのはいやだから掃除するんだろ？」「鶏が自分でできると思うか？」「A君は掃除をやれば手が強くなって側転ができるようになるんじゃない？」などの意見を口々に出した。自分たちはどういうA君が好きかという話しになって、Y子も「私もがんばっているAちゃんが好きだよ」とはっきり自分の考えをのべて、A君の成長を援助していた。

また、自分たちで相談して仕事を分担するようになってきていたが、Y子の仕事も、チリトリをもつ係、鶏が逃げないように門番する、という風に割りあてられた役目から、身の丈以上の箒を使ってはいたり、みんなと同じ仕事をしたがるようになった。Y子には学ぶところがおおい健常児たちである。ホールの雑巾がけは、Y子にとってはたいへんで、一—二往復がやっとであった。そんな時に入園して日の浅い子どもが「Yちゃんは、なんでぞうきんがけが少ししかできない?」といったことから、みんなで「Yちゃんになってみよう」と、目をつぶってふいてみることにした。曲って友だちにぶつかっている子。こわくてソロリソロリの子。「むずかしいね」「オレできないな」など、いく日かつづいた。

また、自分たちがつくったとうもろこしをかいてみようということになったときのこと、「つぶつぶでしょう」「筋でしょ」とかきわけるY子の言葉で、みんなも筋に気がついていった。

リズム運動をするY子

年長組になってのリズムでスキップをしていて、ピアノがとまったらパッとうつぶせにすべりこんでまたピアノがなったらサッと立ち上ってスキップをする運動の時に、いつものように担任が手をひいてもY子が拒否するということがあった。園長がピアノをとめて「Yちゃん、ピアノがとまったらねて、ピアノがなったらおきてスキップするのよ」といったら、「うん、わかった」といってパッとねた。それにはおどろいた。もう機械的に従うY子ではない、自分で判断し自主的に行動するY子に育っていたのだと知らされた。

そのY子の発達が斎藤園長にはちゃんとみえていた。日ごろY子に接しているのにそれが見えなかった私は、その時はのみこめなかった。が、その後、職員間で討議する中でY子と同じに「わかった!」と、ひとつ学びとった。

朝のマラソンはつめたい風をきってゆく。「風が吹いてるのに、風は冷たいのに、みんなは平気でマラソンしている……」と、思いつくままにうたったり、「風でさらさらしてるのは何のおと?」「ビューンビューンというのは何のおと?」と当てっこしたり、なかなかにぎやかなY子。今日は先頭になって、「声がしないね。みんなどうしたんだろう。早くおいでー!」と大声で呼ぶ。「Y君も遅いね。待っててあげよう」と、いつも一緒におくれがちな知恵おくれの子のことを心配する。やさしく情感ゆたかなY子である。

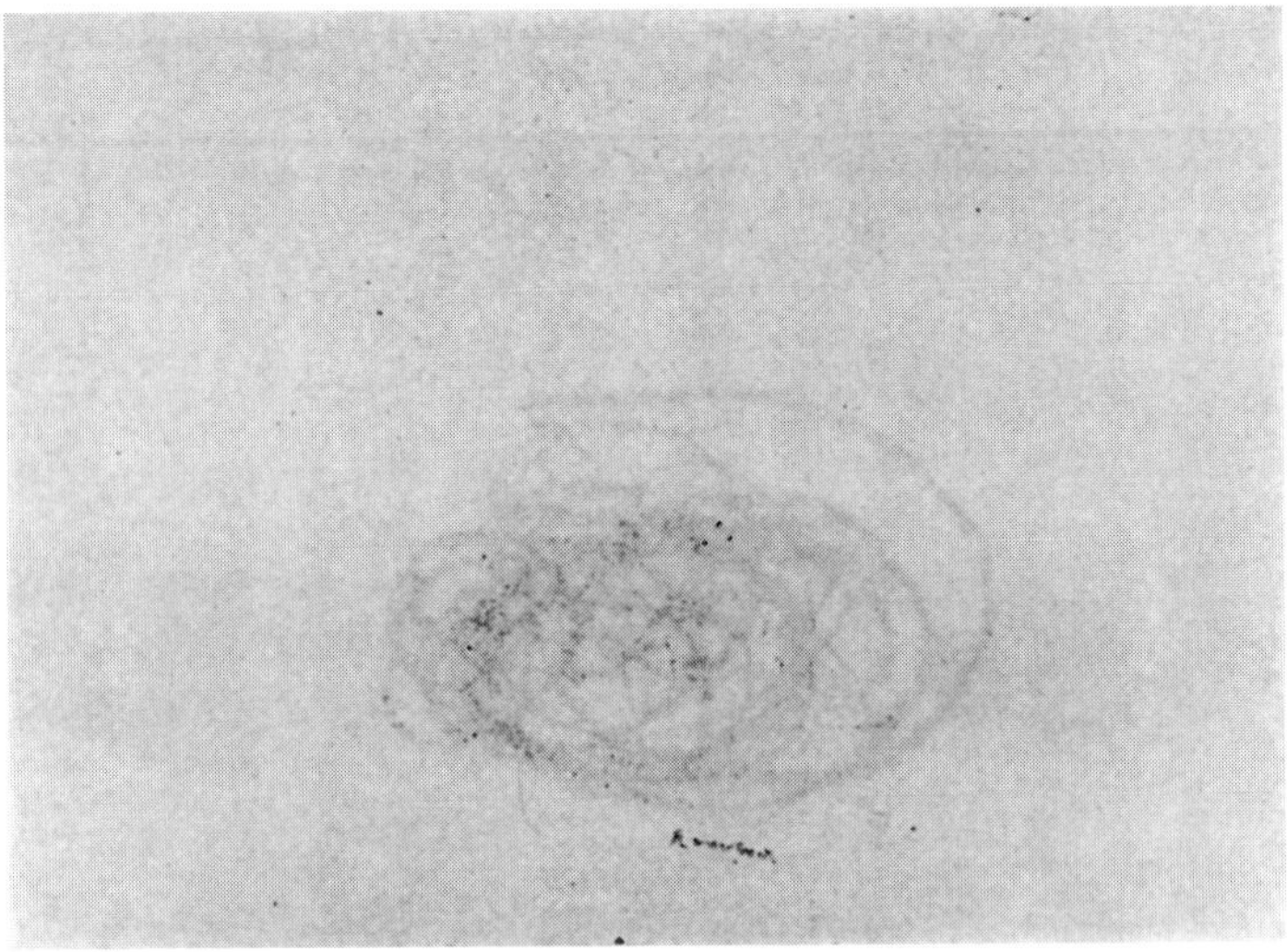

絵Y―1　Y子は物の形も色彩も目で認知ができないため，絵は長い間ぐるぐるのぬたくりであった.

絵Y―2　5歳児クラスのはじめのころ，何とか形らしきものをかこうという気持がうかがえる.

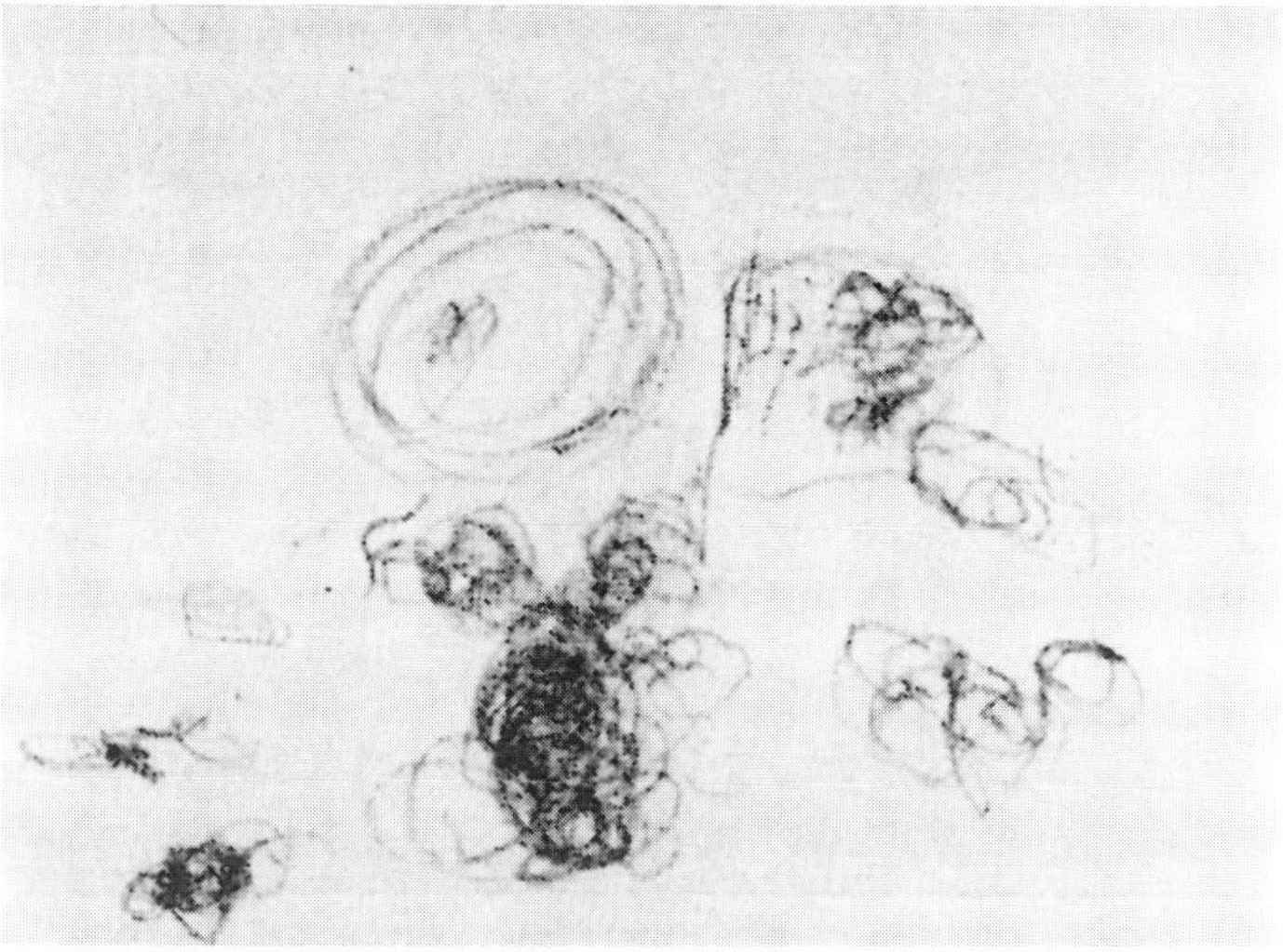

絵Y—3　先生や友だちをえがいているつもりである．

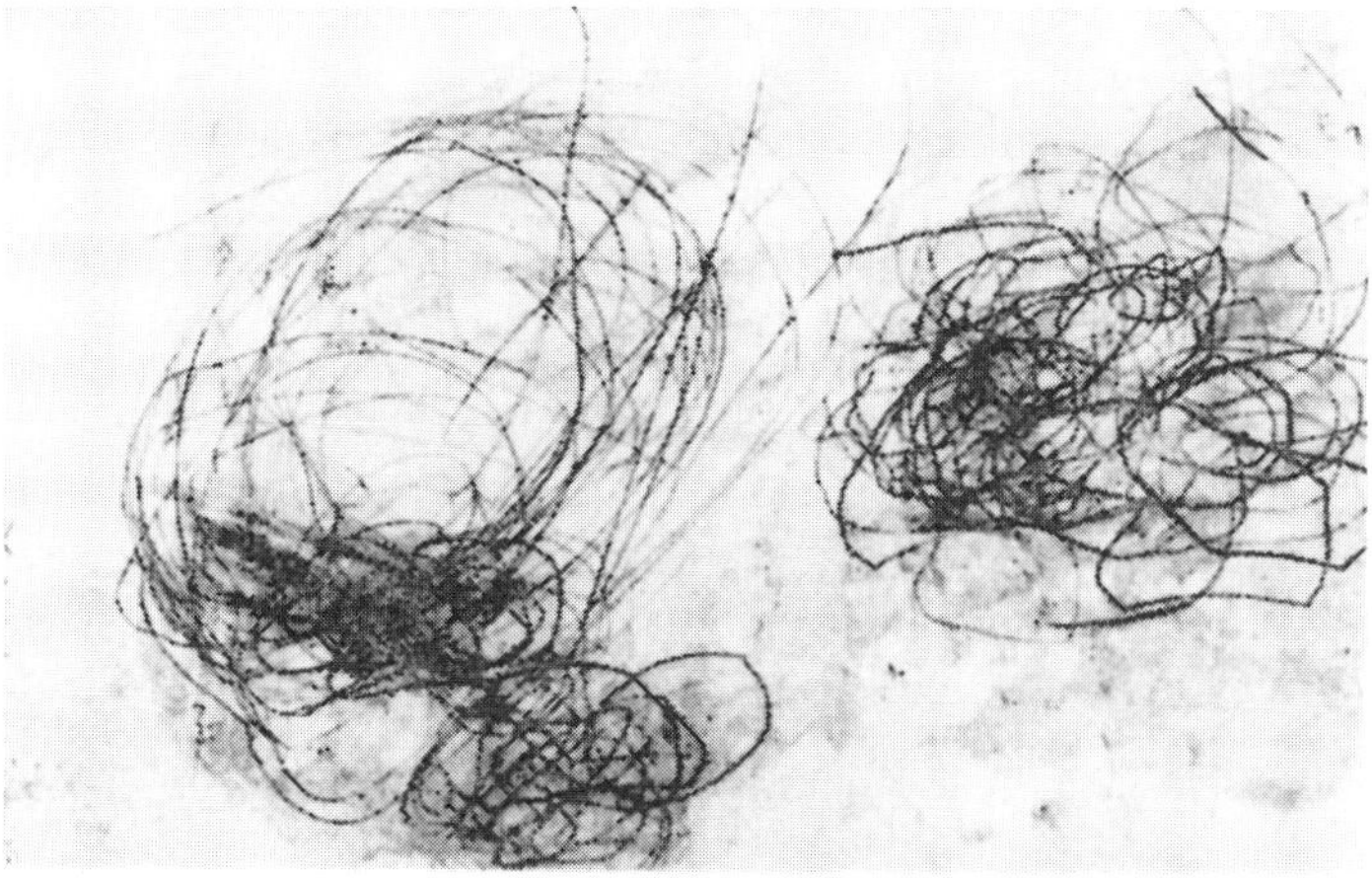

絵Y—4　とうもろこしにさわり，一つ一つの丸いつぶを指先でさわり，それを表現しようと苦心した．

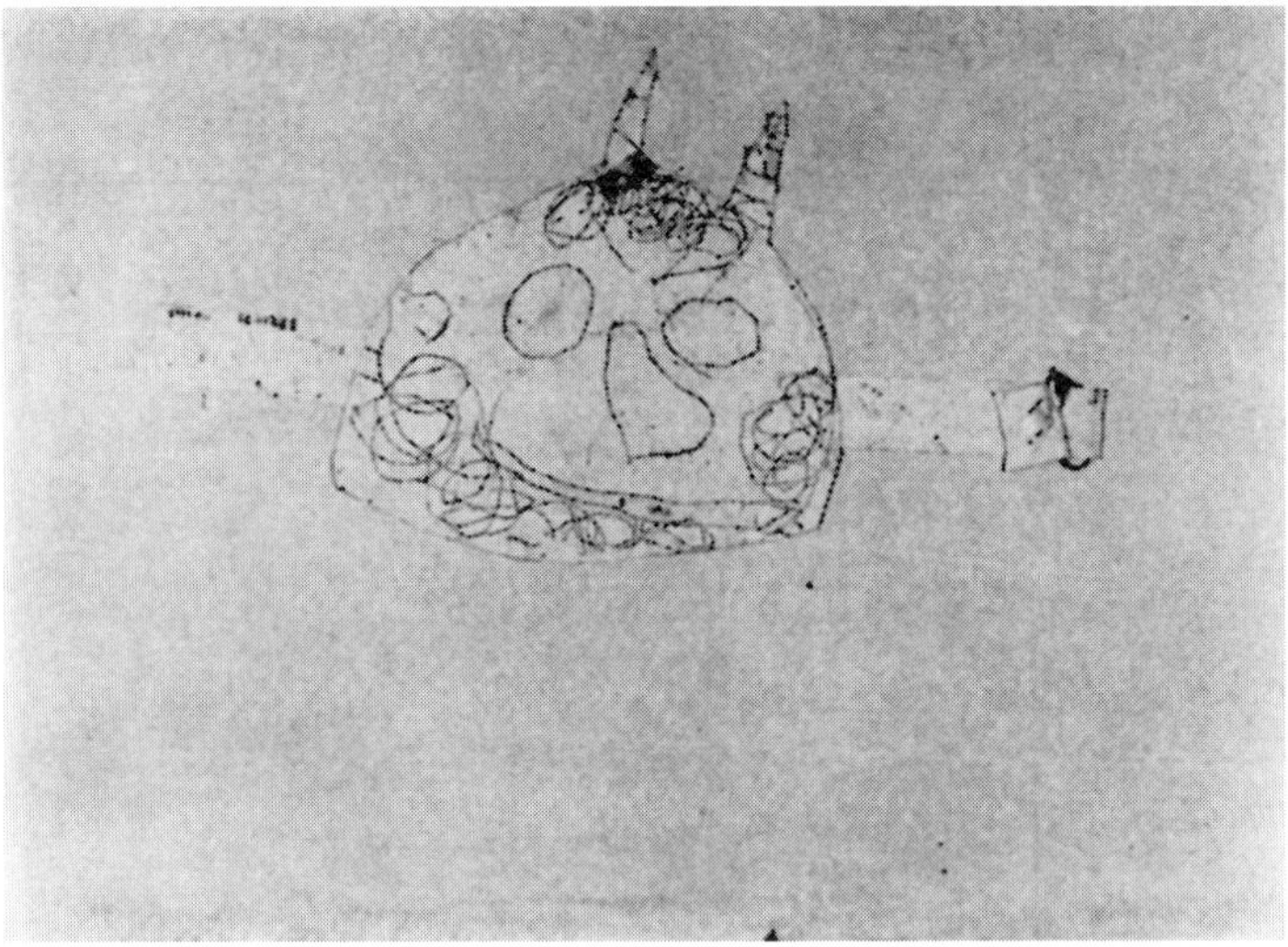

絵Y―5　6歳になって2月のはじめY子はとうとうおにの顔がかけた．おにの絵はみたこともないY子がことばを理解し，つのも，ひげもかいた．お母さんがはり絵の絵本づくりにはげみ，Y子に指でさわらせ絵本のよみきかせをしてやったことなどもこうした形の認識をうながしたと思う．

絵を描くY子

Y子は生まれつきの白内障であったし、光も感じないほどであったため、Y子に色を認識させることはできなかったが、Y子はついに描画に形を描いた。

自分の描いた線を理解するように更紙の下に細い目の金網をしいて、クレヨンで描かせ、指先でぎざぎざの線をなぞって自分の描いた形を知るようにさせたが、Y子は友だちと同じ教材をつかいたがった。そのためなかなか一歳児の描くぐるぐるの丸の線からぬけ出ることができなかったが、五歳になった夏、とうもろこしを描こうとして、つぶつぶや葉の形を表現しようと苦労し、二月の節分の時は友だちがおにの面を作るのを知って、ついに自分の顔の形を指でさわりつつ、おにの面をかくことができた（絵Y―1、2、3、4、5）。

Y子は卒園式も堂々と演じた。友だちの介助をうけて蝶もおどり、なわとびもとび、担任と一緒に荒馬もすごいスピードでおどった。

お母さんはもう一年保育園に残したい気持も強く、

なわとびはゆっくりとぶY子．そばで友だちが方向を手をたたいておしえる．

荒馬をたのしげに踊った卒園式.

卒園式の日，友だちの介助で蝶を踊るY子.

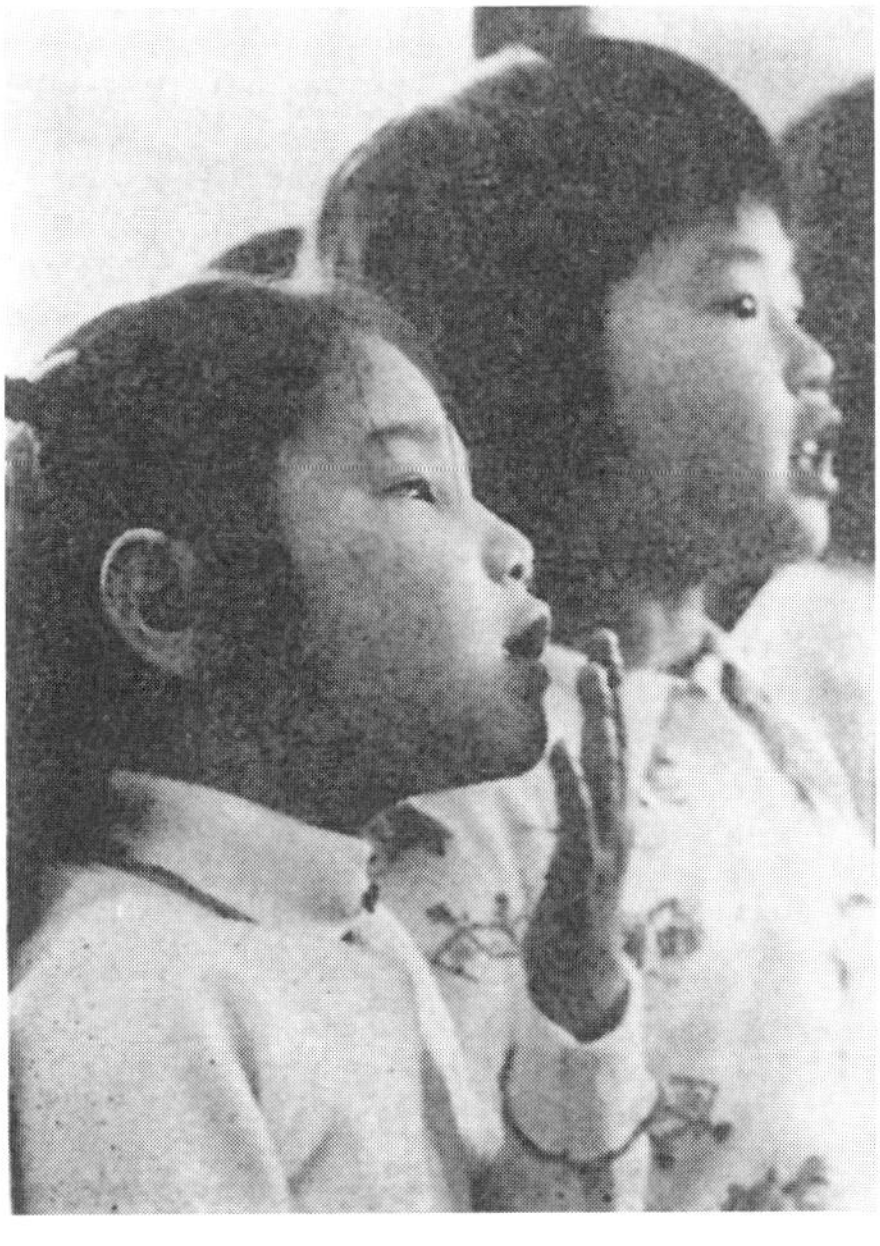

卒園式の日、手を目のごとく生き生きとうごかしながら喜びをうたうY子である。

悩んだようであったが、さくらんぼ会（さくら・さくらんぼ保育園の障害児親の会）の仲間たちにもはげまされて盲学校にいれる決意をし、入学後寄宿舎にいれた。

はじめて親元をはなれてY子はかえってたくましくなったようだ。

夏休みには元気に学童くらぶにきた。四〇日間、プールにはいったり、リズム遊びに興じたりしたが、リズムの曲はみんなおぼえていてポルカも上手にできた。

（千葉　法子）

第五章　自閉的傾向児D君の発達

自閉的傾向児のD君が入園したのは、三歳八ヵ月の時だった（担任——深野静子・西沢和子・高川里子）。話しことばがなく、うつろな表情で、足はX脚で親指のけりが弱く、つまさきで歩いていた。手も親指を使っての操作がまずく、パンツやズボンを思うようにはけないで、泣きながら保母の手をとるD君だった。また、はげしい偏食で、昼食はバナナしか食べず、一日中三輪車に乗っているだけで、他の遊びはいっさい拒否していた。

D君の生育歴

昭和四七年八月四日生れ。体重、二七五〇グラム。

陣痛時間が五時間半、すぐ産声をあげる。普通分娩。二ヵ月であやすと声をたてて笑い、三ヵ月で首がすわる。寝返りは五ヵ月、母乳で育つ。一〇ヵ月で歩き始めた。なかなかことばが出ないので、二歳三ヵ月の時、専門医で診察を受けたが、検査の結果は異常なしだった。その後もことばが出てこないので、心配のあまり東京のことばの研究所に相談に行き（二歳一〇ヵ月の時）、四ヵ月通う。その後、近くの町の言語治療室へ、入園するまで行っていた。

入園して一年目

入園当初、遊べなかった時の絵は、絵D—1のようにポスターカラーをベタッとぬたくってしまい、線にならない。色も不安げな紫色を使っていた。

うつろな顔で三輪車に固執しているD君を、何とかして砂場や散歩、リズム遊びにさそい入れたいと毎日思ったが、

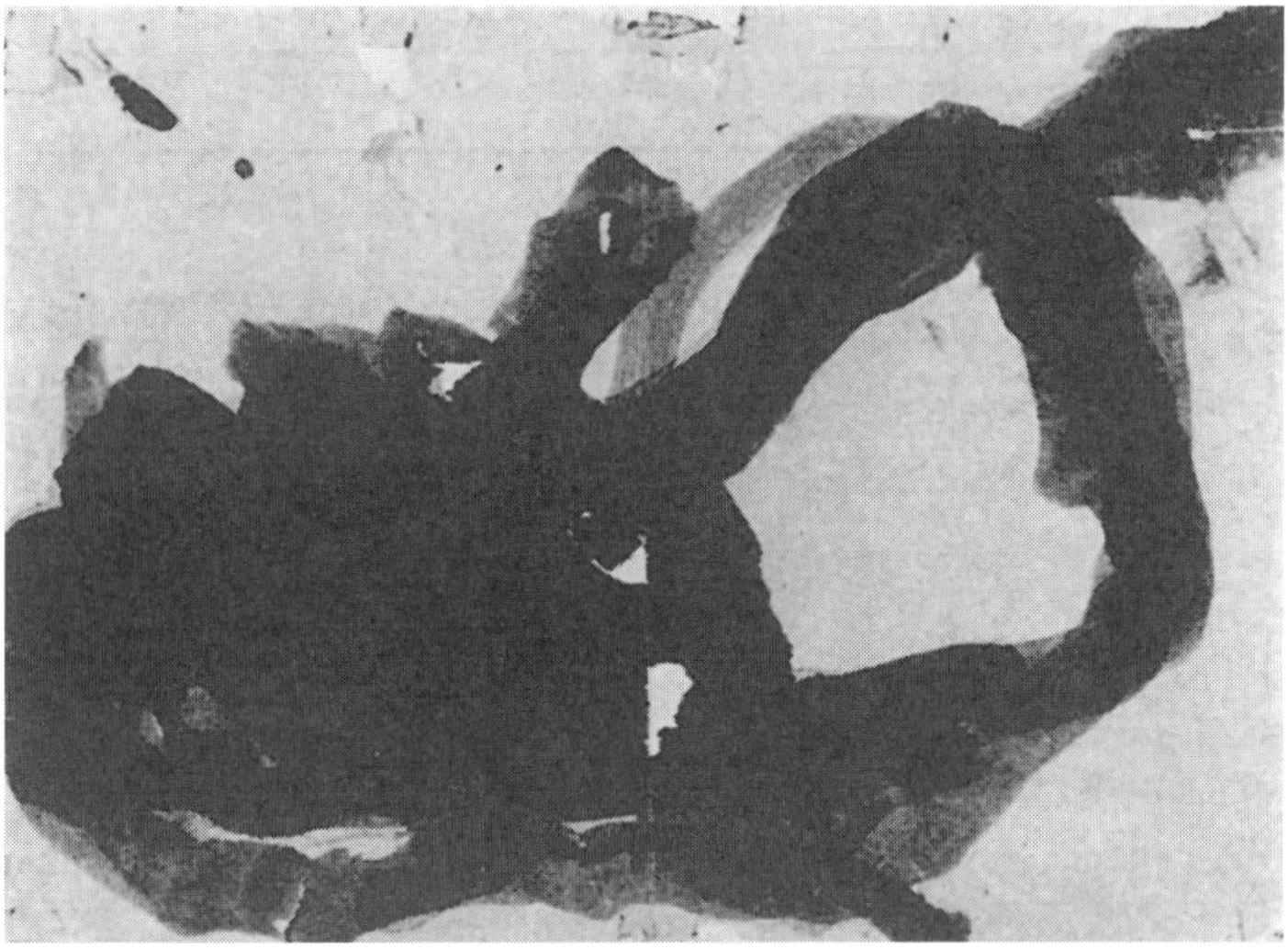

絵D—1（3歳9ヵ月） D君ははじめて絵を描いた．まだ不安気な紫色をつかった．ぬたくりで，しかもうごきのない，べたぬりの部分が半分である．

がんとして三輪車から離れない。何日か待ったある日、〝きょうこそは仲間といっしょに散歩に連れて行こう！〟と思い、ワァワァ泣いていやがるD君を三輪車から引き離し、だいて散歩に行った。近所の農家でかわいいヤギの赤ちゃんを見て、さわったり草をあげたりした。その帰りにはもう泣かないでみんなといっしょに保育園まで歩いてきた。

砂場では、さらさらかわいた砂を好んだが、発達にとって水のまじった砂やどろんこがいいので、水を運んで汚れた砂であそべるように働きかけた。最初は小さなシャベルもにぎりばしを持つような持ち方で、力がはいらなかったが、だんだんとシャベルをにぎれるようになってあそべるようになってくると、絵もぬたくりから線になってきた。色もオレンジ色で、楽しそうなおちついた色を使用している（絵D—2）。

入園して二ヵ月たったちょうどこのころ、お母さんがノートにこんなことを書いてくれた。

「二歳から成長の止まってしまったDをただただ親の

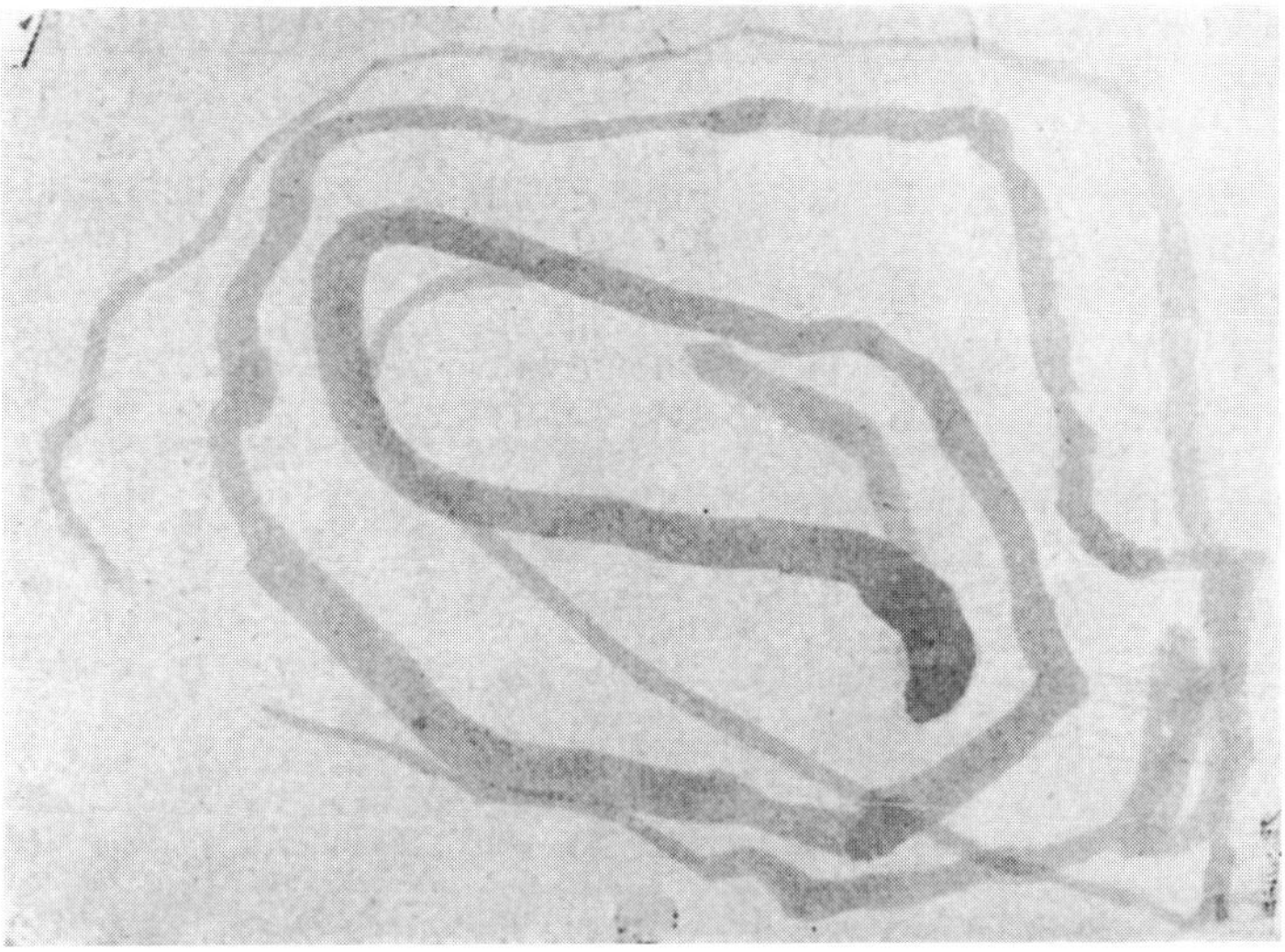

絵D—2（3歳10ヵ月）だいだい色の線がきになった．少したのしさが出てきたようだ．入園当初はおかあさんたちもはたして集団生活にいれてよいものかと不安があったようだが，このころはいれてよかったと思うようになってくれた．

〃あせり〃をぶっつけて、いろんな相談所めぐりばかりで、本当に彼自身の側に立ってあげられず、かえって足をひっぱってしまったのではと後悔しています。それにもかかわらず暖かくDの成長を願ってくれ、親身も及ばないほどの毎日のお世話、本当に胸がふさがります。東京のO大学の言語治療教室へ通っていた時の数十倍もの速さで好転していくDを、日ごとにこの目で確かめられるこのうれしさは、たとえようもありません」と。

健常児との交流

しかし、この数ヵ月は、私たち保母集団（三歳児クラス四三名、うちD君の他、知恵おくれのK子ちゃんと難聴児のB君の三名を三人の保母と助手一人でうけもつ）にとってたいへんつらい、試練の時だった。四三名中、四月に入園した子が一七人。斎藤園長も毎朝のように泣く子を迎えてリズム遊びをしてくれたので、どうにか一日過ごすことができた。それでも三歳児期は自己主張が出てくるので、はげしいけんかや脱走もしょっちゅうだった。

映画「育つ——」にあるように、これら健常児の自然な働きかけがD君には何よりもよかったと思う。お昼寝の時、元気な男の子がD君におすもうをしかける。何回も投げたおしては、またやる。D君もこの時はじめて、ニコッという笑いが出てきた。しかしまだ主体的に遊べないので、しまいには泣き顔で、保母に助けを求めにきてしまう。同じころ、木製の大型積木や机、いすを使って、オオカミごっこやくじらとりごっこをして楽しく遊んだ時、D君も仲間に入ってきて、自分も重い積木を運ぶようになった。粘土でごちそうを作って食べるまねをしていると、D君は、保母の口に〝食べろ〟とほんとに入れてしまいそうになる。自分もパクパク食べるまねをする。変化のある遊びのなかで、保母自身が楽しくてたまらないというふうに遊び、クラス全体がわきたつと、D君もその雰囲気にだんだんひきこまれていくようであった。

また、川に散歩に行くと泣いて抵抗したが、最初はだっこして、だんだん一人で水にもはいれるようになってきた。エビガニとりや川での遊びも楽しい日課、D君の発達にとっても、この水刺激は大切にした。

リズムにも参加

リズム遊びにも参加できるようになって、D君が、まず最初に好きになったのが汽車のリズム遊びである。友だちのやるのを見てまねをし出した。思わず前へかけ出したくなるような歯切れの良い汽車のリズムに、D君もかけ出し、ピアノの音が止まると、友だちが止まっているのを見て、自分も止まるようになった。そして自分でもニコニコ笑うのだ。汽車の他に、メダカ、ツバメ、トンボ等、テンポの早い曲で走るリズムは喜んでするようになった。

このような全身運動のリズムをしたり、散歩で歩かせ、水や砂場で手を使い、重い物を持つなど、おなかをすかせて遊ばせると、D君は、白いごはんにふりかけ（魚粉、もみのり、白ごま入りの保育園の手製）をおいしそうに食べるようになる。白いごはんから、おかずも食べるよう少しずつ要求した。そして初めてイモとニンジンを食べた時、私たちはうれしくて、〝D君が食べた、食べた〟と大声をあげて喜んだ。自分たちのクラスだけでなく、他のクラス

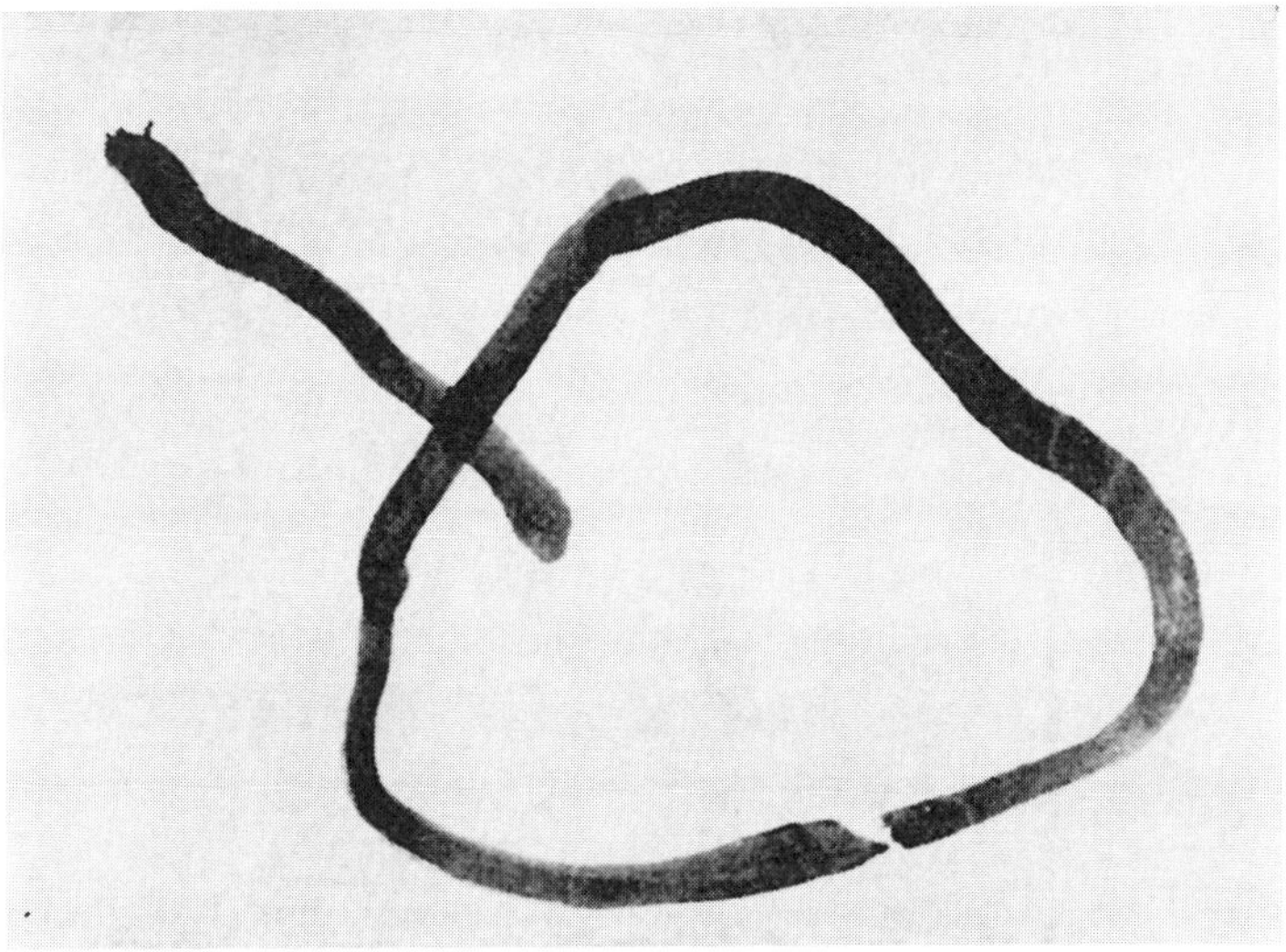

絵D―3（4歳5ヵ月）「りんご」. 絵に意味づけ，友だちの名前も出てくる．正直なもので具象をかくころはちゃんと二語文が出る．色は水色．

の保母たちにもこの喜びを伝えて歩くと、いっしょにD君の発達を喜んでくれる職員集団である。そして、いつでも他の保母も〃Dちゃん、よかったね、えらいね〃とか〃なんでも食べると元気な強い子になるよ〃等と励ましてくれるのだ。

こういう中で、言語もだんだんふえてきた。〃パパ〃〃ママ〃〃あっち〃〃イヤ〃〃ダメ〃〃ちがう〃の単語や一語文から、〃ママ、いない〃の二語文がでてきた。

入園して半年たった時、出席をとると、〃ハイッ〃と返事ができるようになった。このころから、K子ちゃんと仲よしになって、散歩へ行く時も、ゆっくり歩いてくるK子ちゃんを途中で待っていっしょに行くようになる。なんともほほえましいD君とK子ちゃんだ。

入園して八ヵ月たった年の暮れには、〃ホールいや、あっちいく！〃とことばが広がって、自己主張できるようになってきた。

入園二年目

この一年間にD君は実に六千枚（三年間では八千枚）の絵を描いた。脳が急激に発達

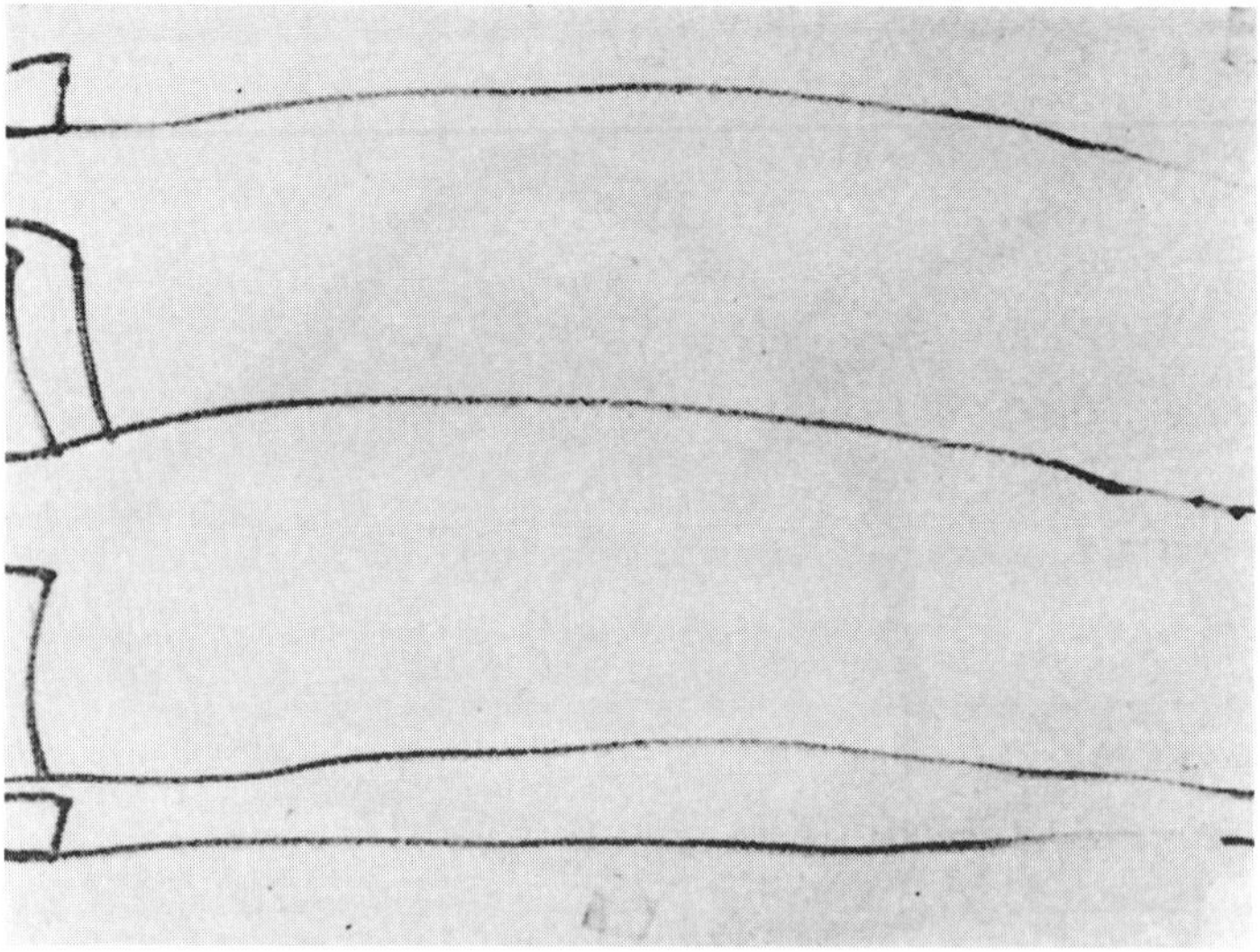

絵D—4（4歳8ヵ月）「てつぼう」．手指の握りをつよくしたいと考え鉄棒であそばせたのでかいた．

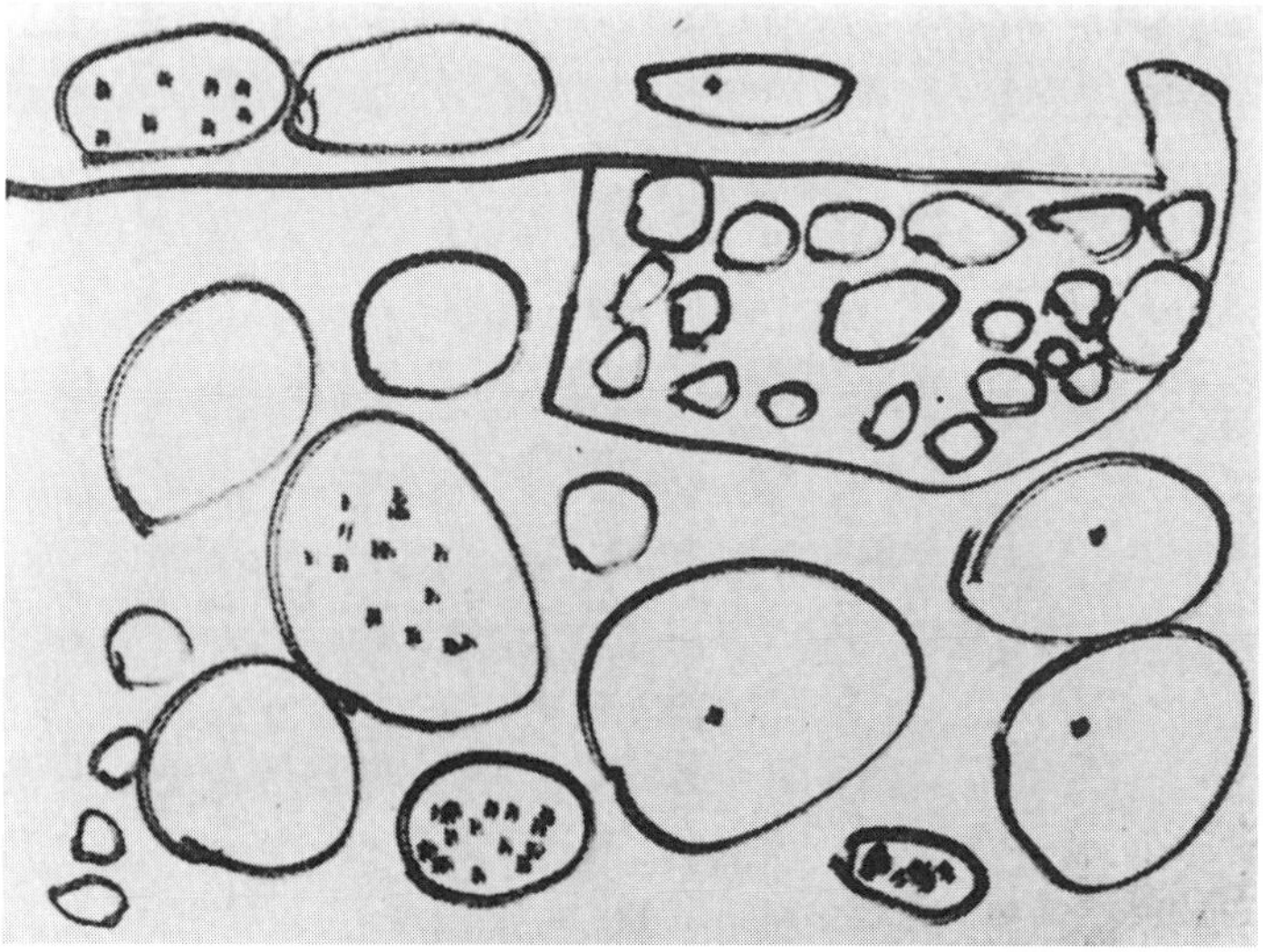

絵D—5（4歳9ヵ月）「パン，いちご」

絵D—6（4歳9ヵ月）「うさぎさん」（うしゃぎしゃん）.
保育園のうさぎの赤ちゃんがたくさん生まれた.

したと思われるこの一年だ。

ちょうど、この四月から、お母さんもさくらんぼ保育園で働くようになった。朝、猛烈に泣いてお母さんから離れない。一瞬ちゅうちょしていると〝毅然としなさい、毅然と！〟と斉藤園長にはげしくしかられ、反省した。

入園した年は、運動会も泣いていやがったが、二年目は笑顔でみんなといっしょに参加した。

ちょうどこの運動会の時期に、これまで少しずつ励まして飲ませてきた牛乳であったが、自分で一本、全部を飲みきった。この意欲は運動会にも発揮されたようだ。

そして、紙芝居や絵本にも興味を示し、きくようになってきたのもうれしい変化だ。

お母さんの確信

さくらんぼで働くようになったD君のお母さんは、「たくさんの子どもを見るなかで、子どもっていうものを知るようになってきたら、その子なりの成長があるんだということがわかり、あせらなくなった、このことがいちばんよかったと思っている」と話してくれた。なんてすばらしいことだろう。私たち保母

絵D—7（5歳3ヵ月）「Dちゃんとゆうちゃん（弟）がテーブルでお弁当食べてる」.
月1回の給食研究日のとき，お弁当をもってくるのがたのしかったようだ.

もいつもこんな思いで仕事したいと思っていたので、お母さんの確信に満ちたこのことばに、たいへん励まされた。

ちょうどこのころは一二月だったが、お母さんは毎週一回、深谷から国電で三つ駅の離れた街まで、温水プールにD君をつれていった。冬でも水の中で泳がせたいというこの強い親の思いを実行したお母さん。プール遊びは全身の水刺激と全身運動で自閉児の治療にとても良いというお話をきいて、すぐ実践する。これはプールに限ったことではない。偏食を治すよう家庭でも野菜を先に食べさせ、甘いおやつ等間食は与えないで、バランスのとれた食事を与える。早寝早起きをさせて、毎朝散歩させ、休日には家族で野山歩きをする。また、テレビをやめて、D君にあった絵本を読みきかせたりお話をしてあげるなど、D君の発達のために必要なことはし、また甘やかさず、要求している。

年長児になって

一九七八年四月から、三月にできあがった第二さくら保育園で過ごすようになる。明るく広いホールでは、毎日、ぞうきんがけをしたり、リズム遊びをしたり、たいへんな運動量であった。そして七

絵D―8（5歳4ヵ月）「やよいちゃん，りんごやさん，ふかのせんせい」と描いている．やよいちゃんは4月生れで，このクラスでは保育年数が長い．よくDちゃんの世話をしてくれる．

絵D―9（5歳4ヵ月）水の中に「ザリガニ，水カマキリ」「やよいちゃん，ゆかちゃん，なわとびしてる」と話す．

絵D—10（５歳５ヵ月）「ふうせん，たこあげ，ストック，山，雲，雪」「お父さん，お母さん，Dちゃん，Yちゃん」と，描くとすぐお話しするようになる．

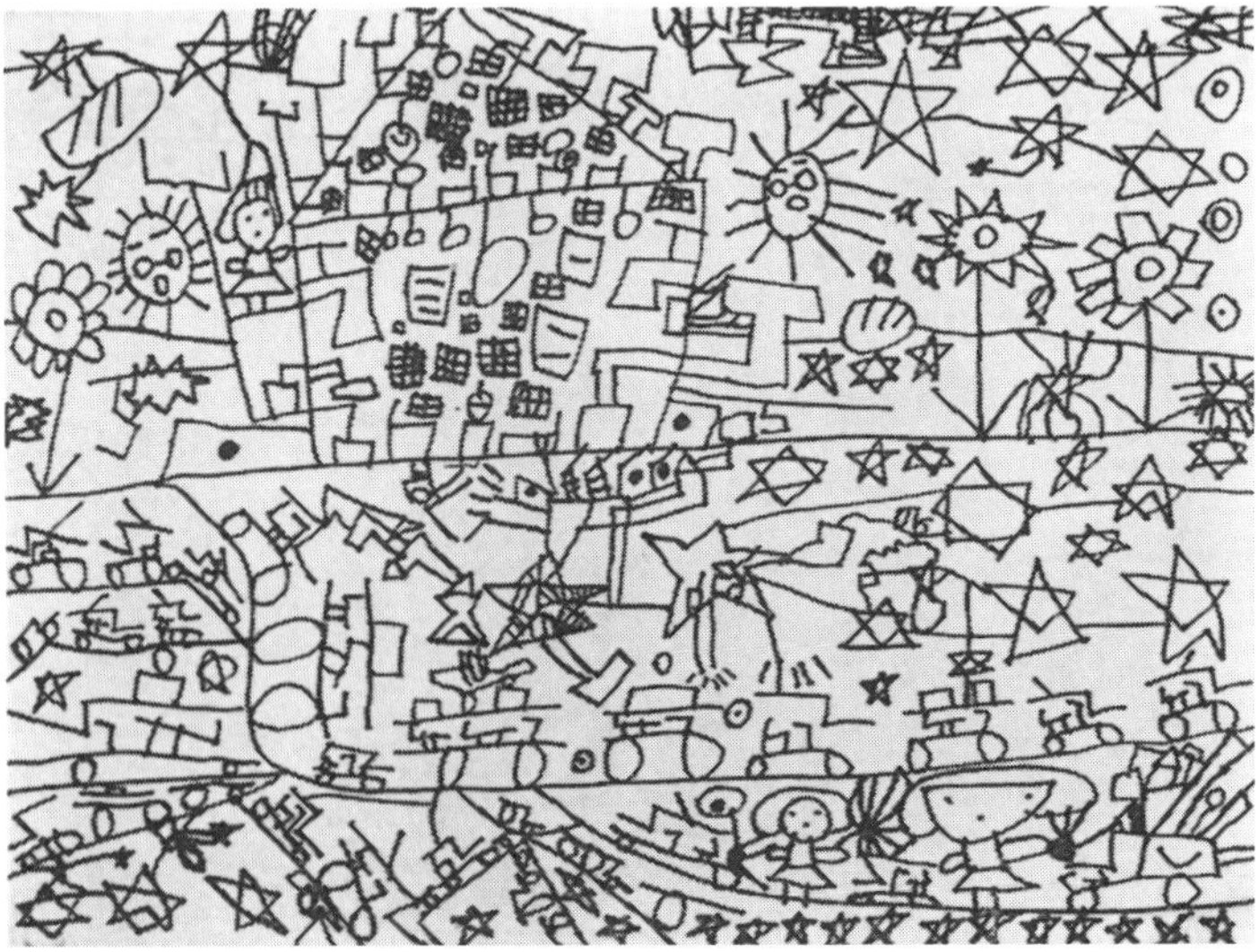

絵D—11（６歳２ヵ月）「なわとびをしている女の子」「ザリガニのおやぶん」とさかんにお話しをしながら，たのしそうにかいていた．

—九月上旬の間は、毎日のように広いプール（たて十五ｍ、よこ十ｍ）で泳いですごした。Ｄ君もみごとに泳ぎ、友だちと楽しくすごした。水泳もＤ君の発達を大いにうながしたと思われる。

一九七八年一〇月二二日のさくら・さくらんぼ大運動会で、Ｄ君は、五歳児の仲間にまじって、大波のなわとびや五段の飛箱（たて七四㎝、横七〇㎝）をポンととび、へい一・二ｍをとび越える障害物競走をみごとにやりこなし、大きな拍手がわき起こった。

次にのべるのは、その日のお母さんの感想文である。

お母さんの感想文

晴れ渡った空と同じ想いの晴れがましさで迎えられた今年の運動会、ただ元気でみんなと同じに楽しく参加できればそれだけで十分という親の願いを、なんと彼はみごとに満足させてくれたことでしょう。

この目を見はるほどの成長を支えてくれたのは、彼の芽を、引っぱることではなく、本人の励みになるようにうまく引き出し、指導して下さった先生方と、「Ｄちゃんができたよ」「Ｄちゃん、Ｄちゃん」と引き立ててくれるあったかい友だちに囲まれた、この恵まれた幸せによるものだと思います。

「ね！　お母さん！　ちょっときて、早く早く！」、Ｄちゃんが飛箱五段を跳べたのよ！」。仕事中、こんな迎えを深野先生、西沢先生、高川先生、添島先生から、交互に何回も受けました。せかされながらホールへ行ってみると、湧き上がる仲間、励ましと身体中で喜んで下さっている先生と、うれしそうな、ちょっぴり得意そうな顔をしながら、何回も跳んでいるＤを見つけ、こみあげてくるものをおさえることができませんでした。わがこと以上に喜び、悲しみ、くやしがり、涙をふきながら頑張ろうとする、この豊かな感性を持っている先生方の姿勢に出会うたび、親もやらなくてはと、ずい分力づけられました。

このころより、彼も仲間と同じことがやりたい、できるようになりたいという意欲が心をゆさぶり始めたような気がします。自信をもってることが、こんなにも意欲を育て、彼の気持ちが仲間へ仲間へと開かされ、それをずんと受けとめてくれる思いやりの深い仲間たち。側転にしても、こままわしにしても、あやとりにしても、泣きながら、時にはカンシャクも起こしながら、一時間でも、それ以上でも、うまくできるまでやりたい！ このねばり強さ、自立性、何物にも変えられない人間の基礎を着実に身につけてもらったと思います。ありがとうございました。

ほんとうに、みなさんのあったかいまなざしが、今日のDを育ててくださったのだと思います。ありがとうございました。――

自分で行動するD君

秋の散歩もまた楽しい。栗ひろい、いろんな形のどんぐり、しいの実拾い、落葉を見つけてはその色の鮮かさに見とれるこのころ、広い庭をかけまわって、リズムに、かけっこに、へいととび、とび箱などできるようになったD君は、今、六歳四ヵ月でスキップもゆっくりしたテンポでできるようになり、荒馬では四つ続けてのケンケンはまだ無理だが、二回ずつのケンケンを楽しそうにしている。

また、今さかんに「自分で！」「ひとりでやる！」と自己主張し、「ごはん食べてから絵かく！」と自分の意志をもって、自分で行動するようになっている。こんな時、私たち保母は、〝よかったね、なんて発達してきたんだろう〟とうれしくなる。

お正月を過ぎて、みんなこままわしに夢中になる。D君も一生懸命、じょうずにまわせるようになって、みんなといっしょのこままわし大会もまた楽しい。グループの共同製作の大きなたこ作りにもとりくみ、たこあげをし、厳しい冷えこみの日には川へ行って氷すべり、北風のあたらない森の中での、ターザンごっこなどにも出かけて体中であ

絵D—12（6歳3ヵ月）保育園のウラで動いているシャベルカーを描いている．保育園のウラには1万頭養豚場ができ，大きい公害を来したが，父母の会，地域の人たちの運動がみのり，引っこしてくれた．長い間鉄骨がさらされていたが，この年ブルドーザーがはいり鉄骨やコンクリートは地下にうめた．

絵D—13（6歳7ヵ月）卒園期，水彩画をかく．お話“チポリーノの冒険”を描いた．トマト騎士がうらなりかぼちゃのおじいさんの家をとりあげにきた（カラー口絵参照）．

そぶ。二月には竹馬を作った。これはD君には、むずかしかったようだ。また、このころは、斎藤園長に絵のないお話をたくさんきく。D君もみんなといっしょにグループで行く。〝Dちゃん、お話ききにいくよ！　早くおいで！〟と友だちに声をかけられると、どろんこでお化粧したような顔で庭から走ってくる。みんな思わず、笑い出してしまう。こんな時は友だちも手伝って急いで着がえ、顔を洗い、でかけるのである。D君も最後にきいた長編〝チポリーノの冒険〟を自ら描いた。エンピツで下がきをかき、〝チポリーノ〟〝ぶどう親方〟〝いちごさん〟と話し、水彩えのぐを塗った。

感動的だった卒園式

一九七九年三月二五日、八八名の卒園生が、さくら・さくらんぼ保育園を巣立っていった。〝三年保育、昭和四七年八月四日生れ、K・D君！〟と呼ばれると〝ハイッ〟と返事して席を立ち、一人で卒園証書をもってホールを一周して席にかえる。

第二部のリズムでへいのとびおりの時だった。この日斎藤園長は、台の積木を一個ふやしていつもの倍の高さにした。他の子は飛べたが、D君は、〝たかい！　とべない！〟とじだんだふんでくやしがった。「いつもは自分もできるのに」と——これは大事な自己主張である。D君の精いっぱいの叫びだった。D君は寝てしまった。本番の卒園式である。一同どうなることかとかたずをのんだ。私も〝最後の日なのに、Dちゃん、やって！〟と祈るような気持ちで見守った。その時、斎藤園長は、さっと一つ箱をおろし、〝Dちゃん、こんどはできるよ〟と声をかけた。するとD君はいつものと同じ高さを見てとり、さっと起きてやりきった。一同拍手かっさいであった。

私は涙で目の前がかすんだ。

D君は普通学級に入学した。文字学習をあせらないように、今までの生活のリズムはくずさないように、お父さん、お母さんを励ました。

Ｄ君はみごとに普通学級にとけこんだ。一学期の通信簿の時、お父さんはうれしくて口がしまらないような顔で報告にきてくれた。

そして現在は三年生である。先日、Ｄ君のクラスの授業を参観させてもらった。優しい先生と暖かいクラスの仲間にかこまれ元気に学習しているＤ君を見て、ほんとうにうれしかった。私たちは三年、四年の壁をきっと、Ｄ君はのりこえてくれると確信している。それは、お父さん、お母さんが私たちと心を一つにしてくれるからである。

次の資料は、今年（一九八一年九月）、三年生の時のＤ君の日記だ。

Ｄ君の日記

９月19日（土）

がんばってはっぴょうしたこと。

ぼくは、おんどしらべをはっぴょうしました。

６時と８時と10時と12時と２時と４時と６時の土と水と空気のおんどをはれとくもりとあめの日とにわけてしらべました。

みんなの前ではっぴょうするときぼくは、むねがどきどきしそうと思った。。。。。。。。。。。。

はっぴょうしてるとき先生が「一研究を学校においているんだよ。」っといったので、ぼくは、先生がいったことをおかあさんにはなさなかったと思いました。

そのとき、ぼくは、悪かったと思った。
ぼくのはっぴょうをきいてみんなは、「すごい。すごい。」といって、てをたたいたので、ぼくは、うれしかったと思った。

先生のことば――
D君は、とてもいい一けんきゅうをしたね。それに、とてもがんばって、はっぴょうをしたので、えらかったですよ。

（深野　静子）

第六章　自閉症児を保育して学んだこと

私たちの保育園に自閉的傾向の子どもたちが入園を希望してきたのは一〇年前、昭和四六年ころからである。最初は私は自閉症について何もしらなかった。はじめて入園してきた子どもは四歳でもうかんたんな文字をよんだが、それなのに応答ができず、オウム返しであった。

次に入園した子どもはすでに六歳をすぎ、就学猶予をしてきた子どもであった。非常に多動で、動物小屋にはいり、小動物を強くつかんでけがをさせることをやめず、ときおり素早く給食室にかけこんで、冷蔵庫をあけ、「ジャム！」と口走ったりで最初はどうしていいかわからないほどであった。まもなく、つぎつぎと重い症状の自閉児たちの入所があいつぎ、ここで私たちは自閉症について学ばざるをえない状況においこまれた。私が自閉症に関する本を手当りしだいに購入したのはこのころである。

自閉児の特徴

わたしたちは保育園に入所した自閉児たちを観察しつづけ、やっとその特徴を少しずつ知るようになったのであった。それは次のようである。

① 極端な偏食であること、甘いものが大好きだが、生野菜、すっぱいものはきらいである。ということはビタミンCはたいへん不足、ということができる。

② 言語の発達が極端におくれていることである。ある子どもは、六歳で異様な叫び声だけであった。話したとし

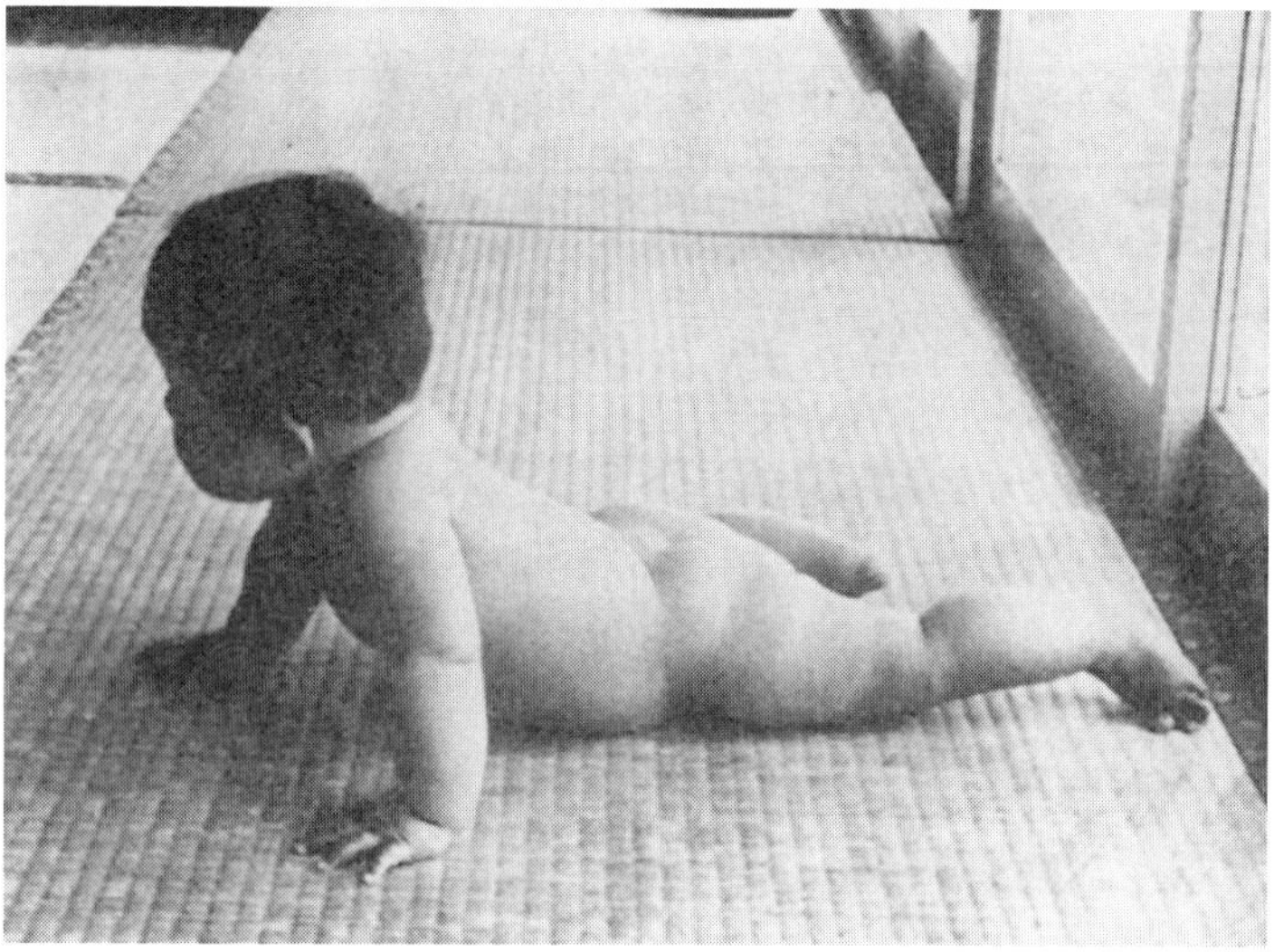

0歳児のうつぶせの姿勢である．足の親指に注意．ちゃんと床につけてけろうとしている．

てもオウム返しまたはテレビのコマーシャルのくり返しくらいである。

③ 多くの子どもが高いところにのぼるのがすきで、しかもとてもすばやい、ということ。私たちもその子がのぼるところをみつけられないほどすばやい子がいた。高い木の上、屋根の上、部屋の中では欄間《らんま》にのぼった子もいた。

④ ところが、高いところからとびおりることはにが手で、こわがり、できないことが多かった。

⑤ あるき方がおかしいおかしいと思ってよく観ると、爪先あるきで、人間のあるきの特長である、かかと着地、重心を足の外側から内にあおって、足の親指とそのつけ根にうつして地や床をけって前進する、というあるきではない。土ふまずの形成がおくれ、二歳以上になるとほとんどの健常児ができる両足を揃えてとぶ〝うさぎとび〟ができない子が多い。だから高いところからのとびおりはにが手であることがうなずかれる。

⑥ うつぶせの姿勢にすると、0歳児はもうしっかりと

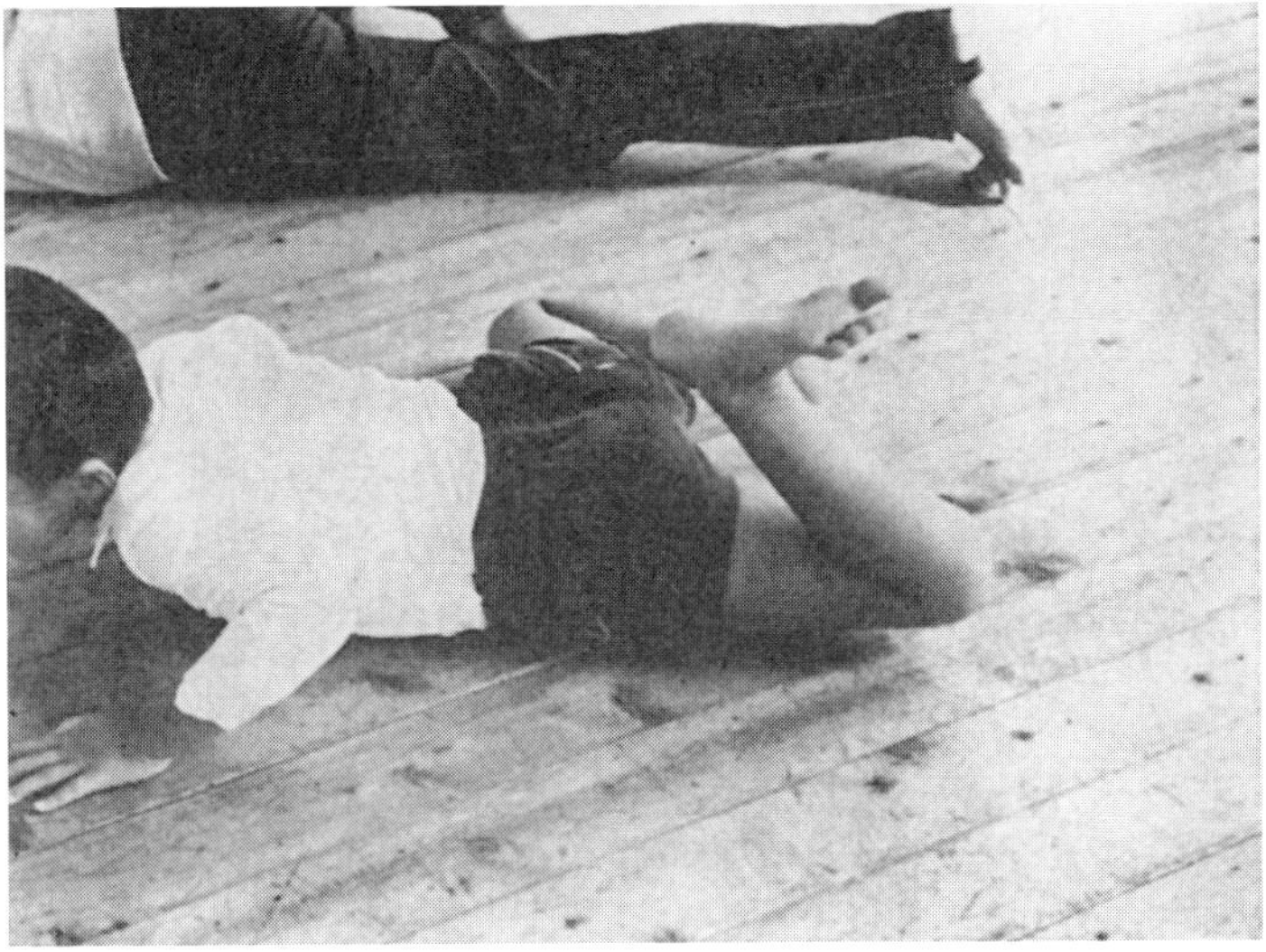

自閉児のほとんどはひざから上に足をあげて，親指を床につけようとしない．

その足の親指を床につけて、いつでもけって前進できる下準備ができている。ところが自閉児はハイハイ運動をさせようとしても、両足の親指を床につけず、ひざから曲げて上にあげてしまう。

したがって、身をくねらせ、足指で床をけり前進することができない。

このハイハイ運動が、床に足指をつけて床をけってできるようになったら、相当治療がすすんだ、ということがわかる。ほとんどの子どもはハイハイをせずに、一歳をまたず立ってしまった、という自閉児が多いことも知った。

⑦　足指だけでなく、手指もまた、人間独特の操作はうまくできない手である。

なかなか指差しが出ないといわれている。またよく観ると、手の親指がよく働かないのである。入所しての自閉児はほとんどスコップが握れない。ものを握るとき、生後六ヵ月くらいの子どものように親指より他の四本の指をつかってにぎろうとする。猿の手指の操作に似ているのである。したがって衣服の着脱は困難で、クレーン症状ともいわれるように、四本の指を大人の腕にかけてひきよせ、手伝ってくれるよう要求する子が多いのである。

この他、0歳のときはおとなしかったとか、人見知りをしなかったとか、同じ色の衣服しかきたがらなかったとか、ちがう道を通ると泣いたとかお母さんの話である。これも全国的にいわれる特徴であるようだ。

また文字に異様な興味をもったり、車のおもちゃに特別にしゅうちゃくしたり、という特徴も、全国の例にあげられている通りである。しかし、顔にゆがみが出ない。まことに可愛い顔をしており、両親が乳児期に発見できない場合が多いこともうなずかれる。

私はふしぎな感に打たれた。なぜかヒトが、しだいに長い年月をかけて発達させてきた、人間独特の手・足の働きが弱い。そしてそれが言語中枢の発達の極端なおくれとなってあらわれているのだ。しかも脳の発達に役に立った肉食を含めての雑食も好まないため、栄養不足であり、そのために糖分を目の色をかえて欲するのであろうか。もしかすると生体のやむにやまれぬ欲求で糖分を欲しているのでは、などと思うのである。

すべての点で人間が何百万年という長い年月をかけて獲得してきた人間としての〝生きる力〟をどこかにおいてきてしまったとさえ思われ、なぜだろう、なぜだろう、と考えさせられ、このことが、私たちをして柳田謙十郎先生から哲学を、井尻正二先生から古生物学を、近藤四郎先生、香原志勢先生、久保田競先生等から人類学を学ばざるをえなくさせた理由である。

神奈川の小児療育相談センターの所長であり、東京女子医大の小児精神科医の佐々木正美先生は、過日来園されたおり、私たちの園の子どもたちの運動機能の発達と創造的な描画にびっくりされ、運動機能と感覚機能と、脳の発達との関連をなぜ保育者たちが知ったのかと不審がられた。これらは実は障害児保育のおかげなのである。

先生の来園がきっかけとなり、「育つ」という映画が先生の監修で、さくらんぼ保育園を舞台に撮影されることとなったのであった。

自閉症の原因はどこに

さて、私たちは何人かの比較的重い自閉症児を預かってみて、どうも今までいわれていたように、家庭での育て方が原因である、という見方ではちがうのではないか、と気がついてきた。最初は自閉児が文字などに異常に早く興味をもつのをみて、お父さん、お母さんが文字教育をいそぎすぎたからではないか、などと思った時もあった。

そのころ、外国誌などとりよせて自閉児の研究をしていたある自閉児のお父さんは、私にその雑誌をもってきて、赤ペンで傍線をしるしてある個所を示した。みると〝親の育て方が原因ではない〟と書いてあった。私もだんだんそう思うようになっていたし、前出の佐々木正美先生は、はっきりとそう講演されたのであった。先生は「五年も自閉児を観察した人なら誰でも気づいてくる」ともいわれた。

ともあれ、ふえつづける自閉児を何とかしてくいとめなければならない。いったい原因は、それならなんなのであろう。自閉児が問題になったのはアメリカが日本より一〇年早く、日本では、最近、〝二〇歳になった自閉児〟という本が出版されたようにすでに二〇年たったわけである。

二〇年前、というと、日本が長い間農業を国の産業の基としていたのを大きく変え、重化学工業を中心に、大きく転換した年である。

農業人口は大幅にへり、石炭から石油にとエネルギー源は転換、石油コンビナートなど大きな工業基地の建設がすすみ、各家庭にはそのころから車が普及し、またまきをつかわず、電気、石油で煮たきから暖房すべてかわり、便利になったようだが、各地で公害がさわがれるようになってき、開発、開発で、緑は少なくなり、住宅も高層建築の団地化が始まり、共稼ぎがふえ、保育所の要求もしれつになってきたころである。

私はこの急激な家庭生活の変化、石油産業による大気汚染、その他食品公害などが関係してはいないであろうか、と思ったのであった。

佐々木先生も、しだいに公害説を話されるようになり、昭和五五年五月に出版された先生の著書『自閉症児の学習指導』(学研)の中に自閉症の原因に関しての質問に対し、

「現状では不明というのが正しい答えであろうが、食品添加物などは本当に安全なのであろうか、疑問に思うという事を口にした。過日私は、ある出版社からの依頼で、精神遅滞に関する書類の飜訳を分担していたところ、グルタミン酸ソーダが幼若なネズミやサルの脳損傷をひきおこすことが確認されたので、アメリカでは子ども向けの食品には禁止措置がとられる、という記述に会った。幼若動物にのみ脳損傷をひきおこすという内容が、胎児への影響はよりいっそう大きいのではないかという推測を生み、私は思わず慄然とした。

といっても私は、グルタミン酸ソーダと自閉児の因果関係を短絡的に疑っているわけではない。けれども、日常われわれが安全だと信じて食べている物質はもとより、知らず知らずのうちに体内を汚染する物質のひとつひとつを、丹念に点検してみるような地道な努力なしに、自閉症の原因をつきとめることはできないのではないかと思ったりする。ひょっとすると、多因子性、複合汚染などによる複雑な症候群であるのかもしれない。重症例をみていると、ひどく重篤な外因が働いていることを想像せずにはいられない思いがする」

とのべられているのである。

自閉症児の治療

さて自閉症児の治療であるが、私たちの園の広い土と樹木にめぐまれた、空気の澄んだ環境、および、私たちの園の独特のリズム遊び、自然食を中心とし、白砂糖をつかわない調理による完全給食、テレビ、レコードなどの機械音をつかわずやさしい肉声での語りかけ、戸外で思いっきりからだを動かしての遊び中心の保育、が健常児たちの全面発達を促すと同時に、その子らの中で育つ自閉症児たちにとっても教育効果がないはずはない。今まで各担任がのべた実践例にもあるように、奇跡的とさえ思われる治療効果を示してくれた子どももいる。

うれしいことは、乳児から入所している子どもで、ことばが出ない〝自閉的傾向〟を示した子どもは一人もいない、ということである。大多数は三歳をすぎてもことばが出ない、といってさがしさがして私たちの園にたどりつく例が多く、なかにはもう脳の急激な発達の時期をすぎてしまった学童期の子どもが何人か入所しているが、この子らは最初はことばがなく、異様な叫び声のみで、描画も、一歳半程度の、腕をただ横にふって線になるだけの描画であった子どもも、一年立つと、〝ママ〟〝パパ〟〝バイバイ〟〝イヤ！〟などの単語が出てきて、描画も目のある人間の顔を描きはじめるまでになってくれた（次ページの絵参照）。

はだしで土をふむ

一年間、はだしで土をふむ心良さを知ってうごきまわるようになった子どもが、養護学校に入学したら、先生は一生懸命靴をはかせようとしたという。この子は〝イヤ！〟と拒否したところ、たいへん先生にしかられた、と母親は私たちに訴えた。私は重い精神発達遅滞の子どもを預かる教師はもっともっと勉強してもらわないと困ると思う。足裏で直接地をふむことと脳の発達との関係を学んでほしい。

私たちの園では0歳、一歳の間は冬でも靴下をはかせないで育てるのだ。これは最も急激な脳の発達の時期だからである。感覚器官と運動器官をフルにつかい発達させてやる必要があるのだ。幼いときは、足の裏も感覚器官であることは乳児を観察するとよくわかる。視覚をふさいでしまえば物事の認知がおくれるのは誰しもわかるが、足裏を靴

腕を横にふって線になるだけの画．こういう絵のときはまだことばがでない．

1年立つと“パパ”“バイバイ”などのことばが出て，
描画も目のある人間の顔を描く．

はだしで土をふむことは，脳の発達にとってきわめて大切である．

本ものの自然の中で遊ぶ子どもたち．

下や靴でおおうことは目かくしに等しい、と私は母親たちにうったえるのだ。靴下をはかせないと風邪をひく、ということがないことは、近藤四郎先生著の『足の話』（岩波新書）をよんで私も確信した。

わたしたちの研究組織は今、柳田謙十郎先生著の『自然・人間・保育』（あゆみ出版）を学習しているが、先生は人間にとって、重要な高次の神経系の発達を保障するためには、低次の神経系の発達をないがしろにしてはならないことを強調されており、私たちは乳児保育、障害児保育にたいへん大きい示唆をうけるのである。視覚も聴覚も皮膚感覚の分化したものである、ということは私の身にしみたことである。全身の皮膚感覚を大切に育てることがまず第一に大切にされなければならないのだ。

本ものの自然を

わたしが保育園を建設するに当たってまずもっとも大切に考えたこと、それは本ものの太陽、本ものの空気、本ものの土、本ものの木の床、本ものの畳、本ものの芝を子どもたちの全身に感じさせたい、ということであった。それは乳幼児の神経系の発達の土台の時期を預かる仕事だからである。

私は子どもたちを部屋の中にとじこめない。したがって部屋のつくりそのものが開放的で東・南は広い木のテラスで土につづき、子どもたちは一日中外気浴で遊ぶ。そして足と手と目をつかい遊びと労働の一日を、それこそ日がくれるまで預かって、すごさせるのである。その結果が『あすを拓く子ら』（あゆみ出版）にある子どもたちの姿であるし、ここでは障害児もともに育つのである。

偏食をなおす

偏食をなおす努力はどんな子どもにも必要なことであるが、特に精神発達遅滞児ではこの努力なしに成功はないといってよい。私たちは絶食療法をも辞せず、真剣にこの偏食をなおすことにとりくむ。

ほとんどの子どもは大勢の健常児たちとのからだを動かしての遊びの中で、しかも勝手におやつが食べられない環境の中でおなかがすき、いつのまにか偏食がなおってゆくのが普通であるが、何人かの子どもは職員の家に二、三日預かって直した例もある。私の園は外にも水道の蛇口がたくさんあり、ほとんど蛇口を上にまわして水ものめるようにしておいてある。生水をのませることを主として食後も水をのむようにさせている。ジュース類は幼い子どもには毒である。

調理に白砂糖はつかわないし、菓子類のおやつはやらない上、よく水をのむせいか、別に園では歯みがきをさせてはいないが、0歳から入所した子どもには虫歯がほとんどない。

最近アメリカのノーベル賞受賞の化学者ポーリング博士が提唱した〝ビタミンC〟の重要性は、発達のおくれのある子どもを観察すると実によくわかる。生野菜のきらいな子どもは筋肉の発達が弱く、おまけにこうした子どもは甘いものが好きなことも多く、骨も弱く、これでは神経系の発達がおくれるのは当然である。私たちの園のまわりは野菜生産地であり、附近の農家の人たちの好意で、新鮮な野菜が畑でわけてもらえるのはたいへん有難いことだ。

ビタミンCが最も多く含まれているといわれる大根の葉は、八百屋の店頭ではもうみかけられないが、私の園のまわりには実においしそうにしげり、間引き菜の時からふんだんに子どもたちに食べさせられるのである。

子どもたちのおやつも、畑から自分たちの手で掘ったじゃがいも、さつまいも、さといも、などであったり、もぎとったとうもろこし、であったり、自分たちがつくった一口トマトであったりする。

手足を使う

百年前、エンゲルスは〝猿が人間になるに際しての労働の役割〟という論文を書いた。手・足を使っての労働が猿の脳を人間の脳にまでかえた、という歴史的事実は、乳幼児の教育・障害児の教育には大切に学ばなければならないことである。こうした労働を子どもたちが日々経験すると同時に、新鮮な空気と栄養を摂取できる一挙両得を私は願って、保育園の敷地を農村部にえらんだのである。

最近、テレビで、静岡のデンマーク牧場が登校拒否、家庭内暴力の子どもの治療に役立っているという事実が放映

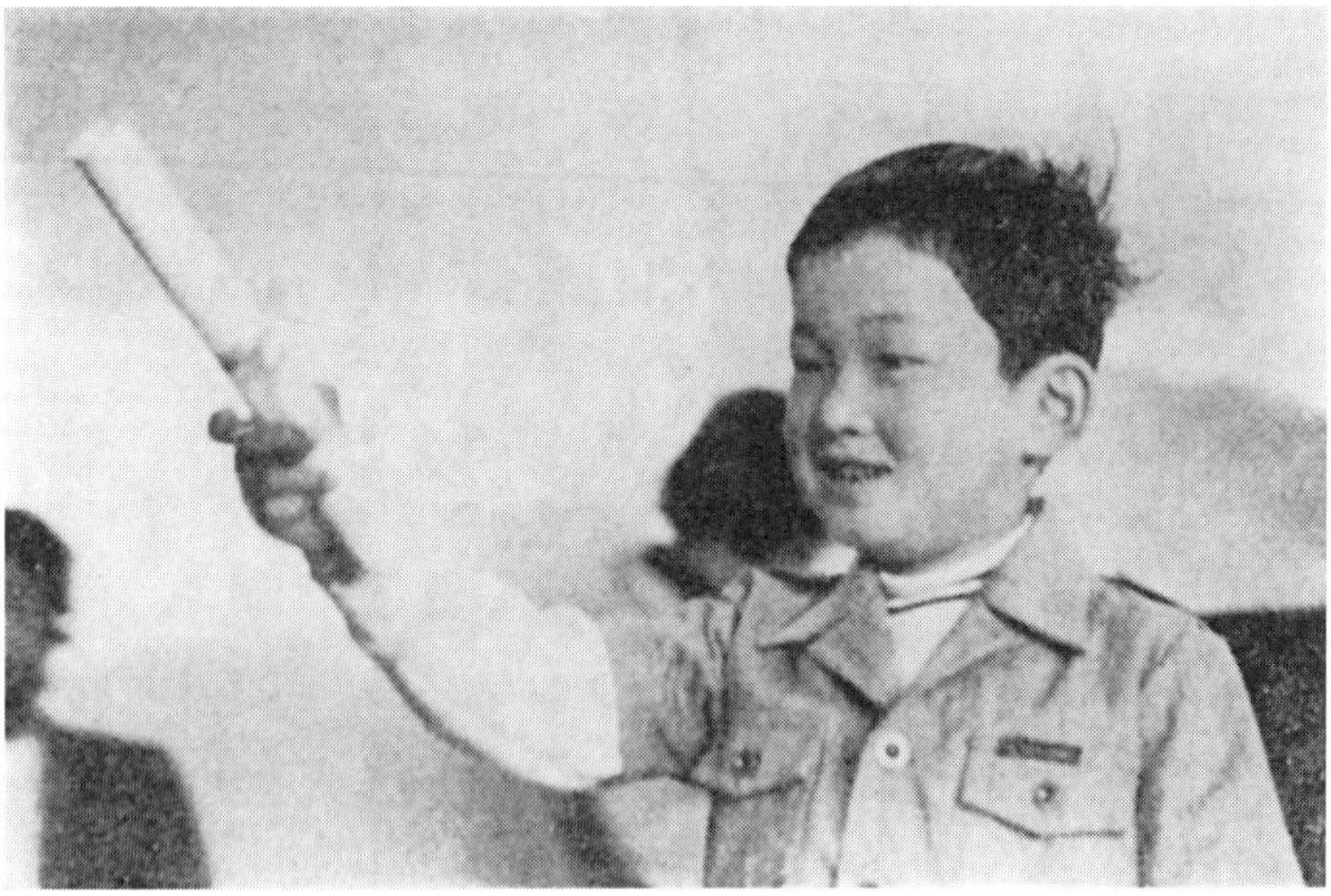

K君の卒園式の日，自閉症児のおもかげは全く感じられない．しっかりとしたあしどりで卒園証書をうけとったK君である．

されたが、今すべての子どもたちを、人間の生活の原点にもどしてやらなければ、子どもたちは皆病むこの現実をかえることはできないことを痛感するのである。

もちろん岩佐京子氏（『テレビに子守をさせないで』水曜社、の著者）の主張されるように、私も園にテレビをおかないだけでなく、家でもテレビを普通に話しができるようになるまではつけないようにしてもらい、食事もおやつも園と同じように甘いものをなくしてもらい、日曜などは山あるきをさせてもらうなど両親の協力を大きく頼む。

毎朝早おきをして近くの山のぼりを実施してくれたり、冬もプール通いをしてくれ、白砂糖の使用をやめてくれている家庭の子どもの成果はやはり大きい。

こうして保育園と家庭が一体になっての努力が何年か重なるうちに子どもたちの顔が笑顔になり、両親の顔もほころぶようになってくるのである。

健常児と障害児

こうした障害児の心からの笑みをうかべた顔が生まれるまでの職員の努力、父母の協力もさることながら、この子らをとりまく健常児たちのやさしさ、機転をきかせての援助のしかた、粘り強さなどについても書かなければ片手落ちであろう。

四歳で入園した自閉児のひとりが言語がまだ出ないので、近づきたい欲求を友だちにかみついたり、髪の毛をひっぱったり、つねったりという行動であらわしたため、そのまわりの子どもたちは最初はみんなその被害にあった。

ところが子どもたちは間もなくとてもすばらしい方法を考え出したのである。一、二歳児の時のように瞬間的に模倣する力をみてとり、この子の手がのびてくる瞬間「ジャンケンポン！」と手を出すと、この子も反射的にまねをして、その手はグーになったりパーになったりするのである。時には「バイバイ」といそいで手をふると、この子どもも「バイバイ」をするようになり、これがみんなに伝わり、あちこちで「ジャンケンポン」「バイバイ」がきこえるようになり、誰ももう被害をうけることがなくなると同時に、次第にこの子も仲間の一員に育っていったのである。

また、季節保育所時代のTちゃんの時も、大きい子どもたちは毎日、Tちゃんに髪の毛をひっぱられて毛根がはれてしまい、お母さんが夜お風呂で髪を洗ってやろうとすると「痛い！」というので心配したが、やさしい子どもたちは決してTちゃんにやられたとはいわず、「洗わなくていいよ」といったり、がまんをしたりする風をみて、お母さんたちも子どもたちのやさしさに打たれた、と話してくれたのであった。

当初こうした障害児の保育に対し、何らの補助金も国からも県からも、市からも出なかったため、私たちの園の経営はたいへん苦しく、人手も十分に揃えることができなかったが、健常児たちが職員を助けてくれたのである。排泄の自立のできない子どもに対しても職員の手が間に合わないとき、まわりの子どもたちがパンツのはきかえを手伝い、よごれものを袋にしまってくれたりする姿がみられ、私たちの胸を打ったのであった。

こうして育った健常児たちは、小学校にいっても、全く同じように障害をもつ子ども、発達のおくれた子どもにやさしくしてくれたようで、学校の先生方から感謝されたのである。

また教師によっては、私たちの園の卒園生を障害児の隣りにすわらせ、もっぱら世話をおしつけた人もいたようである。あるときこんなことがおきた、とお母さんが報告にきてくれた。さくらんぼをわずか半年で卒園になってしまったS君は、自分を理解してくれるもののいうことはきくが、少しでもにくしみの眼を感ずるとあばれる子であったが、担任の教師はことごとにしかり、邪魔者、困りものにし、自分の手におえないと私たちにまで訴え、おなじ卒園生を隣りにすわらせていたのであった。あるとき、その子が、同じさくらんぼ保育園の卒園生に「みんな！　休み時間に集まってくれ！」といったところ、はじめてさくらんぼ保育園から小学校に上った一三人が集まったという。そこでその子は「あれじゃS君は死んじゃうよ！　あんなにしかられたら可哀想だよ！」と訴えたというのである。そこで一三人が一緒にS君の担任のところにゆき、「さくらんぼの先生はそんなにおこらなかったよ。やさしくすれば、だんだんわかるようになるからねといったよ」と申し入れたというのである。

その結果は「なまいきな子どもたちだ」という印象を与えて、中心になった子どもはたいへん先生からうとまれた、というのであるが、その後学校側も考えるようになり、やさしい担任の先生のクラスにS君はかわったのであった。

一年生のときにうとまれた子どもは暗い顔になり一時心配したが、夏休み中さくらんぼの学童保育で元気になり、小学校卒業のときは、「申し分のない子どもさんです」と担任の教師にいわれた、とお母さんはまた報告にきてくれた。この小学校も今はさくらんぼを卒園する障害児の受け入れにやさしい配慮をしてくれ、本当にありがたいことと思っている。

（斎藤　公子）

第七章　血液不適合による発達遅滞児K子の発達

入園当初

K子ちゃんは、三人兄妹の末っ子で、両親の血液不適合のため、生まれたとき、黄疸がたいへんひどかったという。両親はさくらんぼ保育園がまだ季節保育園だった時から、上の子ども二人を入園させていた（この時は、もう卒園していなかった）のと、まわりの父母や職員のすすめがあって、生後一〇ヵ月で入園してきた（担任――0歳児　岡田深雪・山崎ひと子、一歳児　飯塚芳子、二歳児以降　深野静子・西沢和子）。出産時の体重は二八三〇グラムであったが、産院にいる時からミルクをはいて体重が減り、保育器に入った。退院して自宅に帰ってからも、ずっとミルクをはいていたのと、陽の当たらない奥の部屋でおとなしく寝ていたためであろう、顔は青白く、手足は細くてはりがなく、頭だけが異常に大きかった。一〇ヵ月で入園した時、体重が六七五〇グラムという虚弱さだった（健常児は八五〇〇グラムくらいでかた太りになる）。寝返りはまだできなかった。

まずは、一日中戸外につれ出し、日光の下で、薄着にしてあそばせると同時に食事を重視した。

0―二歳児期のK子

0歳児にとって大切な離乳食を、K子ちゃんは飲みこむ力が弱いので、パンがゆから始めた。一月齢がたっていたので、進み方は早く、K子ちゃんの好きないも類は自分から手づかみで口にするようになった。一歳になって寝返りができる（健常児は六ヵ月前後でできる）ようになると、うつぶせになって頭をもち上げて遊んだり、お座りから自分で腹ばいができるようになった。このころ、乳母車に乗って、やぎを見に行くのが好きで笑顔ができた。

K子ちゃんは一歳すぎて、ようやく後《うしろ》にハイハイができ、一歳七ヵ月ころには庭に作られた小さい山へハイハイでむかうようになった。こうして冬でも陽あたりのよい園庭とテラスで過ごしたので、みちがえるほど、顔色がよくなり、少し太ってきた。

ちょうど満二歳をむかえたころ、ようやく二、三歩歩けるようになったK子ちゃんはとても意欲的で、真冬なのに水道の所へはったり、立ったりしながら、自分で行くようになる。K子ちゃんは全身ぬれても平気で遊び、どろんこをいやがらなかった。水や砂遊びを嬉々としてやるようになって、初めて描いたのが絵K―1である。

保育園の周囲は一、二歳児でも危くない、めぐまれた自然がいっぱいある。K子ちゃんもゆっくり、ゆっくり二歳児の仲間のあとをついて、喜んで散歩に行くようになった。

毎日のように歩かせ、庭であそばせ、リズムをさせる中で、K子ちゃんはニコニコと意欲的にすべてにぶつかっていく。

こうして、二歳七ヵ月には、腕の力がついて、グルグルがきが出てきた（絵K―2）。

満三歳をすぎると、足もしっかりして、散歩も最後になりながらも、みんなと同じ場所に行くことができるようになった。

リズムあそび（『さくら・さくらんぼのリズムとうた』群羊社、参照）では、うさぎの曲で、床をけっての両足とびは二歳すぎるとほとんどの子どもができるが、K子ちゃんは、まだできなかった。しかし、K子ちゃんは、〝メダカ〟や〝つばめ〟〝トンボ〟〝汽車〟などのテンポの早いリズムも好きで、ニコニコしながらみんなのあとをヨタヨタ歩くようにやる。

絵K—1（2歳4ヵ月）はじめてK子ちゃんが描いた絵である．黒色．

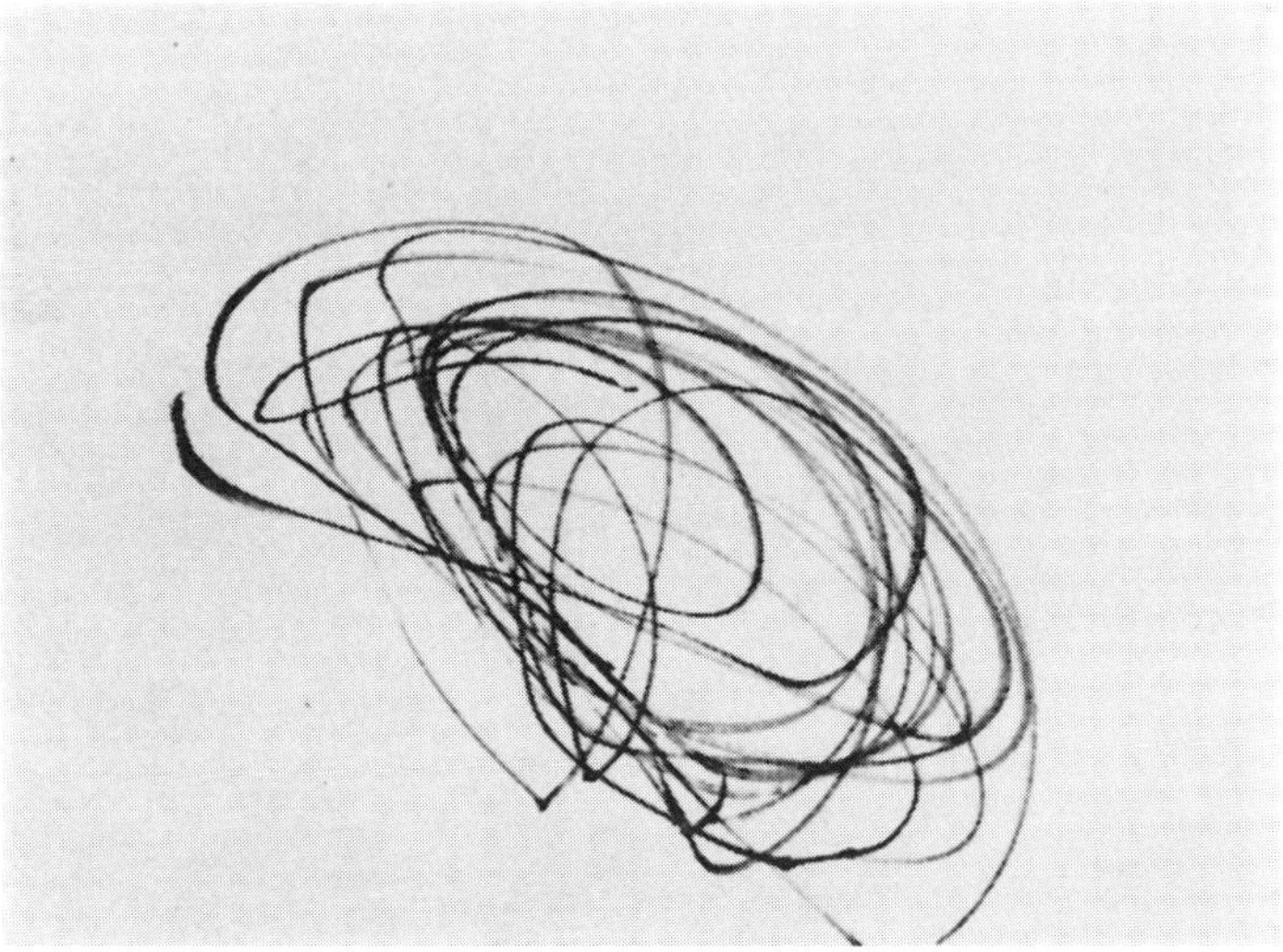

絵K—2（2歳7ヵ月）線からグルグルに変化してきた．この頃，「くつ」「モオー」（牛）「シィー」（おしっこ）「ヤダー」（いやだ）「マ」（ママ）「ニィ」（兄さん）等の言語がききとれるようになった．普通は1歳4ヵ月くらいでとじると言われている大泉門が，2歳8ヵ月でかたくなった．（茶色で描いている）

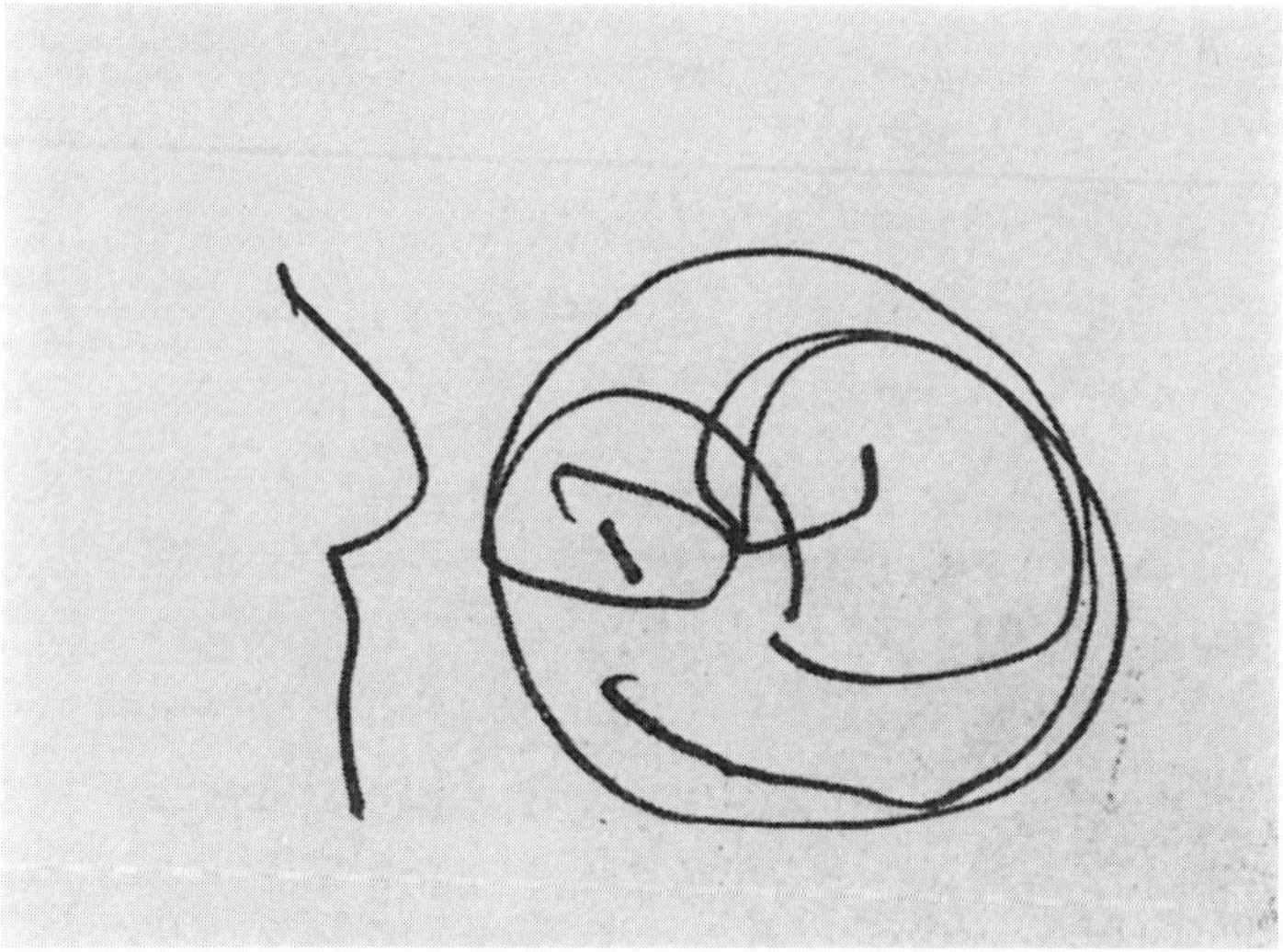

絵K—3（3歳3ヵ月）「マ」（ママ）「パパ」等，絵に意味づけができるようになる（茶色）.

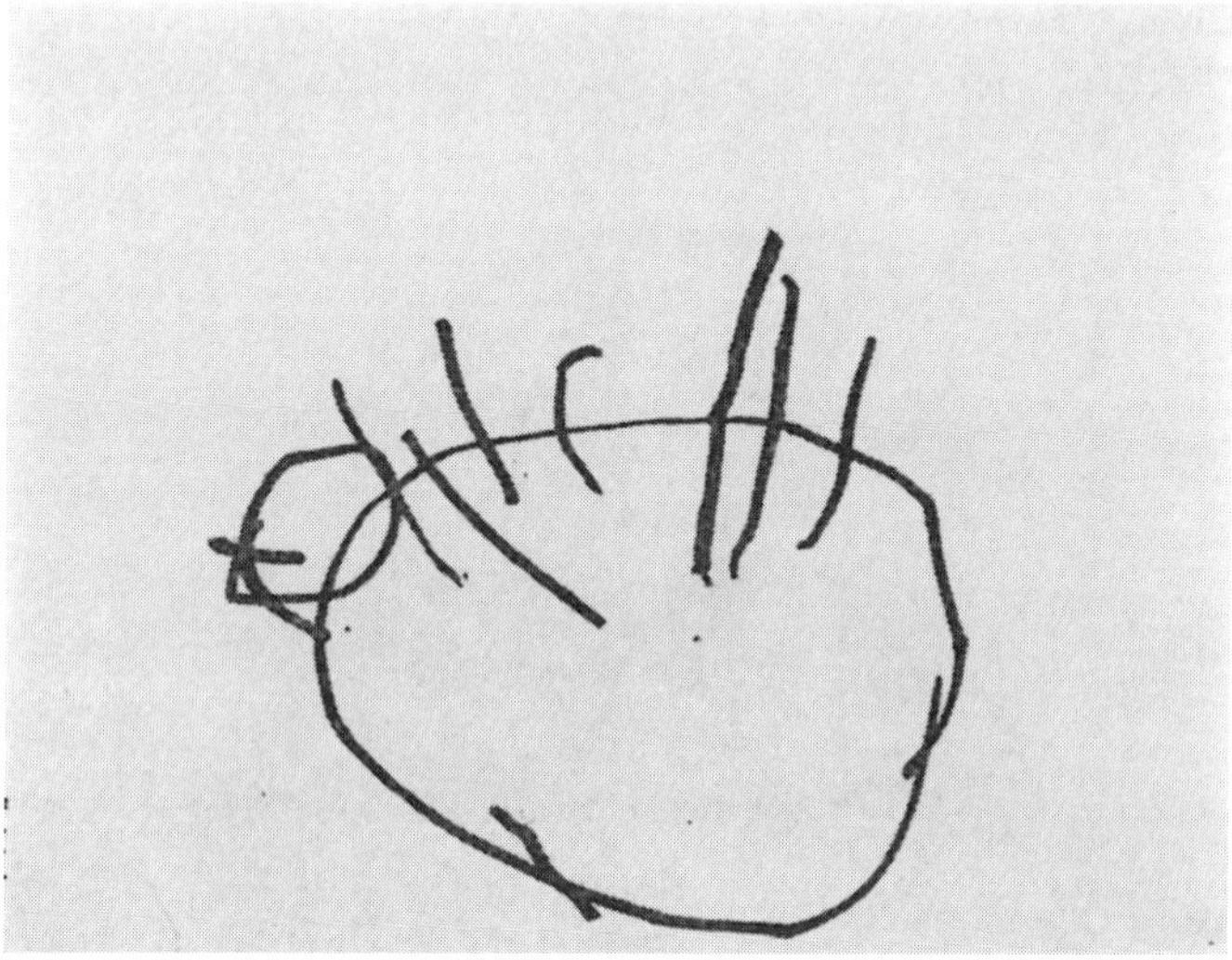

絵K—4（3歳6ヵ月） 色もオレンジを使い，Dちゃんと仲よしになって，楽しそうだ.

三歳児期のK子

自己主張の大事な三歳児の時、「ジィー」(自分で)と言って、なんでも一人でやる意欲的なK子ちゃんは、散歩に出かけるとかならず「ナ、ママ」(花をママにもって行く)と花をつむやさしい子に成長した。ある時、「チー」ということばを他の保母が、「オシッコ?」ときいたら、「バカ、チガウ」とひどくおこって私にうったえにきたK子ちゃん、「ぼうし?」と明るく言うと「うん」と満足げにニコニコしてまた友だちの方へ遊びに行くK子ちゃんに、私たちは多くのことを教えられた。

この時期には、絵にも「パ」「ママ」「ニィ」「ポー」「モーモ」などの意味づけが出てきた。夏、数日休んで保育園に来た日、「パパ、ママ、ポー」(夏休み、家族でお母さんの実家の山形へでかけた)と話してくれた。このころになると保母もK子ちゃんの話しことばがわかり、K子ちゃんをいらつかせることもなく楽しい毎日になった。

また、Dちゃんと仲よしになり、手をつないでかけっこしたり、散歩の時もニコニコ手をつないで、いっしょに歩いていく(映画「育つI」参照)。

このころ、散歩に行くと、「ピーピー、ママ」(お母さんにほとけの座をもっていってあげる)と、美しい赤紫の花に感動するK子ちゃん。「ニィ、コウ」(兄さん、学校にいった)と話しことばが広がってきた。

三歳七ヵ月の時、家庭で煮え湯に手を入れ大やけどをして、一ヵ月休んだ後、保育園ではまだ右手が使えなくても、左手にマジックをもって絵を描き続け、一回に九枚も描くその意欲には驚いた。

集団の中のK子

四歳児のクラスになると、子どもの集団は四八人になり、新しい友だちが七人入ってきた。その子どもたちがとまどっていると、すぐに手をかし、教えてあげるやさしいK子ちゃんは、保母のよき助手である。

0歳児から保育された結果だとしみじみ思う。

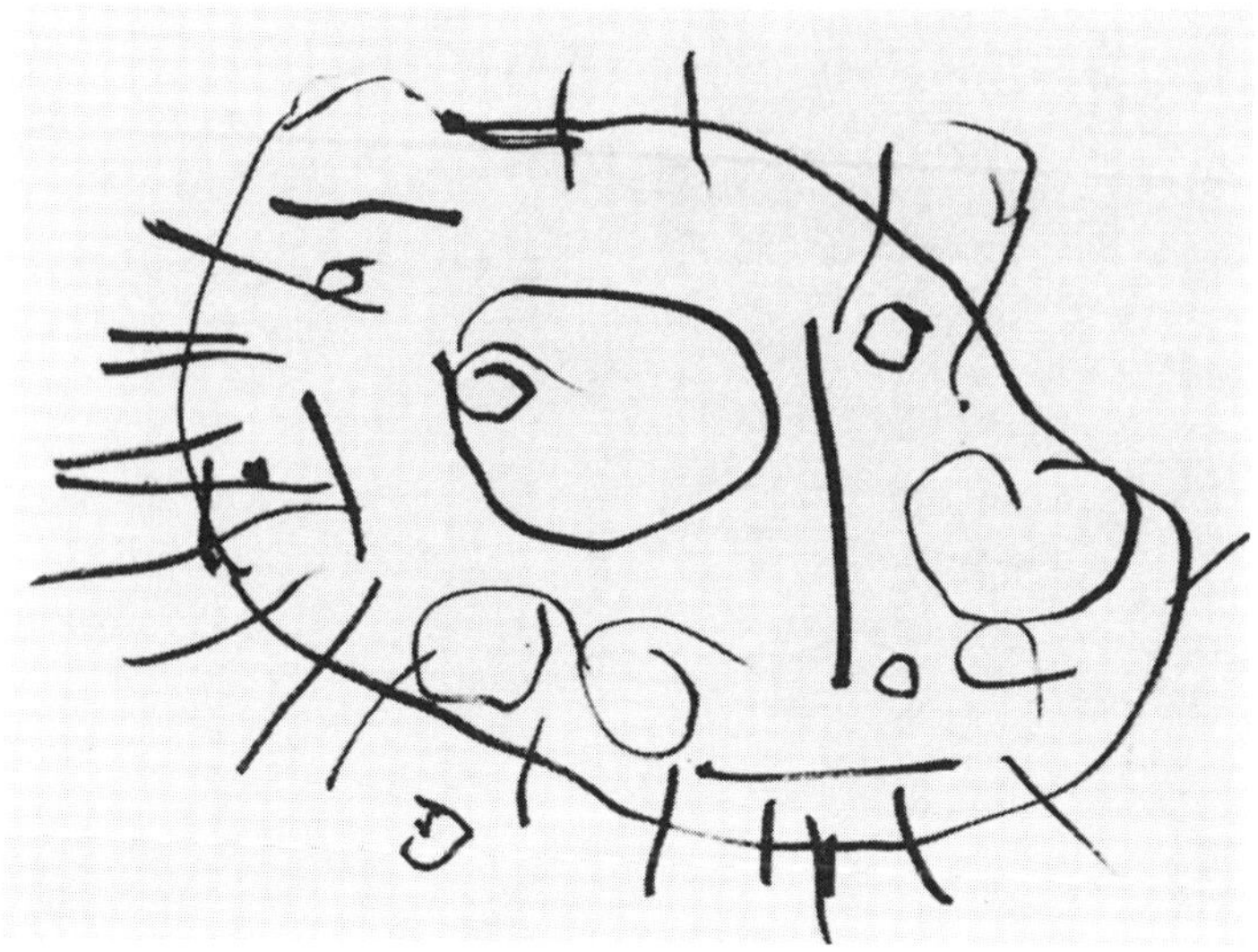

絵K—5（4歳2ヵ月）「ママ」(はっきりと言えるようになる).

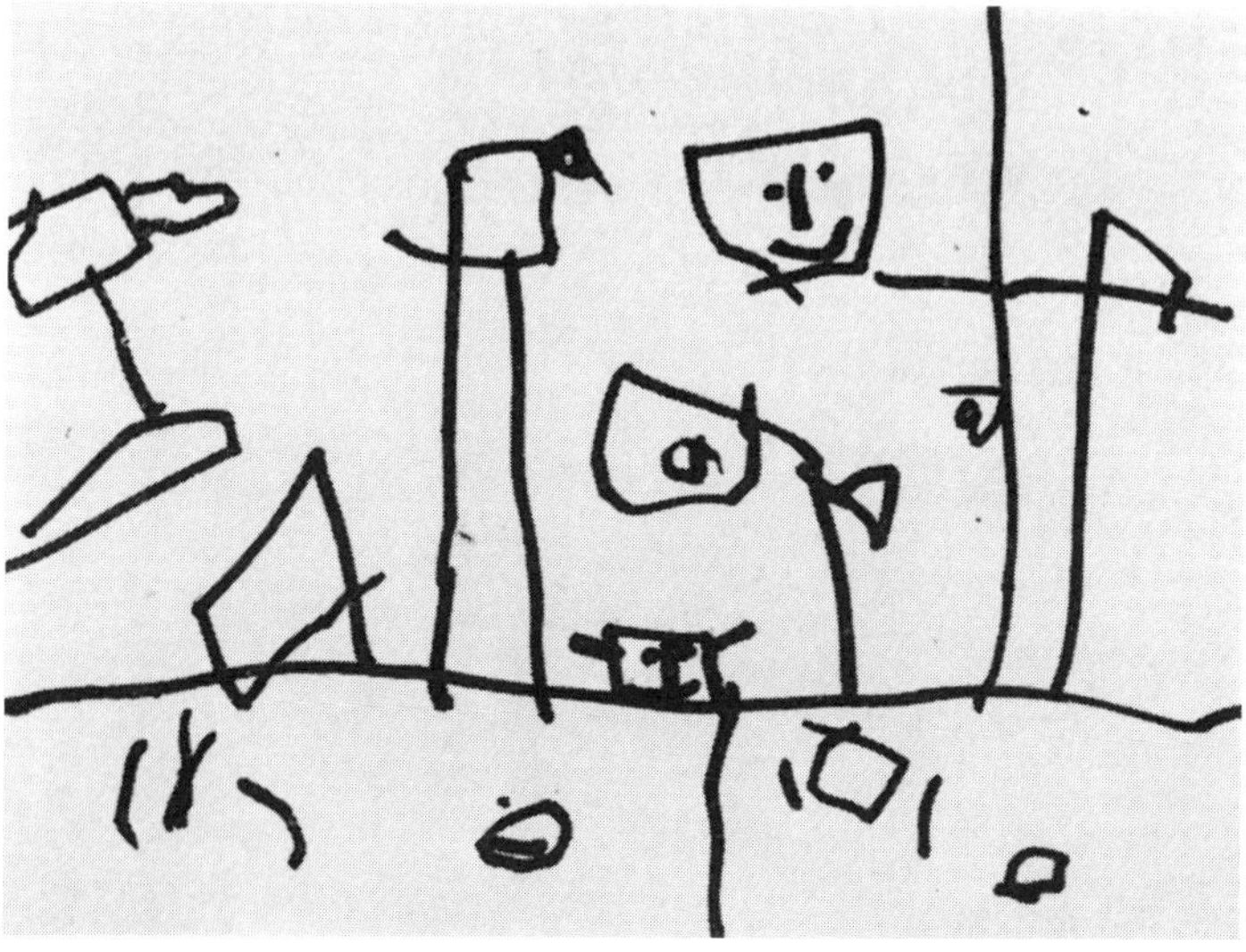

絵K—6（4歳6ヵ月） 地面にヘビオニの道をかき，集団遊びをする中で，急に地平線や地面が描けるようになった.

▲▼ **写真 1・2**　土ふまずの形成がおくれていたK子であるが，0歳からの保育の成果がこんな時あらわれる．（4歳10ヵ月）

写真 3　K子はどんなにおくれてもはればれとした顔で走り通した.

ヘビオニというルールのある集団遊びにも参加する。じゃんけんぽんで、チョキを出す。線をまちがえると、〝K子、こっちだよ!〟とさっと教えてあげる仲間たち。それがとても自然で、健常児と障害児の育ち合いを感じさせるこのころだ。

また、もうエビガニがあまりいなくなった初冬の散歩に出かけた時、K子ちゃんがエビガニをつかまえた時、S君がそれに感心して手をつないで帰った。それを見た友だちが、〝それ、だれがとったん?〟ときくと、「K子だよ」とS君が言う。K子ちゃんはなんとも誇らしい満足そうな笑顔であった。みんなとできるようになるとこんなにもうれしいものなのか。

この年の運動会には、写真1・2のようなとびおりにも、ニコニコとりくんだK子ちゃんである。写真3は、かけっこである。みんなよりかなり遅いが、こんな笑顔で、一生懸命走りきった。そのけなげさが胸をうつ。

絵K―7（4歳10ヵ月）「K子んち」「ふかのんち」とかきながらお話しする（ちょうど運動会のころの絵である）.

絵K―8（4歳10ヵ月） ようやく人間らしくかくようになった（ちょうどこの絵も運動会のころの絵である）.

絵K—9（5歳9ヵ月）「K子とニイ」「K子んちいる」
（大好きなお兄さんをかいている）.

絵K—10（5歳10ヵ月） 柿の絵．庭の柿をとって，干し柿をつくった時，すぐ絵にかく．

絵K—11（5歳11ヵ月）　大部知的な絵をかくようになった.
このころは3語文を話した.

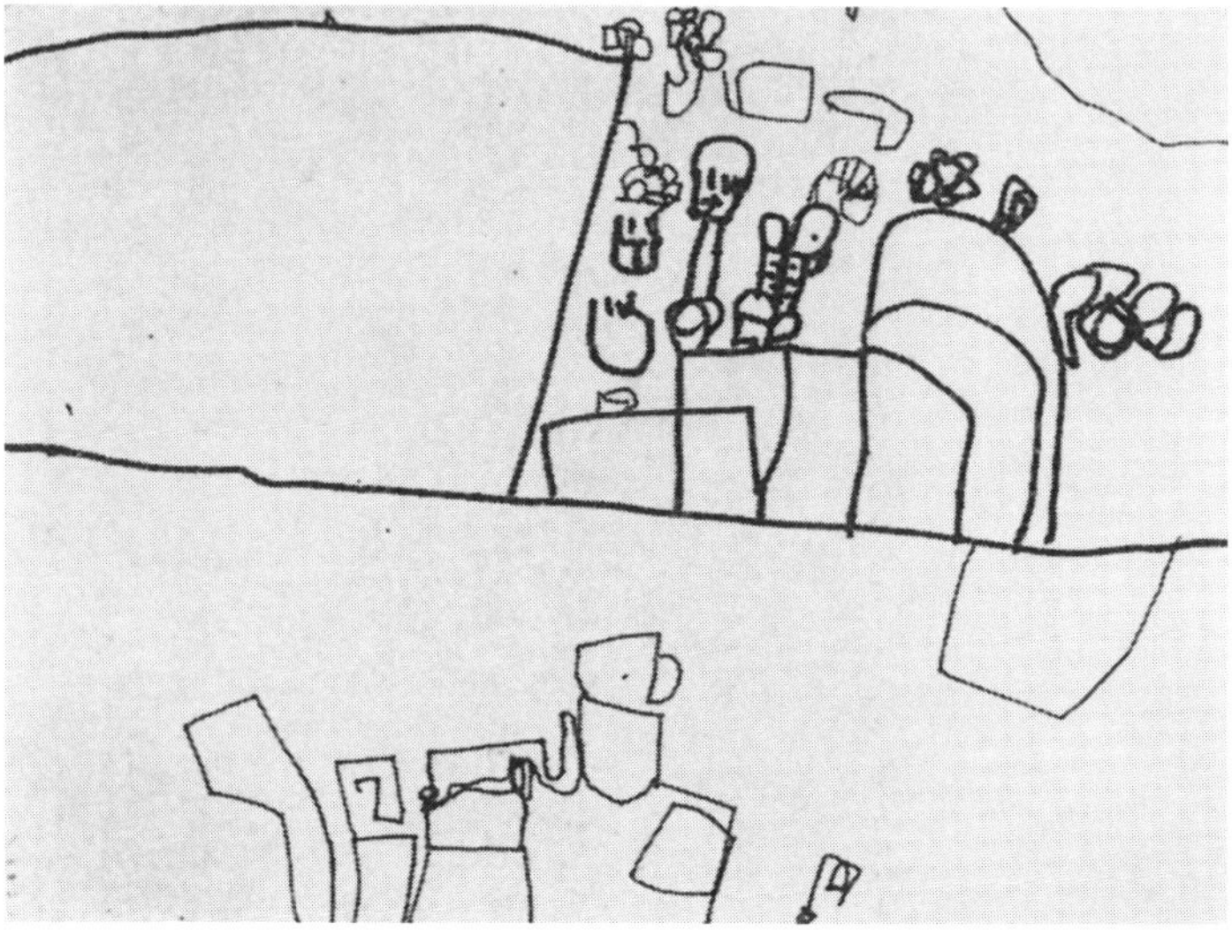

絵K—12（6歳1ヵ月）　このころはたのしそうに保育園の生活を描いているようである.

五歳児期のK子

年長になったK子ちゃんは、片道一・八キロの道のりを四〇—五〇分ほどかけて、お母さんと歩いて登園するようになった。アスファルトの道はさけて、でこぼこのじゃり道を、道草しながら、ある時にはゆっくりと歌いながら、話しながら歩いているというK子ちゃん、こうして歩いたり、夏中プールであそんだり、広い庭をかけたりする中で、K子ちゃんはスキップができるようになった。リズムの〝ちょう〟も手首がやわらかく動いて、実にかわいらしい。

ここに、当時のお母さんの手記を載せよう。

「ある日、迎えに行った時、ホールの中から、大きなスキップの歌声がきこえた。それは、テンポの遅いゆっくりしたものだった。同時に目にとびこんできたのは、K子が嬉しげに、誇らしげにリズムをやっている〝様〟だった。〝ぼくはホップ・ホップ・くんだ・ホップ・ステップ・ジャンプ……〟ゆっくり、ゆっくり、できる、できる。〝できた!! できた!!〟〝さいしょはね、ちえがおしえたんだよ。まえは……こうだったけど、ちえがおしえたらね、もう……こうに……上手になったよ。〟

頑張って欲しい。自分の力で、やればきっとできることを覚えて欲しい。できなかったことができるようになる。目的にむかって努力する。そのことを獲得した時の喜びは、自信は、K子のこれからの歩みの中の自信につながるだろうと思います。K子のまわりには、すばらしい仲間がある! その歩みはおそくともK子とともに歩み、学ぼう。あの時の、自信にみちた笑顔。ほこらしげな笑顔が、きえることがないように」。

（一九七九年三月、星ぐみ文集より）

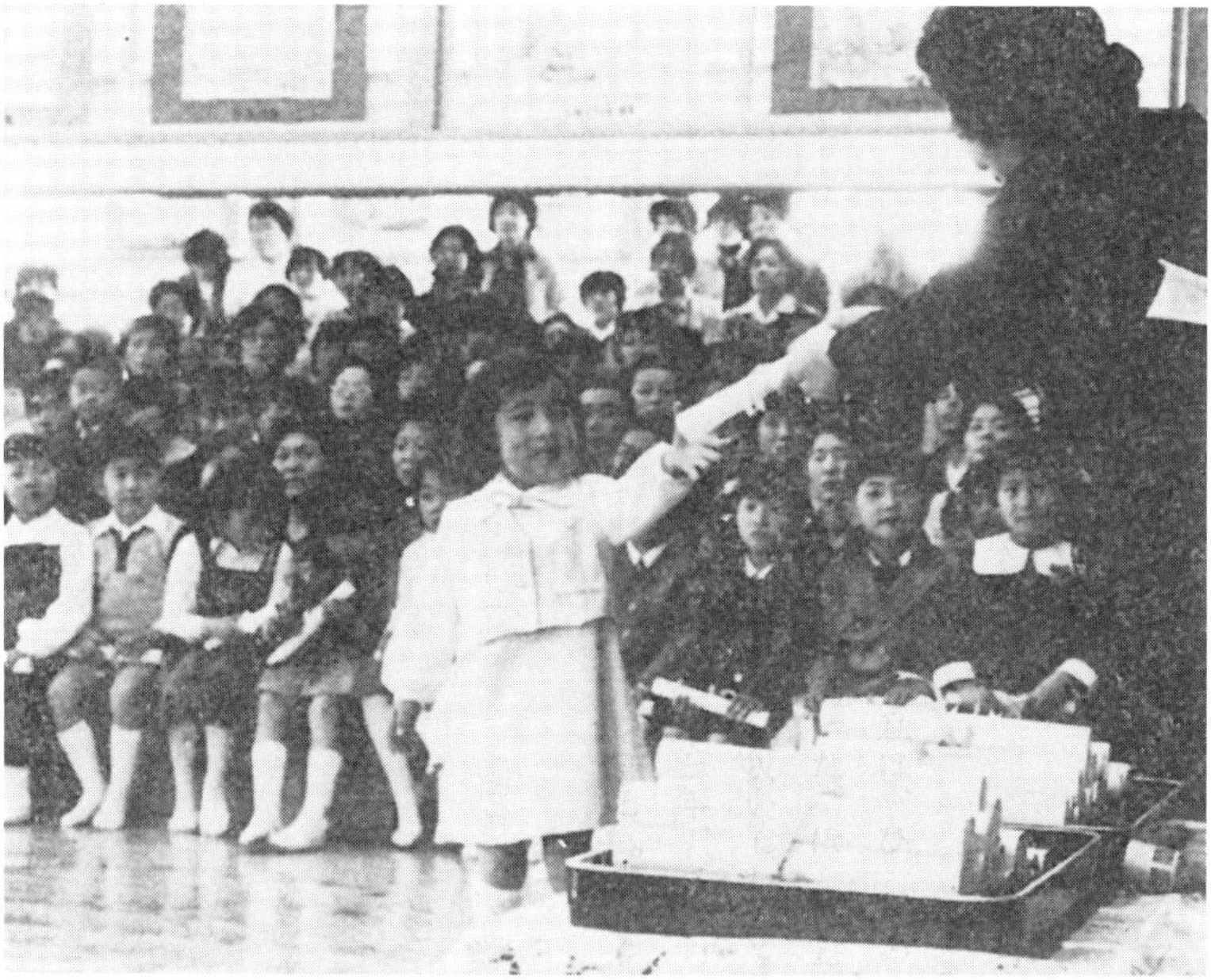

写真4　斎藤園長から卒園証書をもらうときのK子ちゃんの笑顔.

絵K—13（6歳3ヵ月）　K子ちゃんの卒園期の絵. 水彩で描いたもので,「チポリーノの冒険」.（カラー口絵参照）

絵K—14　K子の絵日記.

卒園式

体の小さなK子ちゃんが、だれの力も借りずに一人でへいによじ登り、登りきってニコニコ笑いながら、とび降りるその顔には、〝自分も主人公だ、がんばればきっとできるんだ〟という自信と明るさがみなぎっていた。

学校に入ってからのK子

K子ちゃんは、小学校に入学した。なかよし学級である。学校から帰っても近所の子どもたちと日が暮れるまで遊びきる子どもだ、とお母さんもK子ちゃんの発達を信頼しきっていた。

一年の時のさくらんぼの運動会では、卒園生の一員としてとても楽しそうに走った。

現在、三年生でことばがぐんぐんとふえてきている。学習にも楽しく参加しているようだ。絵K―14は三年生の夏の絵日記である。

（深野静子）

第八章　集団の中で育った発達遅滞児H君

四歳児入園のH君

毎日一五分間の通園バスの中で乳児から保育した子どもたちの歌声に唖然としているH君の毎日であった。まず一人で部屋のすみっこにいる。食事は偏食がひどく、特に生野菜は食べられない。足、腰が弱い。衣服の着脱がまったくできない、わからない。集中はもちろんできない。顔色がわるい。以上がH君の状態である。

まず園になれるようにと、散歩に重点をおき、毎日農村部の広大な自然の中、牛やぶたとの出会い、かぶと虫、エビガニ取り等に行くが、最初のころは足が痛いのか足ウラをなめたり、動かず座りこみ、園につく前に悲鳴が出る毎日であった。二ヵ月ほどして菜の花を見つけて他の子どもの「あの花きれいね」「あれは菜の花だよ」の大きな声にやっとH君は目を花の方に向けるようになったのである。

またある時は「カエルがいたぞ」「早くつかみな」と友だちにいわれても、四歳児から入園の子どもたちは「こわいよ」「きもちわるい」と言ってあとずさりをしている状態であったが、乳児から来た子どもたちがすばやく飛んで来てつかまえるとH君もやっとそっと見るようになった。いろいろ楽しい散歩の中で仲間を意識するようになったのである。しかしH君は集団にはいれず、ただ見て後から行くだけである。リズムあそび（『さくら、さくらんぼのリズムとうた』参照）もまったくしない。名前を呼ばれても知らん顔（立ったり座ったり横や後を向く）である。

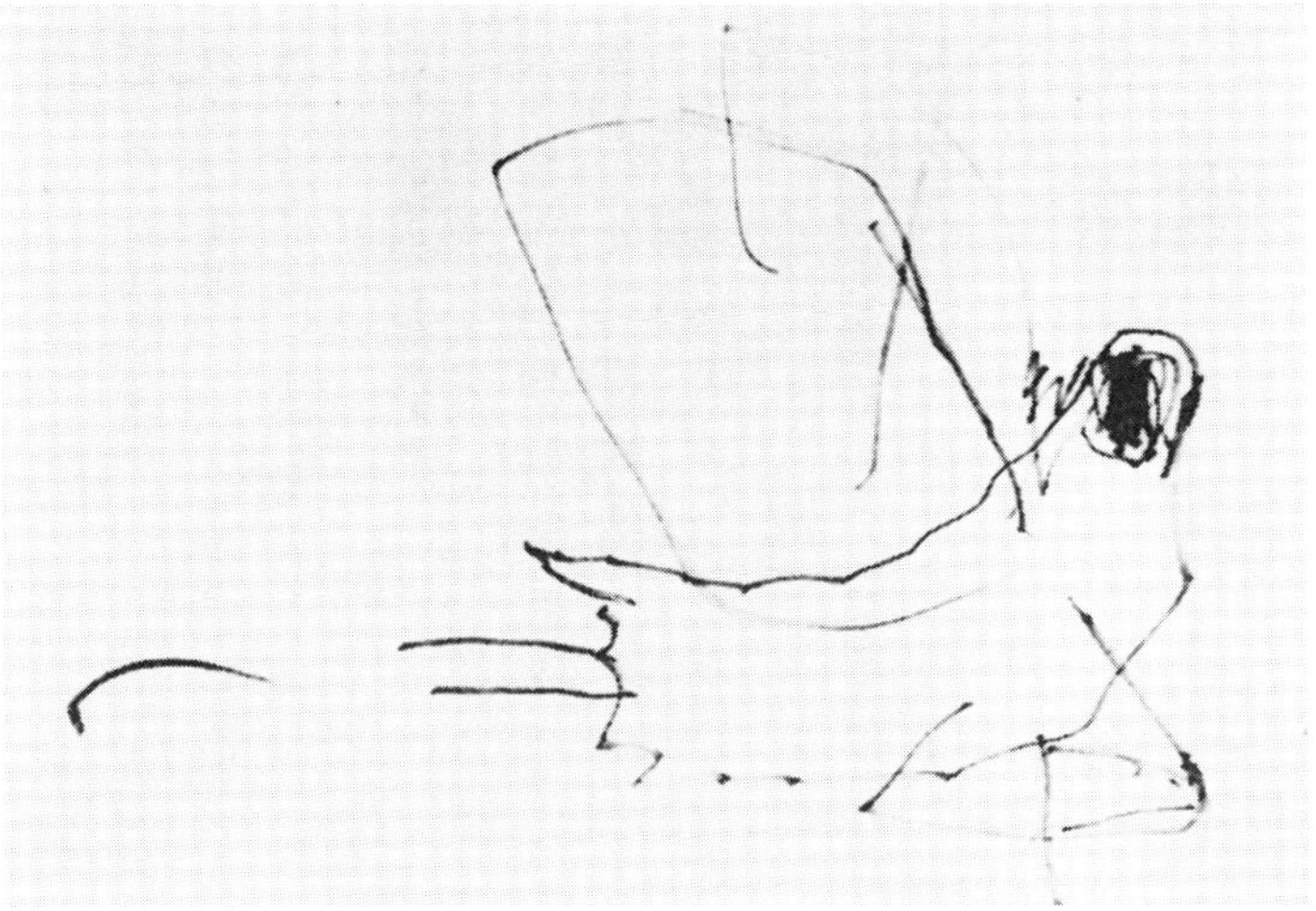

絵H—1（4歳3ヵ月）　K君の入園当初の絵.

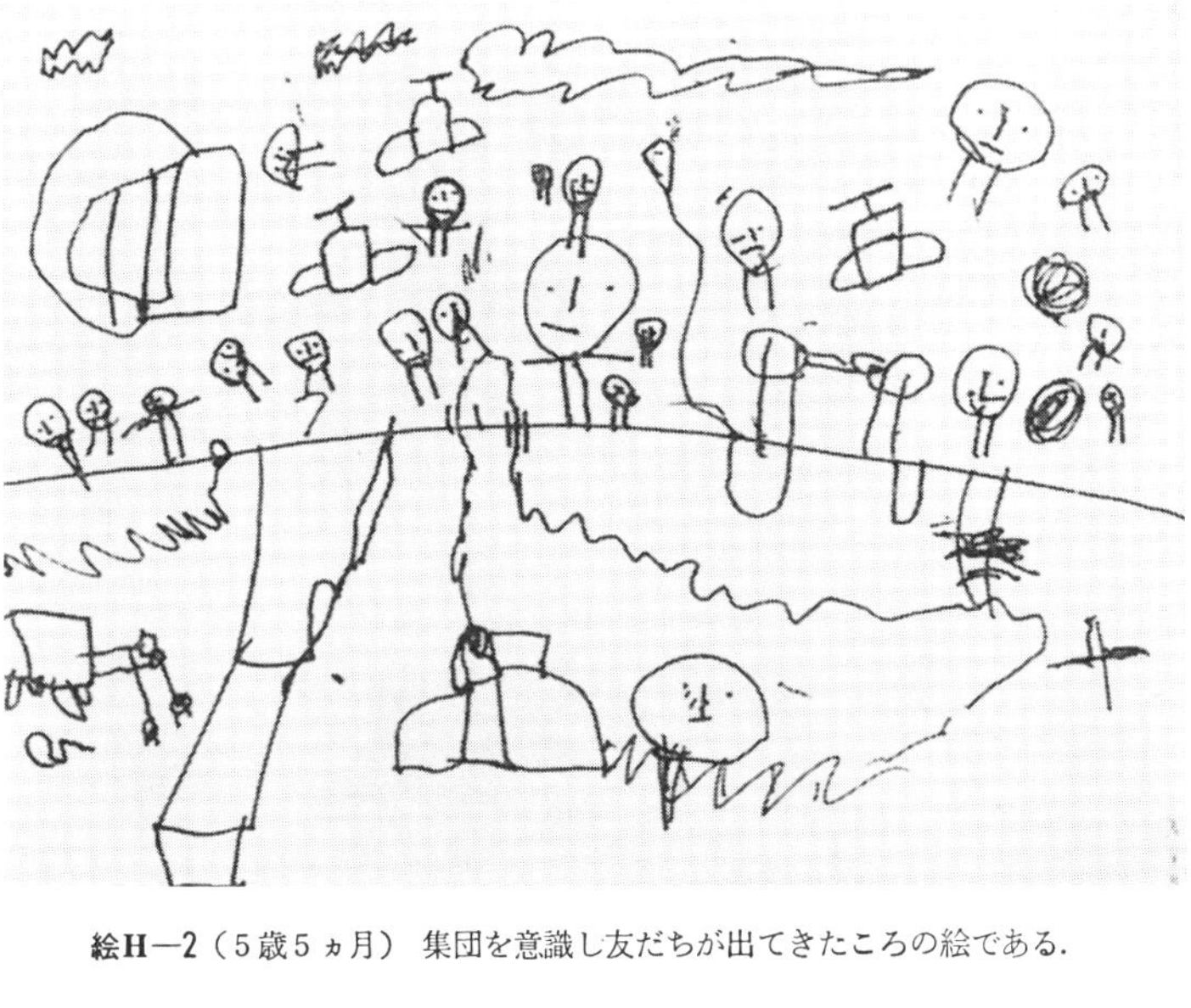

絵H—2（5歳5ヵ月）　集団を意識し友だちが出てきたころの絵である.

それがやっと入園六ヵ月（一〇月）で、友だちの働きかけで模倣するようになり、少しずつリズム遊びをしたり、またシャベルを持って砂遊びをするようになった。

H君を中心とした遊び（へびおに）をした時、勝負がわからず勝ってもさっさともどってしまう。そんな時、仲間がそっと手を取って教えるやさしい集団の中で、H君も身近な興味のある遊びで仲間意識が出てきたようである。また友だちとの遊びの楽しさが少しながらわかってきた。

けんかの中でも成長する

入園一〇ヵ月過ぎの二月（すでに五歳になっている）突然友だちとH君が、椅子の取りっこで激しいけんかをした。H君は何も言わないでただワァーワァー泣くだけで、わけを聞いても話さない。話し合いをいくらしようとしても、もう何もわからない状態である。落ち着いたところで、友だちに聞いて見るとH君が間違っていたとのことだった。その日は午前中いっぱいおこって何もしないで動こうともしない。昼食はもちろん食べない。午睡も泣きねいりである。その後の掃除の時、先ほどやりとりした友だちと手が軽く触れた時、「ごめんな」とその子どもが言った。その時、H君に入園以来初めての笑顔が出たのである。

見ていた仲間がうれしくてとんきょうな声で「H君が笑ったぞ」と教えてくれた。その周囲を仲間が取りまき、うれし泣き笑いをした。なんてすばらしい子どもたちなんだろう。H君もまだ何かしらすっきりしないところがあったようだが、このぶつかり合いで変化してきたのである。それからは、集団の中にはいれるようになり、少しだがハシを使って生野菜も食べるし、絵本にも顔をむけるようにはなったが、会話はまったくない。

遊びの中では、特に、砂場で一人で遊んでいて、山やトンネルを作って水を入れては流して遊んでいるが、友だちが行くとすうーといなくなる。家庭とも密に連絡を取り合い、両親の話では、保育園は好きなようである。休みの日でも、保育園に行くと言って荷物（着替え）を持ってワァーワァー泣いて、話してもわかってくれないので、お父さんが休日の時は、かならず保育園につれてきて一緒に遊んでくれたとのことだった。Ｈ君にとっては、まだ休日の理解ができなかったのである。

四歳児で入園するまで祖父母におんぶとだっこで、一人で外に出ることも、また服の着脱などもしない過保護だったのである。

五歳児期のＨ君

第二さくら保育園が昭和五三年三月に完成、新しくゆったりした間取り、陽当りの良い部屋で気持あらたに最後の一年の保育がスタートした。

年長組は園に責任を持つと言うことで、園庭の掃除、部屋の掃除、それにたくさんの動物を飼っているので動物当番もある。まずふき掃除に必要な雑巾を縫った。「糸を通す穴が小さいから通らないや」などたいへん苦心をしている子どもと、乳児からの保育で充分手先が発達している子どもとでは、でき上がる時間もまちまちである。なかなか糸の通らない友だちにはやさしく針を持って「糸はなめて親指と人差指でひねるといっぺんで通るよ」と教える子ども。Ｈ君にはリーダー級の仲間が横にすわって、手を持って教えているが、Ｈ君はその気になれず、糸を通して布を持たせるが針を動かそうとしない。でも根気よくそばで教える友だちに、自分から針を取って二針ほど縫い、やっとのことでき上った。

雨の日でも、どんな時でも責任を持って、グループにわかれて仕事の分担も子どもたちで話し合い、保育年数の短い子どもをうまく入れ、仲間との結びつきを高めながら、怠ける友だちには、仲間同士で強く批判もしているのである。Ｈ君もまだ会話は出ないが、一つの課題については集中するようになり、広いホールで全身を使ってのリズム運動も少しずつするようになったのである。

Ｈ君は乳児期がだっことおんぶの生活だったので、手・足・腰が弱く、０歳児で必要なハイハイが足りなかったら

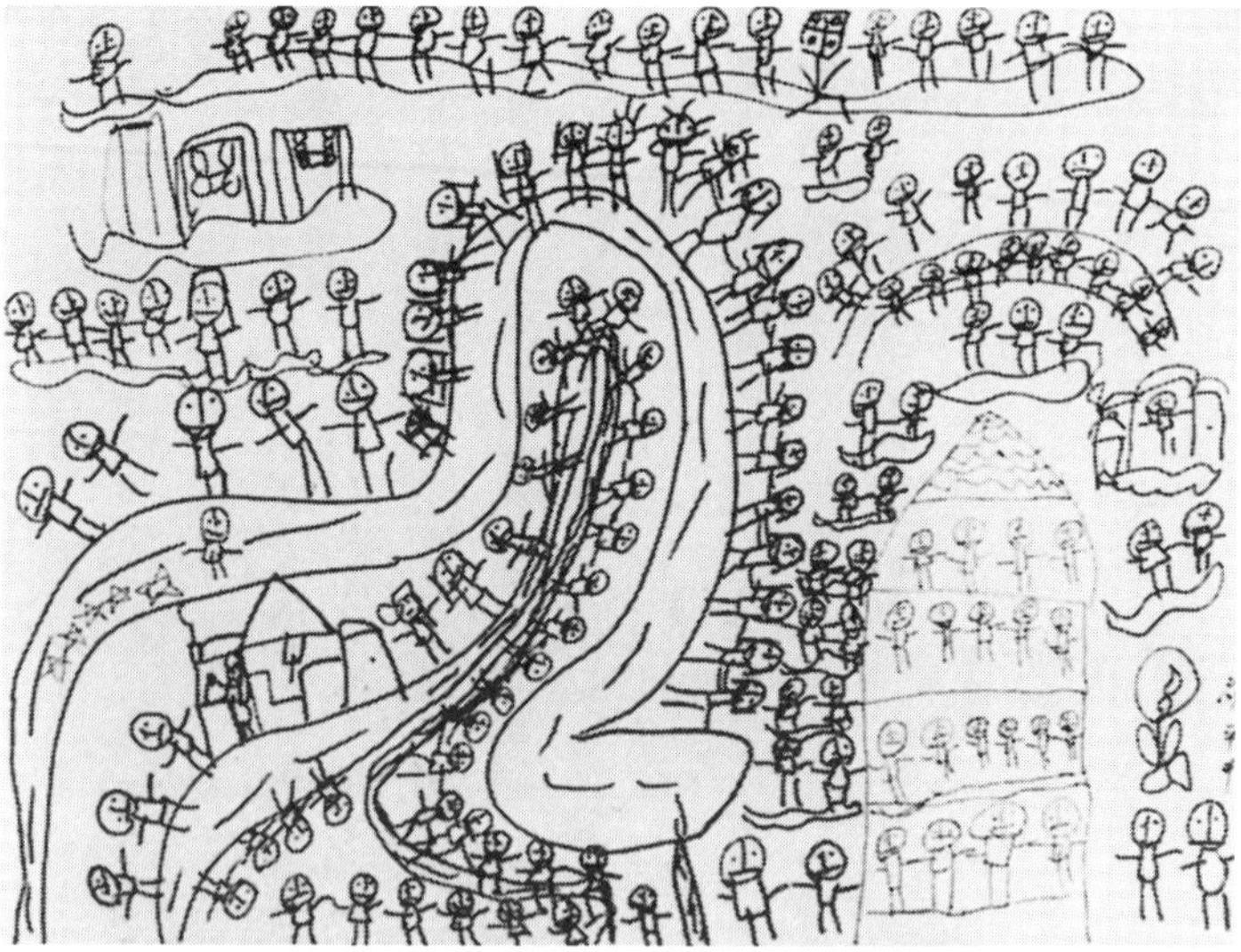

絵H—3（5歳7ヵ月） 雑巾がけをするようになったころの絵．広いホールを友だちとならんで掃除するが，手，足が弱いので何回も何回もころびながら頑張っていた．

絵 H君と同じ年齢の子どもで保育の長い子の絵．

しく手指も開かず、足のけりも弱く、リズム運動は好きではなかったが、毎日の日課の中で友だちを見て模倣するようになり、できると意欲的に部屋のすみっこで何回となく、自ら練習し、一つ一つを確実にできるように努力するまでに変わってきたのである。それからは絵をかいても以前は紙に頬をつけて同じパターンの絵を多くかいたが、そこから脱出して枚数もふえ、励ましの中で一度に何十枚もかくようになったのである。子どもたちがいつでもかけるように、机の上には更紙の四つ切とマジック、サインペン大小が用意されているのが私たちの園のならわしである。

給食当番

六月にはいって給食当番になり、おかわりを給食室まで取りに行ったが、なかなか帰ってこない。友だちが見に行くと給食室の入口の所で立っている。「Ｈ君どうしたの」と声をかけても返事がない。0歳児から入園のＴちゃんがかけてきて「ごはんちょうだいといいな」とやさしく教えている。仲間の助けでやっともらって帰ってきたのである。その時「明日は、ちゃんと大きい声で話す」と約束したとのことであった。だがなかなか口が重く、それからも友だちの言葉をかりることが二、三回あった。

数日後いつもの通り出席の名を呼んだ。するとはっきりした口調で「アーイ」とＨ君の返事、耳をうたがいもう一度呼んで見た。すると一段と大きい声で「アーイ」の返事がかえってきた。いっせいにみんなＨ君を見た。ボーと頬を赤らめているが、胸を張って光った目で仲間を見つめているではないか。部屋の中が、一瞬明るくなった感じで、気持の良い空気が流れているようであった。

それからというものは、一つの課題に失敗しても前のようにワァーワァー泣かず、何回もくり返し練習し頑張っているのである。なわとびのなわをみつあみであみあげる苦労もたいへんなものであったが、今のＨ君はそのあみあげたなわでカーブをまわる時に何回も失敗したが、最後まで泣かずに頑張るという根気が出てきた。

父母参観日、クラス懇談会と、両親も参加し、熱心に話をきく姿勢になり、無口だったのがＨ君と並行して口をひ

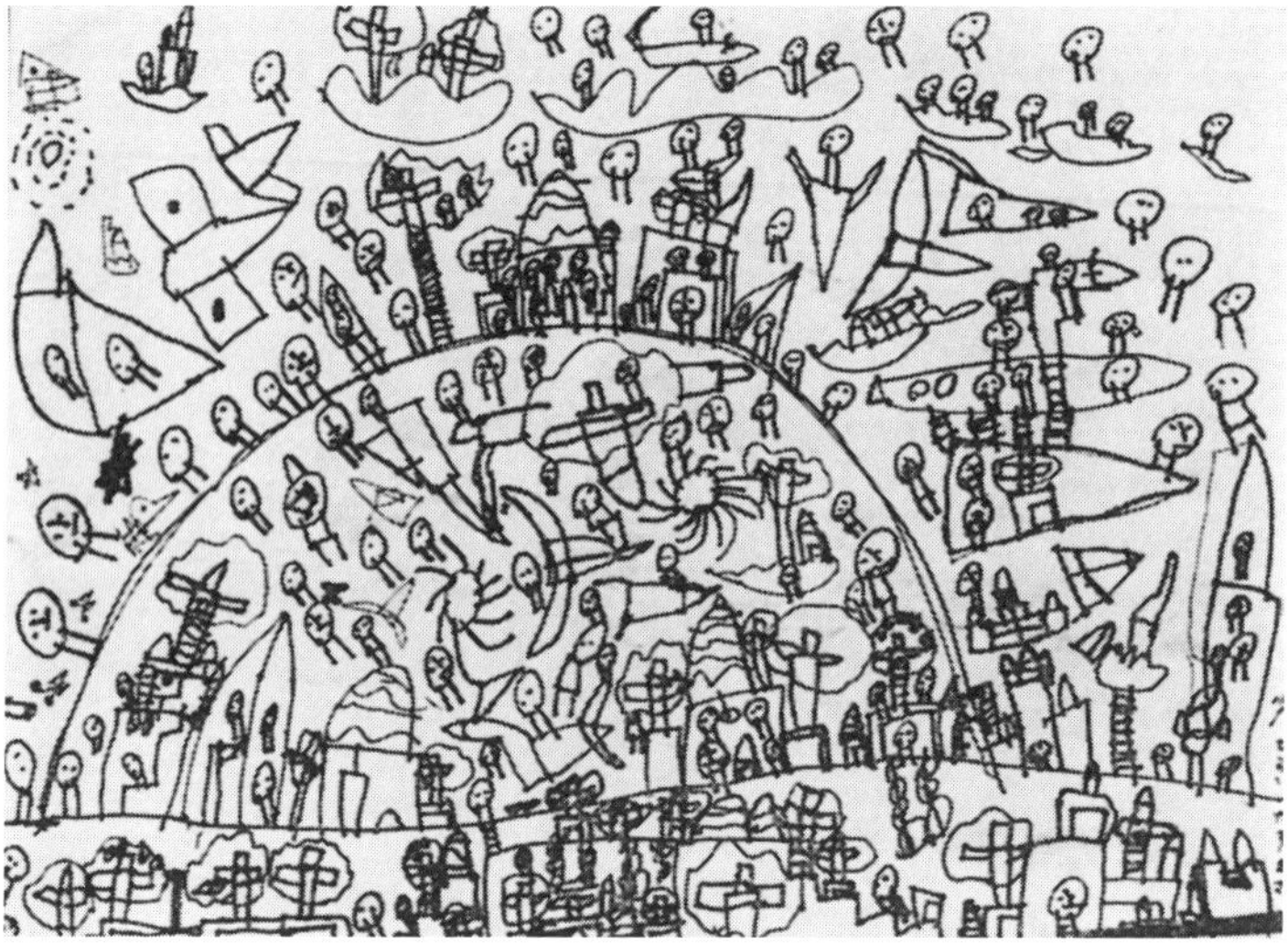

絵H—4（5歳10ヵ月）　1つの課題をなしとげた時の絵.

らくようになり、園の役員などをかって出るようになった。「まず親が勉強しなければ子どもには要求できませんね」との親の言葉だった。H君についてもそれからはなんでも話してくれるようになったのである。

一つの課題を完成する喜び

共同作業（こいのぼり）での作業がはじまったが、自分から「かく」と言ってきたが、保育の長い子どもと違って、やはりすぐ飽きてしまうようであった。そこで他のすぐ飽きる子ども（文字学習など家庭で無理なことを強いられている子ども）たちといっしょに課題を取りやめ、散歩やドッジボールなど全身を使ってのあそびをさせた。そこでまたかく意欲が出てきたのである。

「でき上がったぞ」「できたぞ」と手をたたいてよろこぶ仲間の顔をH君はじっと見つめていた。一つの課題をやり上げた時の満足感、根気強さ、集団のすばらしさがそこに光っていた。

H君もようやく仲間にはいって一つの課題をなしとげたことで、遊びも活発になってきはじめた。H君には励ます子ど

絵（乳児からの友達の長靴）　自分でえらんだ色のラシャ紙に絵を描き、えのぐで塗る型も自分たちで切り落とし合わせて、糸針で縫い合わせる。（カラー口絵参照）

絵（H君の長靴）　自分の好きな色の紙を持ってかきはじめる。次の作業が大変である。カーブに切るのがうまくいかない。縫い目もあらくふぞろいだが、K君なりにすばらしいできだった。（カラー口絵参照）

も、やさしく教える子どもと、その時その場でごく自然に力をかす仲間があり、H君もそれにこたえるようになってきた。

長靴を完成させる

十二月末にクリスマスの贈り物として、正月休みの間家でも絵がたくさんかけるように更紙とサインペンをみんなにプレゼントしたが、それを入れる袋としてラシャ紙で長靴を作った（前ページ写真、カラーロ絵参照）。H君も輝くような表情で真剣に取りくんだ。この時初めて水彩えのぐを与えた。

絵がかけて塗り終わると最後の仕上げの縫い合わせである。H君にとってその部分が大変な作業なのである。乳児期の保育を経た子どもは、絵の色の豊かさ、縫い合わせ目がきれいでこまかくそろっている。H君も針を指にさしたりして苦労したが、H君なりにでき上がり、本当にうれしそうにながめていた。

卒園式にはトビ箱五段、なわとび、側転もみごとにできた。両親は今ではすっかり保育園の協力者となってくれ、後援会の役員を引続き引き受けて活躍してくれている。下の子どもは今度は二歳児で入園し、年長の運動会ではかけっこがものすごく速く、職員たちをおどろかせた。

（浦上　米子）

第九章　はじめて保育した脳性マヒ児S君の発達

S君のばあい

S君はさくらんぼ保育園に二歳七ヵ月で入園した（担任　児玉愛子・草薙恵美子・坂田明美）。彼より先に弟が0歳室に入園してきて、担任保母が家庭訪問し、兄に障害児がおり、難聴の母親が、おぶってマッサージには通っているが、歩行もできず、もちろんことばも出ず、それだけではなく、たいへん自傷行為がひどい、という状態をみてきて、職場にそのことを報告したところ、一日も早く入園をうながしたいとの意見が多く、その後、弟の担任保母が母親を説得し、「ふびんだ」という子を思う気持が非常に強かったが、両親もやっと入園させる気持になってくれた。

今まで、母親からはなれたことがなかったので、しだいにならそうとしたが、なかなかなれず、全身を床にぶっつけて泣くので、一人職員がつきっきりで、やわらかい芝生の上でほとんど一日すごすようにし、しだいに笑顔があらわれてきたのである。

S君は、四年間さくらんぼ保育園で保育された。ついに自分の足で立ち、歩きはじめ、リズム遊びを嬉しそうにやり、山登り、遠い散歩にも参加、三年目から歩いての登園降園をするようになり、年長時の夏はとうとう水泳がみごとにできるようになった。S君のねばり強さ、独立の意志、意欲がどのような遊びや、友だちとのかかわりの中で育ってきたか、ふれてみたい。

出産状況　母親三九歳初産、両親の話によると、頭が出たり入ったりで、出産に時間がかかり、生まれた時はすぐ息をせず、水とお湯とに交互に入れ、お尻をたたいた。頭の長さは二倍にもなり、チアノーゼ状態であった。一週間くらいすると頭の左側にこぶのようなものができていた、という。一歳三ヵ月の時、脳性マヒと診断された。

入園当初　右半身マヒで、右手足が硬直し、物がもてない。左手も箸やスプーンもしっかり持てず、指先は丸まっていた。オムツを二枚あて、厚着で（四、五枚は着ていた）、そのため、お尻はただれ、排泄の習慣はまったくなかった。

衣服の着脱や食事も常に介助が必要であった。また歯は、前歯は上下とも溶けていて、固形物はまったくかめず、偏食がひどかった。家庭の食生活が、パンや甘い物が多く、副食が少なかったようである。

歩行はできず、いざるようなハイハイを四、五歩し、うずくまるようなかっこうで、自分からは動こうとせず、ただ「アーアー」「オーオー」と泣きわめき、何か要求する時は、床や壁などに、あごや、頭、ひたいを叩きつけるようにぶつけ、たいへん危険な状態であった。

このような子どもは、たいてい、頭を保護するために特別のヘルメットをかぶせるようであるが、私たちの園では、そうした頭やからだをしめつけるのでなく、ぶつけてもけがをしないところで保育し、からだを育ててゆくうちに、言語で要求を出せるようにしてゆこうと、専任の職員（石川みつえ）をつけて、ほとんど一日中やわらかい芝生の上で保育をすることとした。

入園は六月であったので、外でも寒くはなく、また、けやきの林があり、夏でも木かげがあって、暑くなく、しだいしだいに保育園になれ、じれることも少なくなってきた。お母さんが難聴であったため、S君の泣き声もあまりわ

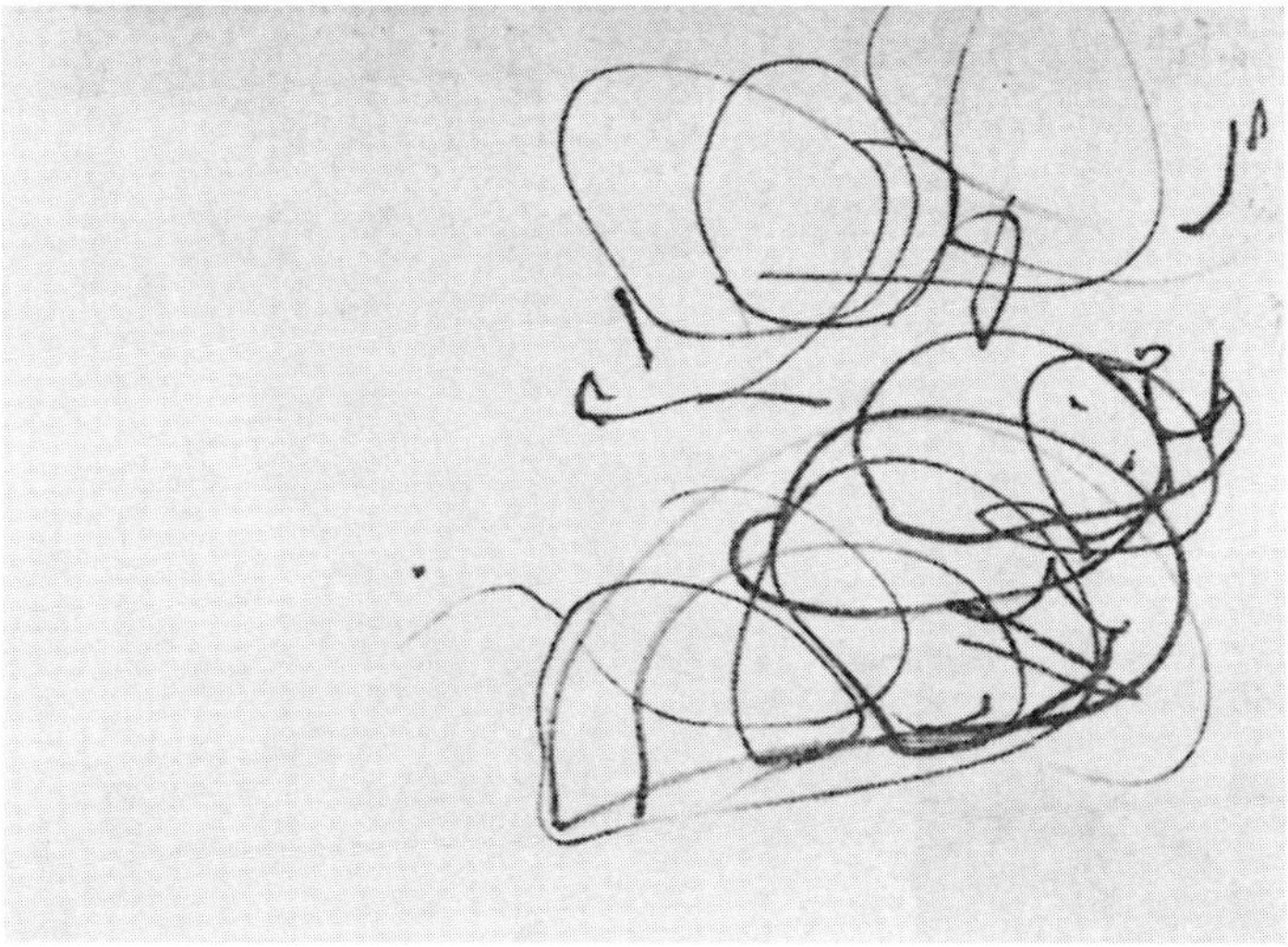

絵S—1（2歳7ヵ月）　S君の入園当初の絵．自傷行為もひどく泣いてばかりいた．色は黒である．

絵S—2（2歳11ヵ月）　芝生の上での3ヵ月がすぎ，やっと泣き顔がなくなり，つたいあるきをはじめたころの絵である．

からず、子どもの気持を察してやれなかったことから、ひどい自傷行為をするようになっていたと思われる。

笑顔が出てくる　しだいに専任保母とともに、私たちの園のリズム遊びにも少しずつ這いながらも参加するようになり、一〇月の運動会前後から、少しずつまわりの子どもたちにも関心をもちはじめ、二歳一一ヵ月でつたい歩きをしはじめた。

外気浴、栄養のある給食、リズム運動など、少しずつ効果が出はじめ、笑顔が出て、絵本を読んでやると、声を出して喜ぶようになった。ことばもオウム返しで言おうとするようになる。

三歳五ヵ月で床から一人で立ち、歩きはじめ、健常児たちとのかかわりの中で、いろいろ模倣をしようとした。

両親は、入園前から通っていた肢体不自由の通園施設で指導されて作った「矯正靴」を園にもってきて、いつもはかせておいてほしい、と強く要求した。

私たちは、これは自分の力で立ち、歩こう、とする力をさまたげるのではないかと考えて、父母と矯正靴廃止について話し合うが、両親は、これをはかせないと足がねじれてしまう、といってなかなか承知をしてくれなかった。

そこで、ためしに園でも少しの期間はかせてみたが、やはり私たちは、素足でもっと動かした方がからだが育つ、と考え、園では使用せず、両親があまりこだわるので、自転車にのせての登園をやめさせ、時間がかかっても、家から矯正靴をはかせて歩かせてほしい、とたのんだ。両親は四歳児クラスになってから、実施にうつしてくれた。

〝手〟を発達させなくてはならないと、意識的に砂遊びにつれ出し、シャベルをもたせるようにした。三歳二ヵ月で手にスプーンをもたせると、横にぎりで食べることができるようになった。パンツも、自分ではこうとしたり、ボタンを口と手を使ってはめようとする意欲も出てきて、その頃から「オシッコ」とおしえるようになり、〝お山〟〝散歩〟など単語も出てきた。偏食もなくなり、時間はかかるが、なんでも食べるようになってきた。

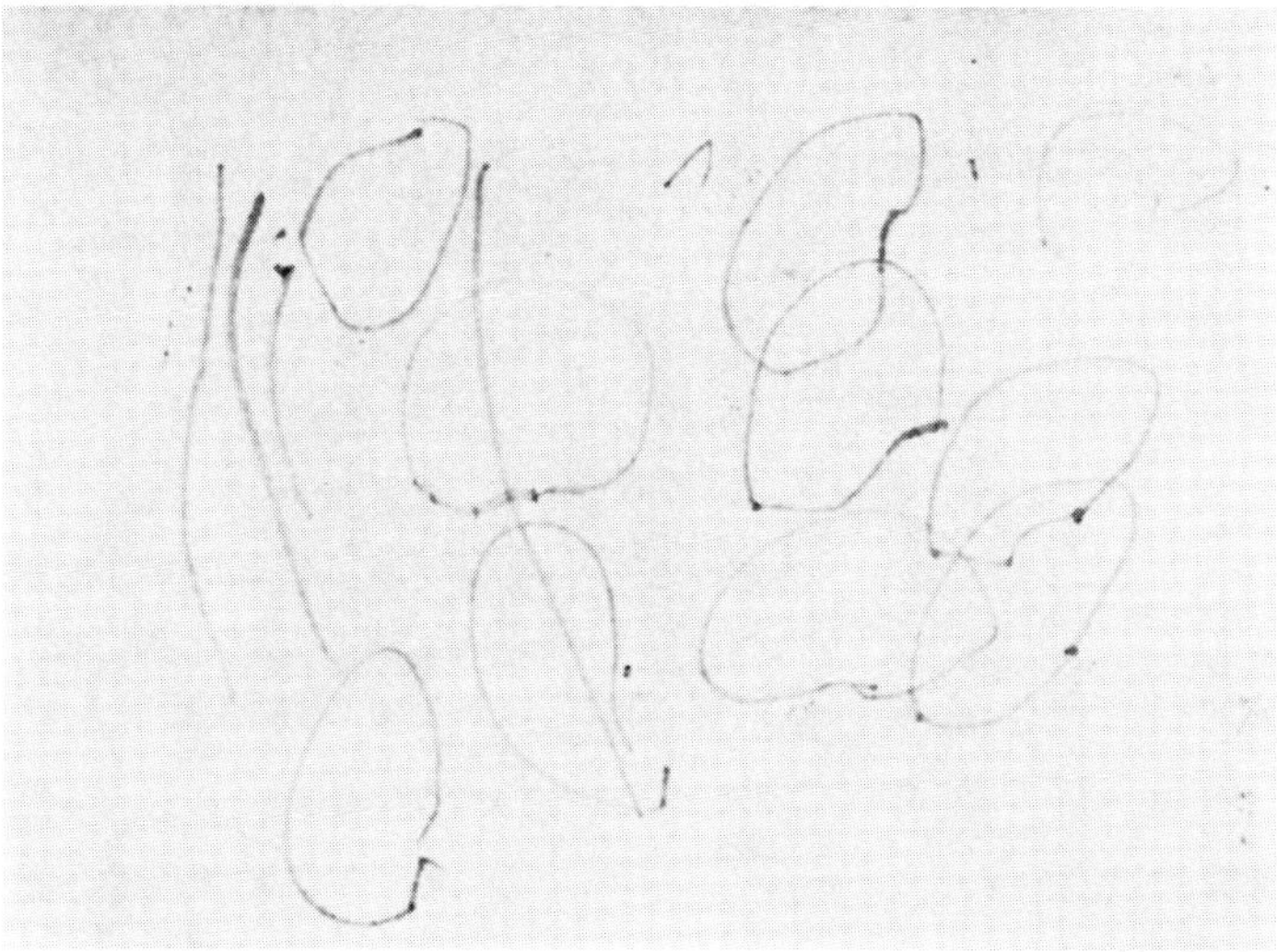

絵S—3（3歳）「パン」「バナナ」といいつつ描く．健常の2歳児が描く絵のように丸を描き，意味づけがはじまった．

絵S—4（3歳1ヵ月）「かお」という．だんだん笑顔も出てきた．

三歳児クラスへ

三歳児クラスでは急に大きい集団（四四名）になり、あらたに四名の障害児も入所、保母は五人で、五つのグループにわけ、それぞれの保母が一人ずつ障害児をも担当した。

一人専任、という大人との関係から、子ども集団の中へとS君も移り、一対一のきめ細かい保育はできにくくはなったが、保育年数の長い子どもたちが泥遊びや散歩などで元気よく遊ぶ姿に、S君も刺激をうけたが、まだまだ汚れをきらい、足や手に何かつくとさかんにはらい落としていた。

このころ、せっかくのびかかってきたS君が、少し積極性がなくなってきたので、家庭訪問をすると、両親が、絵や字のついたカルタなどを与えて「文字」をおしえはじめたことを知った。「健常の子どもでもまだ早いのにとんでもない。もっともっと元気に遊びまわるようになって、からだを丈夫にしっかりつくることが先だ」と話しても両親は、「障害児ゆえに行末が心配だからおしえる」という考えをなかなか捨ててくれない。そこで園長を囲んでの障害児の親の会で、その問題を特別に話題にしてもらった。

この両親の考え方はなかなか根強く、その後、四歳児クラス、五歳児クラスのはじめころになるまでも不安がったが、しだいにS君が育ってゆき、はじめて、私たちのことばを信用してくれるようになったのである。

このことは、普通の健常児の家庭でもいえることで、文字学習を早期にとあせる考えを幼児教育から追放してゆくことの大切さを、私たちは痛いほど感じさせられている。

三歳児クラスの冬、さくらんぼ保育園の庭に大きな山ができた。S君はまだまだ体力も弱かったし、冬になって寒くなると、手足の硬直もひどくなっていたが、S君はやがてこの山に何度も何度も這ってのぼり、おりるときはこわがったが、保母が向きあって両手をもってやって、階段を一歩ずつおろしてやり、この運動をくりかえして遊んでいるうち、四歳児クラスの時はもう一人でのぼりおりができ、S君は笑顔が多くなってきた。

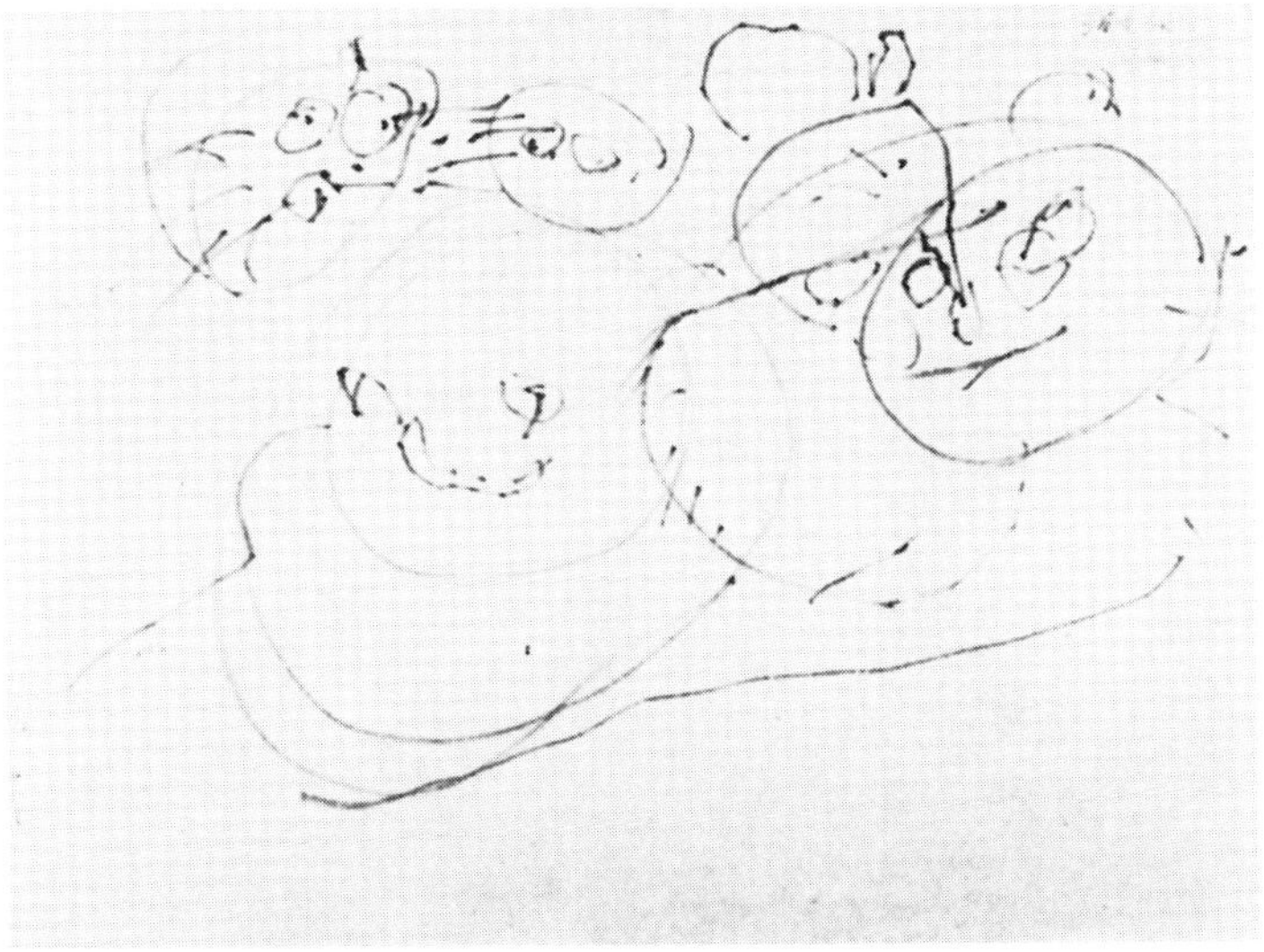

絵S—5（3歳3ヵ月） ねこのひげといってかく．だいだい色でたのしげにかいた．保育園の縁の下には誰がすてたのか，すて猫が何匹も住みついている．子どもたちの給食ののこりをまっている．

絵S—6（3歳5ヵ月） おかあさんをかく．急速な知的発達がみられる．もう健常児とかわらない．不明りょうながらも話すようになり，ひとりあるきをするようになったころの絵である．

絵S—7（4歳3ヵ月）「ぼく」「お母さん」「お父さん」などのことばが出て，山にのぼることができるようにもなり，友だちともかかわりあって遊ぶようになった．

健常児たちも大きなシャベルを使い、この山にトンネルを掘って、四方の階段を使って階段〃ヘビオニ〃という遊びを考え出してたのしんだ。

四歳児クラス

四歳児クラスでは、「おおかみと七匹の小山羊」や「三匹の子豚」など、紙芝居にある話を創作して集団で遊ぶのが面白くなり、S君もこのような紙芝居が大好きで、椅子からとび上がって手をたたいて喜び、劇遊びの中では「おおかみ、かえりな！」などといって、一緒に遊ぶようになった。

「Sもいく」「三匹の子豚がいい！」などとしっかり言うようになり、喜びも表現し、はっきりしなかった言語も、四歳のころはかなりしっかりと聞きとれるようになった。

衣服の着脱なども右手をそえて、左手で時間はかかるが、ねばり強くがんばり、できるようになった。このころ両親もやっと、矯正靴をむりにはかせようとはしなくなり、リズム運動も保母の介助をあまり必要としないで「お舟はギッチラコ」「ハイハイ」なども自力で前進ができるようになってきた。

絵Ｓ—8（５歳２ヵ月）友だちがいっぱいになったＳ君はこんなにしっかりとした線でかけるようになった．

絵Ｓ—9（６歳）年長になってあるいて通ってくるＳ君は今までとちがって細いサインペンでもこんなにかける手になった．

絵S—10（6歳1ヵ月） おはなしが感じられる絵である.

絵S—11（6歳8ヵ月）「ドリトル先生アフリカゆき」の話等をきく日々のころの絵である.

絵S—12（6歳9ヵ月）　3月,「荒馬」をつくるために馬場に馬をみにいってかえってから描いた.

年長になって

年長児クラスになると、毎朝「掃除・動物の飼育」などの当番があるが、S君も、先頭に立って長い竹ぼうきをしっかり使い、ぞうきんがけも右手でおさえ、左手でしぼって広いホールもふくようになった。家庭と園の往復も、もう矯正靴をはかずに歩くようになった。S君は、夏にはとうとうプールで水泳がすばらしくできるようになった。最初は不安な顔で保母にしがみつき、「こわい」「こわい」と涙ぐんでいたが、他の子どもたちがつぎつぎと泳げるようになり、「ほら、みてぇ！みてぇ！　もぐってカメさんもできるよ！」「宙がえりもみて！」という他の子どもの高まりの中で、とうとうみんなのはげましをうけて泳げるようになった。

それからのS君は、第二さくら保育園の大きいプールに行く時は、とぶような足どりで向かい、お母さんもスイスイと泳いでいるS君の姿をみて、「信じられない」とおどろくほどになった。

S君は、水泳ができるようになって自信が高まり、秋の運動会では、はずむようにリズム運動に参加し、スピードも増してきて私たちも目を見張るようになった。

今では、園を休むこともほとんどなくなり、毎日の登園の姿を見ると、前のような不自然な歩き方はまったくなくなり、心もち足が不自由であることを感じさせるくらいにまで、さっさと歩いてくる。

就学のための健康診断、入学相談も終わり、S君は普通学校に入学できた。

いつも私たちと一緒に学習しあっている、北埼玉保育問題研究会の仲間の保母が、第二子を出産した。Rちゃんという女の子である。

障害の早期発見

わが子を観察し、どうも動きが少ない、乳をのむ力が弱い、足裏の外縁をくすぐると、足指をひらくバビンスキー反射も、身体を下に落とそうとすると、サッと手をつこうとする反射運動（パラシュート反射という人もいる）も、上向きにねかせて枕を強くたたくと、両腕をひろげてだきつこうとするモロー反射もほとんどみえず、からだが固く、把握反射も弱いのに疑問をもち、普通の小児科医からは異常なしといわれても、熱心に神経科医の診察をもとめたところ、脳性マヒのうたがいを宣告された。

ボイタ法で訓練

その時はまだ三ヵ月くらいであったが、すぐボイタ法の訓練法を習得し、熱心に日に四回実施すると同時に、なるべく腹這いの姿勢で手をつかせるようにし、この際、砂利石の上だと刺激がつよいのか手指をひらくので、雨の日も土間に小砂利をしいて、その上で這わせ、手指をひらかせるようにし、散歩につれ出しても、すきな花を手に持たせるようにしたり、ボールをころがしてとるように指示し、何とか手指をひらかせる努力をした。

その後、専門病院（日大）でCTスキャナーによる脳の断面図を何枚もとって検査をしてもらったが、やはり、左半球（言語中枢のあるところ）が、小さくなっているのがわかり、このままでは歩行の確立はむずかしく、言語も、出てもたいへんおそい、といわれたが、めげずに訓練の努力を重ねたところ、しだいに成果があらわれ、初期はちょっとからだをゆさぶってもこわばってきて、きらったり、少しの物音にもビクッとしたり、眠りが浅い、等、心配のようすが多く観察されていたが、やがて順調に寝返りをしはいはいもし、九ヵ月でさくらんぼ保育園に入所した。その後の発達はめざましく、現在、二歳近くなったがまったく健常児とかわらないように散歩にゆき、リズム運動もし、言語も発達してきている。これなど、本当に母親の学習が生きた例である。また祖母をはじめ、家族の協力がすばらしく、悲劇をくいとめてくれた。

この他、現在六歳のK子ちゃんを含めて脳性マヒ児はまだ三例にすぎないが、ここで私たちが学ぶことは、S君の母親が高年齢出産であり、あれほどの難産であったならもっと病院側が、S君のその後の神経系の発達の検査などくりかえしおこなって、脳性マヒの診断を早めにしてくれたなら、そしてボイタ法など正しい訓練法を積極的にとり入れてくれる医師などふえていたら、S君もK子ちゃんもおそらく、Rちゃんのように、完全に脳性マヒを克服できたと思われることである。

またボイタ法だけにたよるのでなく、その子どもの生きる力を育ててゆくためには、ただ危険を防止するヘルメットや、その子の力をカバーする矯正靴の使用ではなくて、さくらんぼ保育園の、外気浴、自然食の栄養を考えた給食、散歩、山のぼり、水泳、リズム遊び等、からだを思いっきり動かす運動を重視した保育、文字学習にあせる親の考えをかえる努力を懸命にした保母集団、こうした中で育った健常児のたくましさ、やさしい集団の力があってこそ、早期発見、早期治療におくれたS君もこのように育ってきたし、またRちゃんも順調に育ってきていることと考える。

今、高年齢出産でなくても、ダウン氏症候群の子どもや、水頭症、脳性マヒ、その他染色体異常と診断された子どもたちが相ついで園児の家庭の中に生まれ、今では零歳からの障害児の保育にとりくまざるをえない状態に私たちは

絵S―13（小学校1年生） お父さんはS君が普通学級にはいってもちゃんとついて学習できるのがうれしく，1年生になって描いた絵をもってきてみせてくれた.「ねこ」を描いた.（カラー口絵参照）

ある。

母親たちも食品公害や過重労働その他でからだがむしばまれてきているし、私たちの身のまわりには遺伝子の突然変異をおこしかねない危険な化学物質がいっぱいの世の中になってしまった。

この問題の解決にとりくまないならば、こうした不幸な子どもたちはふえる一方であろうし、私たちの保育の苦労もふえるばかりである。

S君は少し足をひくが元気に小学校に通い、意欲的に勉学にはげんでいる。

担任の先生はS君をはげまし、S君は小学校に入学してからものびつづけてくれていることは本当にうれしい。

二年生になったS君は硬筆コンクールでクラスの代表者にえらばれたという。

（斎藤公子・草薙恵美子）

第一〇章　進行性筋ジストロフィーのK君の発達

「進行性筋ジストロフィー」のK君が入園してきたのは、「ダウン症」のKちゃん、「自閉症」のHちゃんと一緒の四歳児クラスだった。

三名の障害児の受け入れ

当時三歳児はそれまでは深谷市内の西島にあるさくら保育園ですごしてきた。環境のよかったさくら保育園も環境悪化の波がおしよせ、保育園のとなりに大きな道路（幅約一〇m）が作られることになった。工事がはじまり交通も激しくなって散歩に行くにも危険が伴うため、年長児、四歳児をさくらんぼ保育園につれて行って保育をしていた。入園希望者が多く、さくらんぼ保育園も飽和状態になり、父母、職員、地域の人たちの根強い運動により、さくらんぼ保育園のすぐ近くに北欧風の第二さくら保育園が建設され、五三年四月開園になった。

四六名の中に三名の障害児が入園した。四名の保母（清水豊子・伊藤加代子・森末寿子・雨宮みち子）は障害児保育の経験はなかった。またこのクラスは三歳児クラスのとき、自己主張が強く、よくあそべる子どもたちであったが、それだけに未経験の保母は手こずったようで、担任の保母が休みで、応援にきてくれた保母が力がないときは、手こずらせたクラスである。

このように元気いっぱいの子どもたちであったが、環境のちがう第二さくら保育園まで約一五分、バスで子どもたちをつれてくるという精神的負担を考えたり、一クラスに三名の障害児が一緒にはいることを考えたり、とても不安だった。しかし、私たちをたよってきた父母のことを考え、また健常児とのかかわりの中で障害児、健常児ともに育つことを考え、保育を引き受けることにした。

K君の出産時の状況

妊娠前および妊娠中の状況について。

妊婦の仕事の内容（事務。仕事は妊娠六ヵ月までつづけた)。

妊娠前の健康状態（貧血ぎみで、増血剤をのんでいた。また綜合ビタミン剤を五ヵ月—生まれるまでのんでいた。つわりはなく、何でもたべられた、血圧一〇〇—六〇と低めだった)。

出産時の状況（分娩の状況—吸引分娩。陣痛時間—一四時間。陣痛は強かった。在胎期間—満期出産（同日出産))。出産時の状況（体重—三〇五〇g。生まれてすぐ産声をあげた。手—ひらいていた。初乳—のませた。哺乳の力—あとで思いおこしてみると弟より弱かったということである)。

筋ジストロフィーということは、一歳までわからなかった。近くにK君より一〇日あとから生まれた子がいて、ハイハイは普通だったが、つかまり立ちがおそく、このころよりどうも変だと思いはじめたということである。一歳半まで、ハイハイをし、その後歩きはじめたが、普通の子はよろこんで歩くのだが、K君はこわいといって泣くので変に思ったということである。

二歳になり、歩き方が何となく腰がふらつくようであり、かけ足をしない。二歳半のころ、ふくらはぎがぷくっとしていて固かった、そのため二歳七ヵ月の時、自宅の近くの小児病院に行ったところ、専門の小児病院を紹介してくれた。病院で検査をしてくれ埼玉県のある国立病院を紹介され、尿、血液を検査して筋ジストロフィーと診断された。

以上がお母さんの話である。入園まえは、祖父母、父母、弟、K君の六人家族で、筋ジストロフィーという難病ということで、過保護の毎日だったようだ。

保育園に入園させたのは、祖母の職場でさくらんぼ保育園を知っていた人がいたからである。K君を集団の中に入れ、楽しい思い出をたくさん作ってやりたいという切なる周囲の願いからK君の入園が実現したのだった。

四歳六ヵ月で入園

K君はニコニコと笑顔でクラスにすぐとけこんだ。顔は青白く、体は小さく、弱々しかった。家の人が、かわいそうがってK君のできることでもやってあげてしまい、手足を自由に使わせなかった。パンツのあげおろしや、シャツの着脱も思うようにできなかった。マジックもしっかりもてない。

まずK君の手足が自由に使えるようにお母さんと話し合い、できるかぎり自分のことは自分でさせてほしいとたのんだ。母親に甘えてしまうこともあったが、保育園では、自分で少しずつやるようになった。

入園当初、私たちは、筋ジストロフィーという病名に、どんなことをしてよいかわからない毎日だった。虚弱な体でちょっと風が吹くと寒いといって泣く。毎日の散歩も、少し歩くと足が痛いという。さわってみるとなるほど足のふくらはぎの筋肉がこちこちである。さすってやったり、なでてやるとやわらかくなり、また歩き出す。無理をさせてはいけないと途中で保母が交替でおんぶしたりした。

さくら・さくらんぼのリズムをすることにより、病気の進行を何とかくいとめられないものかと話し合った。はじめのころは、足が痛いといってリズムをやりたがらない。保母も、本当に足が痛いのだろうと、座らせてみんなのリズムを見せておいた。

リズムができたK君

九月（入園五ヵ月）のある公開保育の日、そんなK君をみて、斎藤園長が、「Kちゃん、どうしてリズムをやらないの？」とたずねた。保母は、「Kちゃん、足が痛いからだめなんです」とこたえた。斎藤園長は「本当にKちゃん足が痛いの？　Kちゃん、がんばってやってみようね」といってやさしく手を引いて一緒にリズムをしてくれた。

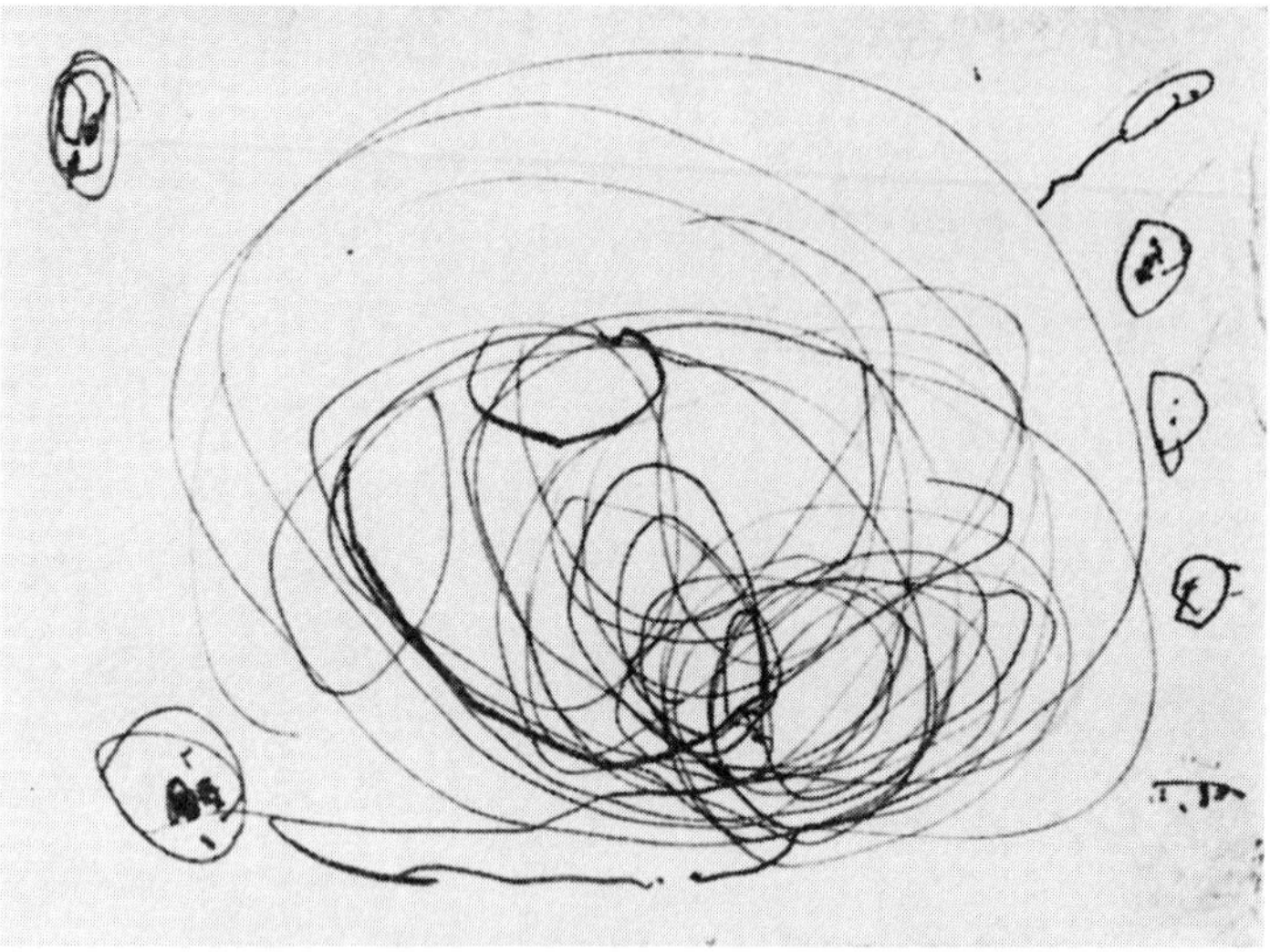

絵K—1（4歳8ヵ月） 入園当初の絵．昆虫に興味があり，カマキリやもんしろちょうをかいた．

足が痛いといってやらなかったKちゃんがリズムをするのをみて、目をみはる思いだった。斎藤園長の、やさしさがあふれているが毅然とした態度が、K君にリズムをやらせたのだと深く反省した。それ以来K君は毎日リズムをするようになり、足もあまり痛がらなくなり、散歩もよろこんで行くようになった。歩き方もだんだん速くなり、ギクシャクがとれてきた。散歩も第二さくらの周辺にかぎられていたのが少しずつ遠くへ行けるようになった。

また、手の力も弱く、給食を自分のたべる分だけ自分でよそってたべるのだが、なかなかうまくよそれない。シャモジはにぎりばしのもち方で、皿を片手でもってたべるのがやっとだった。少しもってたべたかと思うとすぐに疲れてしまい、皿を机の上においてしまう。動作ものろのろという感じだ。そしゃく力も弱く、なかなかのみこめない。たべる量もほんの少しだった。絵をかいても線がよわよわしく形にならなかった（絵K—1）。

担任の保母一人が頸肩腕症候群になり休職したので、K君のお母さんにしばらく手伝いに入ってもらった。この間、

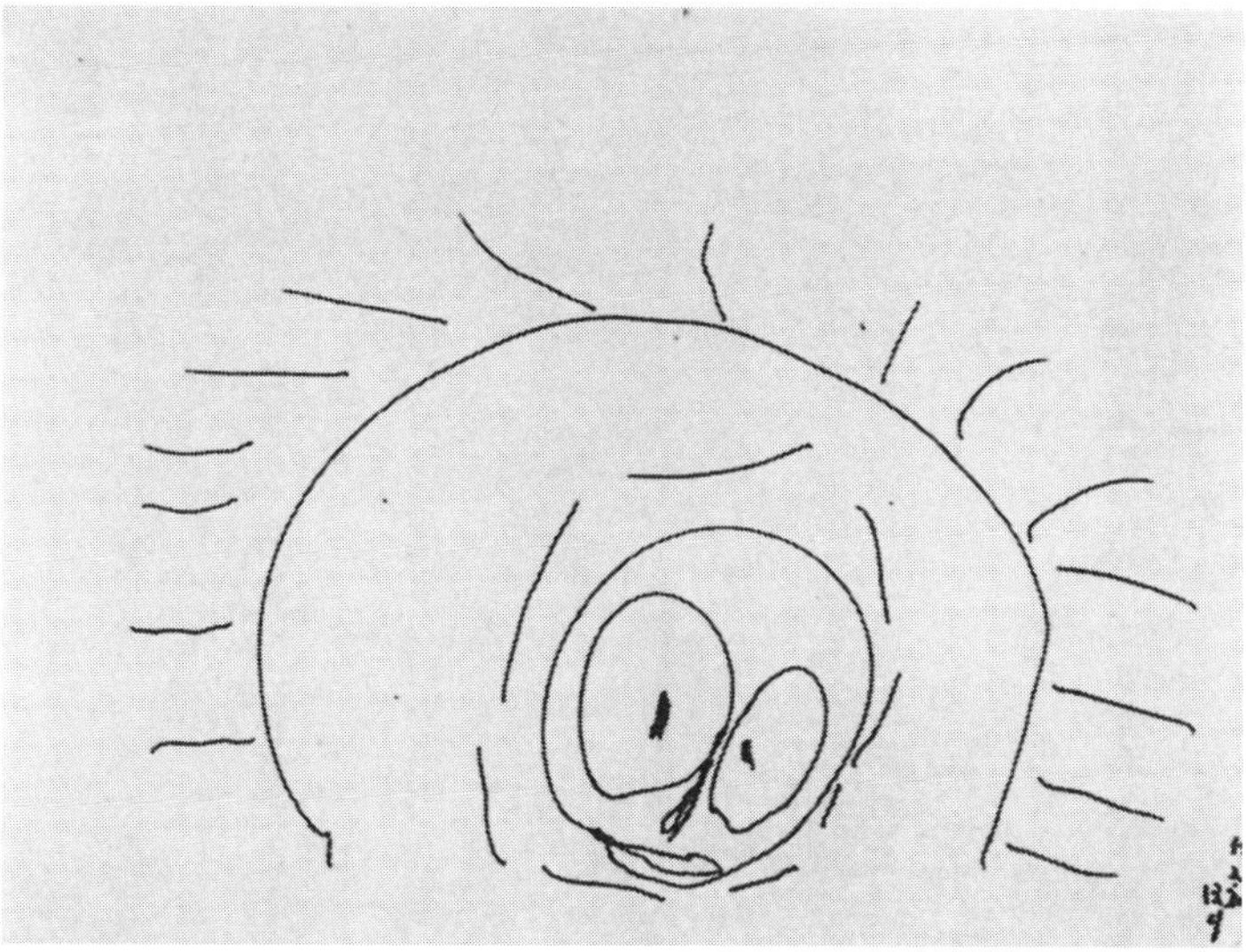

絵K—2（5歳5ヵ月）　黒色で人間の顔をかいたが，手足はまだ出ない．

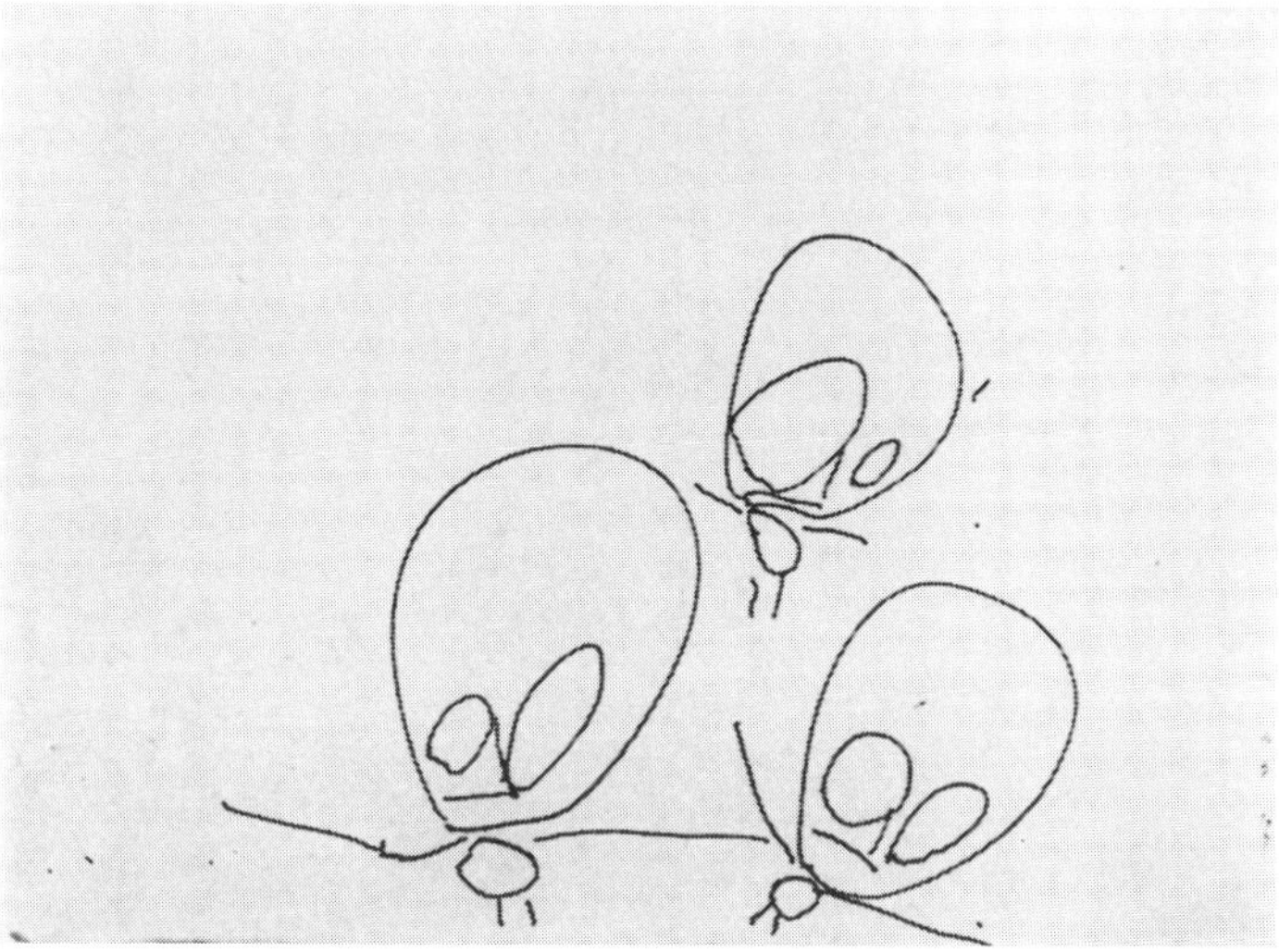

絵K—3（5歳6ヵ月）　前の絵からほんのわずかの間に，弱々しいが手足が出てきて，友だちも出るようになった．

母親は職員会議に参加したり、勉強会に参加し、学習をつみ、自らも強くなった。

運動会で走る

リズムをやり、散歩もかなり遠くまで行けるようになったK君は、意欲的になり、運動会（一〇月）には一周八〇mはあるさくらんぼ保育園の園庭を走りとおした。

産休あけからきていたまきちゃん、あゆみちゃんたちは、K君のめんどうをよくみてくれ、リズムや食事の時など椅子をはこんであげたりしてしまい、「K君に力をつけてあげるんだから、K君にやらせてね」というのがたいへんなくらいであった。K君が困っているとやさしく手を引いてあげたり、本当にやさしい子どもたちだった。

手足に力のついたK君は絵にもしだいに変化があらわれてきた。

グループの一員として

年長になってからは、保育園全体の責任をもとうということで、広いホールの掃除、動物当番（ニワトリ・アヒル・ヤギ等）、庭の掃除等、K君もグループの他の仲間と一緒にやった。

そんななかで他の子どもたちもK君を特別扱いしないで、やれることはグループの一員としてやらせた。ぞうきんしぼりはなかなかうまくできず、びちゃびちゃですべってしまうが、最後までやる意欲がでてきた（絵K―4）。

遊びのなかでは、ドッジボール、へびおに、かんけり等をやり、体力的にもずいぶん力がついてきた（絵K―5）。

一〇月におこなわれた運動会には元気に参加し、一人一人のリズム、スキップ、ギャロップ、ポルカ、カモシカ、チョウ、側転、を全部自分でやりきった。私たちはK君が筋ジストロフィーだということを忘れるほどだった。

運動会後一〇月二五日の給食研究日（毎月二五日は給食研究日で子どもたちはこの日だけ弁当をもってくる）には小遠足で片道四kmはある仙元山まで歩きとおした（絵K―6、7）。

定期的に病院へ行って診断してもらっている母親の言によれば、「今がいちばんよい時期だ」ということだった。

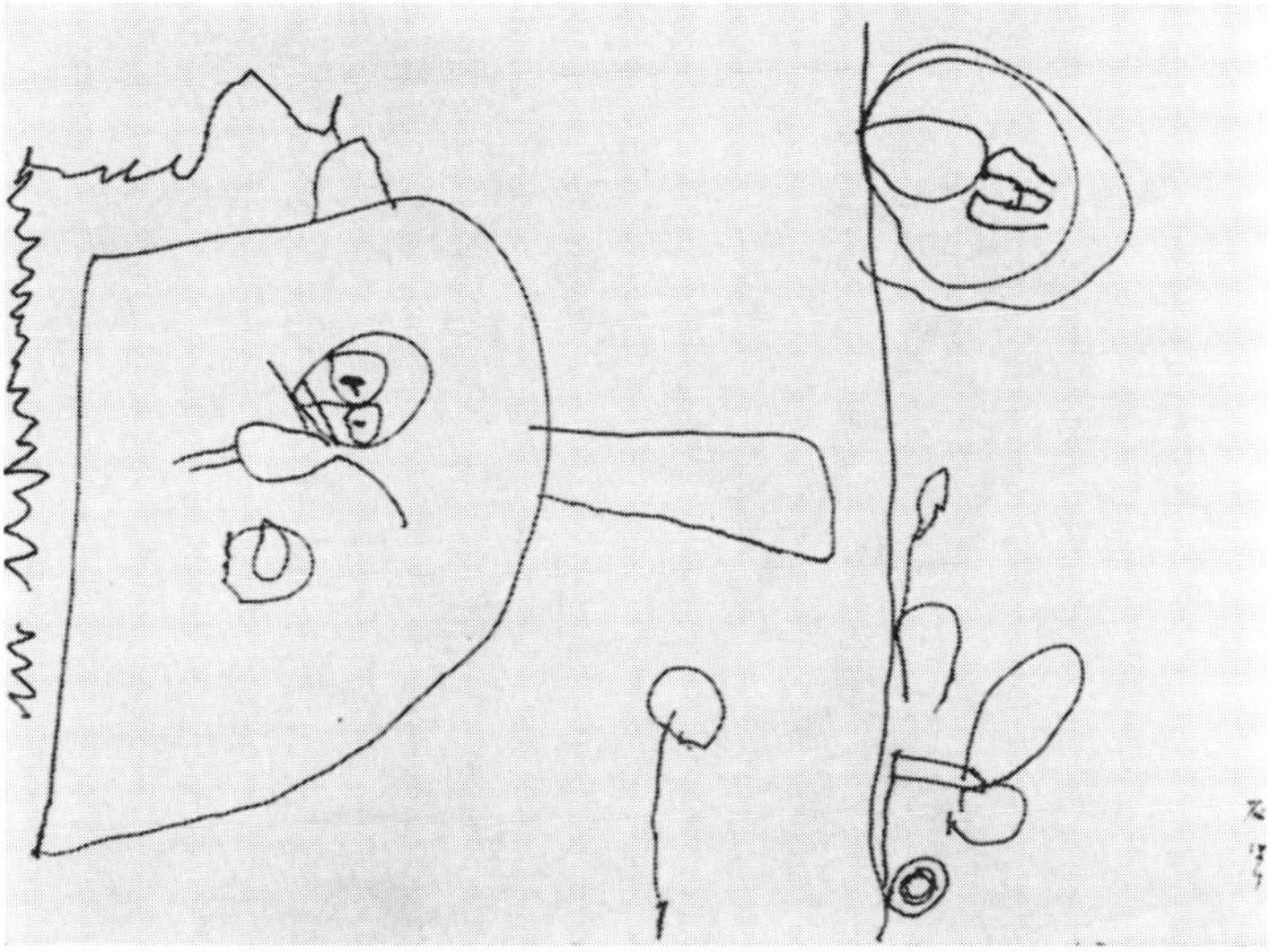

絵K—4（5歳8ヵ月）　入園2年目．年長になって，ホールの掃除や動物当番などをやる中で手足に力がついてきた．絵もすこしずつ豊かになり，家で遊んでいるところをかいたものである．

絵K—5（5歳11ヵ月）　保育園で自分たちの手で七夕かざりを作った．日常の生活に関係ある絵をかきはじめた．

絵K—6（6歳3ヵ月） 4kmはある近くの山に散歩に行き，歩きとおしたよろこびが絵に出たようだ.

絵K—7（6歳3ヵ月） 保育と山あるき，たくさんの小鳥，保育園の周辺のことが描かれている.

さくらんぼ会に参加

毎月のように開かれていたさくらんぼ会（障害児親の会）でのこと。K君の母親は、他に参加していた母親が自分の子どもたちの発達をにこやかに発表したのに対し、「毎月定期的に診断に病院に行っているが医師から『だんだん筋肉が硬直して二〇歳くらいまでの生命です』といわれた」といって涙した。その時、埼玉大学の清水寛先生（さくらんぼ会の顧問）は、「お母さん、現代の医学・科学の発達をみてごらんなさい。K君は、今六歳でしょう。二〇歳まであと何年ありますか、一四年もあるでしょう。これから先どんなふうに医学が発達するかわかりません。もっと気持を大きく持ってください。母親がめそめそしていてはいけません。どうかがんばってください」とはげましてくださった。お母さんもきっと思いは同じだったろうと思うが、私たちもハッとさせられるものがあった。それまで沈みがちだった彼女はみんなのはげましによって、学習したり、自らも努力し、とても明るくなり、現在ではさくらんぼの父母の会の役員を引き受け、いろいろな会議に出席したり、保育をよくしようとがんばっている。

五歳児の後半のK君

子どもたちにゆたかな経験をさせ、本物をみせようと馬場を見学に行ったり、お正月にはコマまわし、竹馬をやり、カルタを作ったりしている。またプーシキン、グリム、アンデルセン、朝鮮の民話などの短編童話を斎藤園長によんでもらっている。そういうなかでK君にもゆたかな絵ができた。

一月頃より、長編もののイタリーの児童文学「チポリーノの冒険」を毎日第二さくらの二階の保母室で五歳児全員が園長によんでもらった。最後にこの話の絵をみんなで描いた。

入園当初のよわよわしい線でかいたK君の絵から発展して、私たちの目をみはるほどの絵をかいた。

青白く、体も小さく、ひよわで入ってきたK君が卒園式で元気よく斎藤園長から卒園証書を高らかに受け取った時には拍手がなりやまなかった。

絵K—8（6歳5ヵ月） 穴ほりも力強くできるようになり，地面の中の絵も出てきた．斎藤園長はもう学校に行けるようになったねという．

絵K—9（6歳6ヵ月） 小鳥がたくさんとんだり，魚つりをしたり楽しい絵である．

絵K—10（6歳6ヵ月）　アンデルセン作「沼の王の娘のはなし」の絵である（水彩）.

絵K—11（6歳6ヵ月）　馬場を見学に行きラシャ紙にかいた絵である（水彩）.

絵K—12（6歳6ヵ月） 長編小説「チポリーノの冒険」をきいて，さくらんぼ城をかいた．空のくもがすばらしい（水彩）．（カラー口絵参照）

K君小学校へ

K君は、現在小学校二年生である。保育園の時とちがって運動も少なくなった。一年生の運動会にはみんなと参加し、元気よく走り、母親は涙を流してよろこんだが、一年生の後半から病状がやや悪化し、ときどき痛いといって泣いてかえったことがあったそうだ。二年生になってからは家から五〇〇ｍは車でおくり、五〇〇ｍは通学班の子と一緒に学校に行き、帰りは母親が車でむかえに行っているという。

やはり学校生活では運動が足りないことから病状の悪化をまねいているのではないかと、日曜日になると祖父や母親が、K君をさくらんぼ保育園につれてきて、マラソンをしたりして意欲的に体づくりにとりくんでいる。医学の発達とあいまってK君の病の一日も早くいえることを祈る私たちである。

（雨宮　みち子）

第一一章　ダウン症児Kちゃんの発達

入園当初のKちゃん

四歳二ヵ月で入園する。自分のクラスにはまだ関心を示さず、他のクラスの障害を持った子、特に五歳児のところにじっと座っていたり、水道のところで水を出してあそんでいた。手足の筋肉は弾力性がなく、力もない。足はX型でベタベタと歩き、手はだらりと下げ、手をふり、背中を丸め、歩行も遅かった。パンツやシャツをぬいだり、着たりはできなかった。

言語はほとんどなかったが（パパ、ママぐらい）、保母のいうことは理解できた。食欲はあり、庭で遊んでいて部屋にくるのをどんなにいやがっても「ごはんよ」といえばテーブルのところにきた。はしをもつのもたいへんで、いつのまにか手づかみでたべている状態だった。そしゃく力は弱く、すぐにのみこんでしまった。しかし偏食はなく最後まできれいにたべた。

歩くことをいやがり、散歩につれ出すのも一苦労だった。散歩のときは、座りこんで歩かない。保母二人が両手をひいてつれ出した。Kちゃんは、第二さくら保育園をふり返っては本当に悲しそうに泣いた。途中、道ばたに春の花が咲いていても関心を示さず、保母が春ジオンの花をとってあげてもすぐポイとすててしまった。

リズムも毎日やったが、Kちゃんは椅子に座ったきり動こうとしなかった。大たい骨がまだ0歳児のように胴から横に出ていて、直立歩行をする人間の体にまだなっていなかったのである。したがって、座っても赤ちゃんのときの

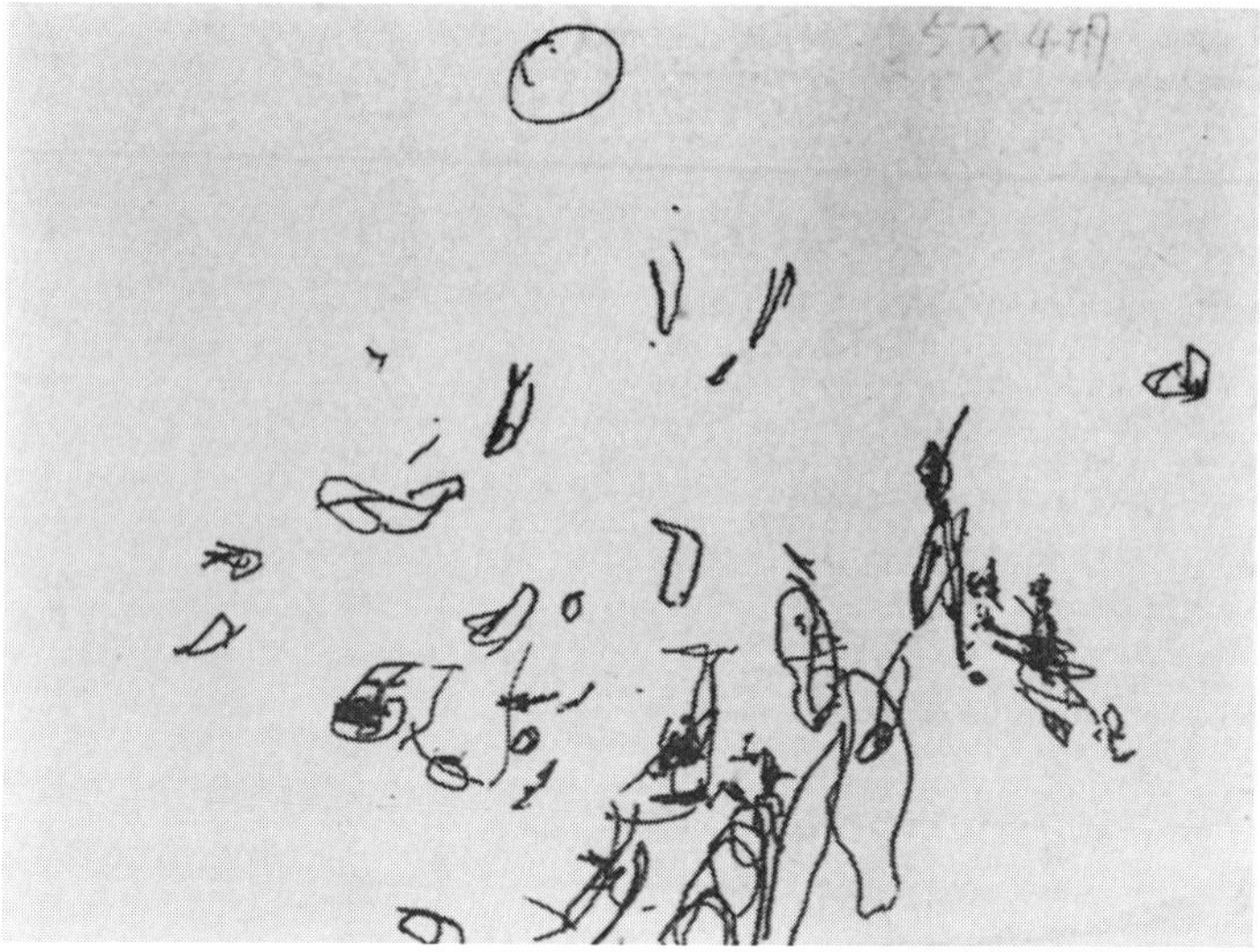

絵K—1（5歳4ヵ月） 入園2年目，しっかり歩けるようになったころの絵，まだ形はあらわれていない．

ように脚をひし形に曲げて足裏が両方ついてしまった。

入園二ヵ月めのころから少しずつリズムをやるようになった。「トンボのめがね」ができるようになった。散歩もいやがらなくなり、

散歩が楽しくなる

散歩に行こうといえば自分の靴をさがして持ってくるようになった。しかしまだ長あるきはむりで、すぐに疲れ、道路に座りこんでしまう。そんなKちゃんを歩かせるには、「トンボのめがね」の前奏が効果的だった。それをうたい出すと、すぐにリズムをやり出した。他の子どもたちもKちゃんが座りこんでしまうと、すかさず前奏を口ずさんでくれた。何回もくりかえしながらみんなのところにおいついた。

ヨーイドンが好きでかけ足ができるようになったのもこのころのことだ（三〇ｍくらい走れた）。

保育園の近くに牛を見に行ったときのことである。「モー」といった。それ以来ネコをみても、「モー」、犬をみても「モー」というのがしばらく続いた。

まだまだ足の力は弱く、あたたかい日には保育園の近く

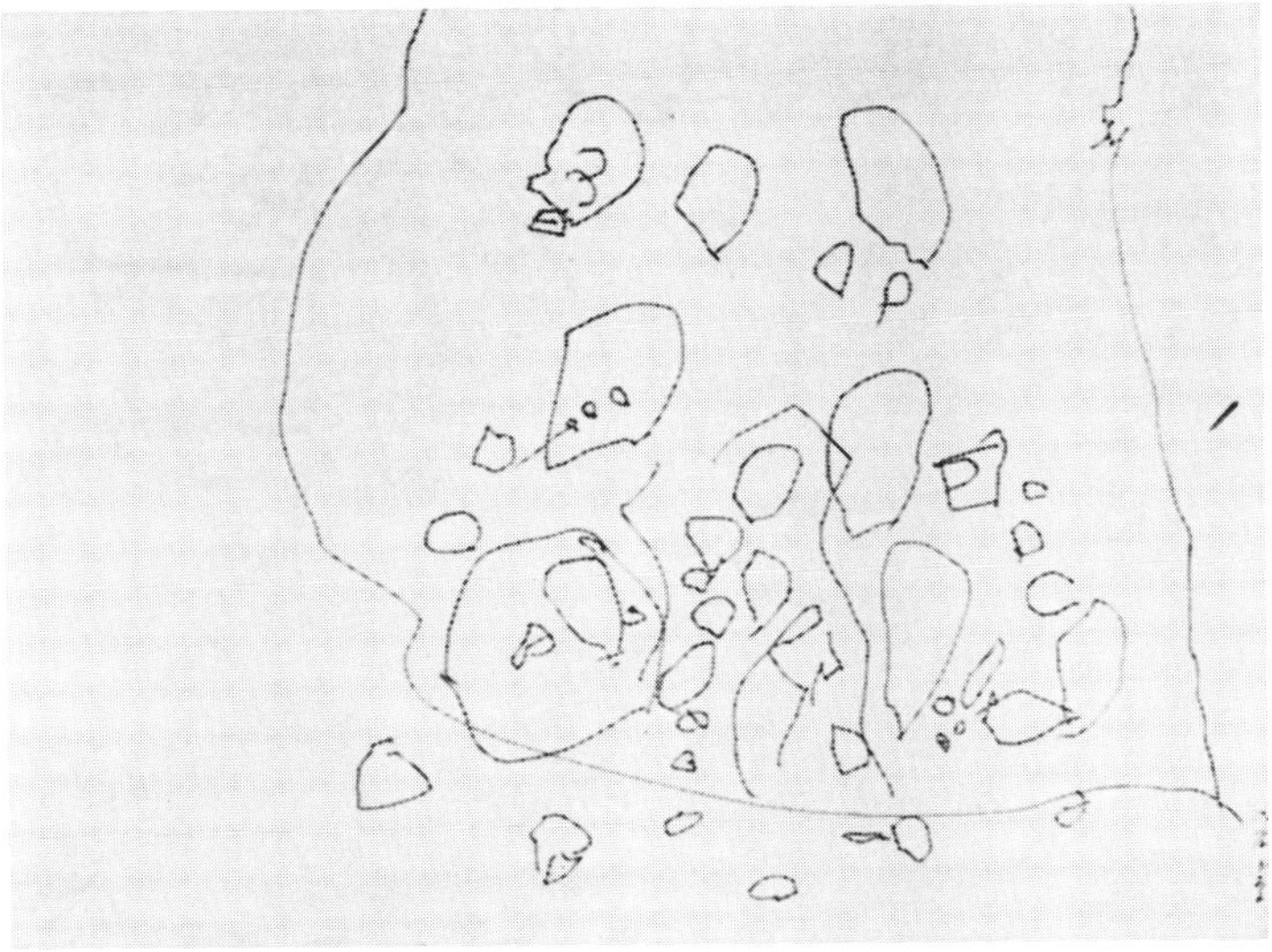

絵K—2（5歳4ヵ月）　運動会後体力もついてきた．散歩もかなり遠くまで歩けるようになった．少しずつ形があらわれている．

の川へエビガニとりに行くことが多かった。水の中は大好きで、みんなと一緒にはいった。Kちゃんはすぐに靴がぬげてしまった（川の中にはガラスのかけらなどがあり、はだしにはさせられなかった）。

気がついてみるとはいていない。あわててさがすが、どこにも見あたらない。Kちゃんの靴がないというと子どもたちもさがしてくれたが見つからない。結局保育園に帰る時はハダシで帰ってきた。

川下に流されていって近所の人がひろってくれ、桑の木などにわかるように靴をかけておいてくれたこともあった。また散歩の途中子どもたちが見つけ持ってきてくれた。こんなことが何回かあったが、その後、水の中でも靴がぬげなくなった。しっかりはいていられるようになったのである。

入園半年後、はじめて一歳児の大たい骨のようになって足がまっすぐのびるようになり、ようやくニコニコしてリズム遊びもするようになった。このころから歩くのもあまりいやがらなくなった。

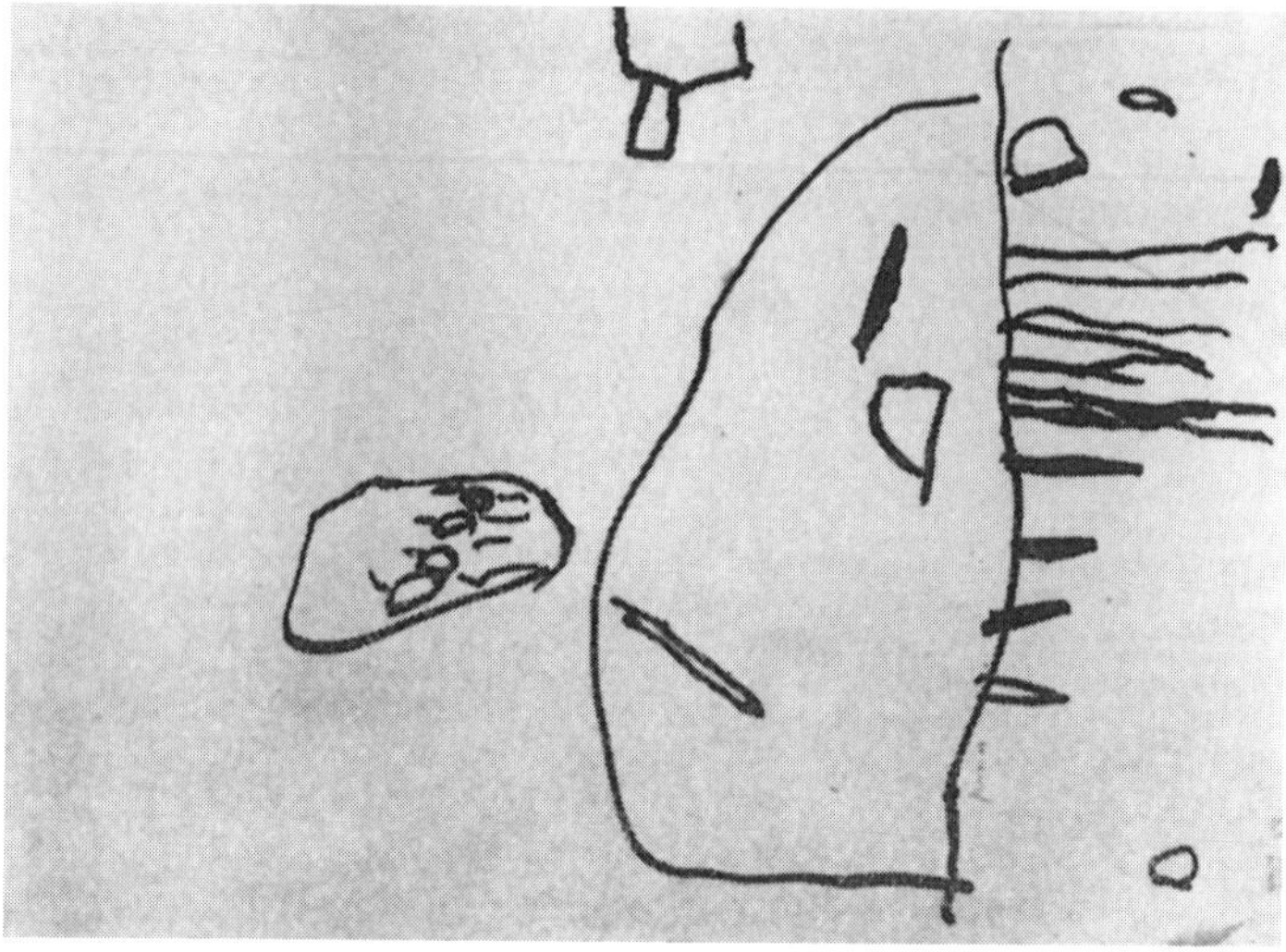

絵K—3（5歳11ヵ月） しきりに口をもぐもぐさせながらかいた. お父さんの絵.

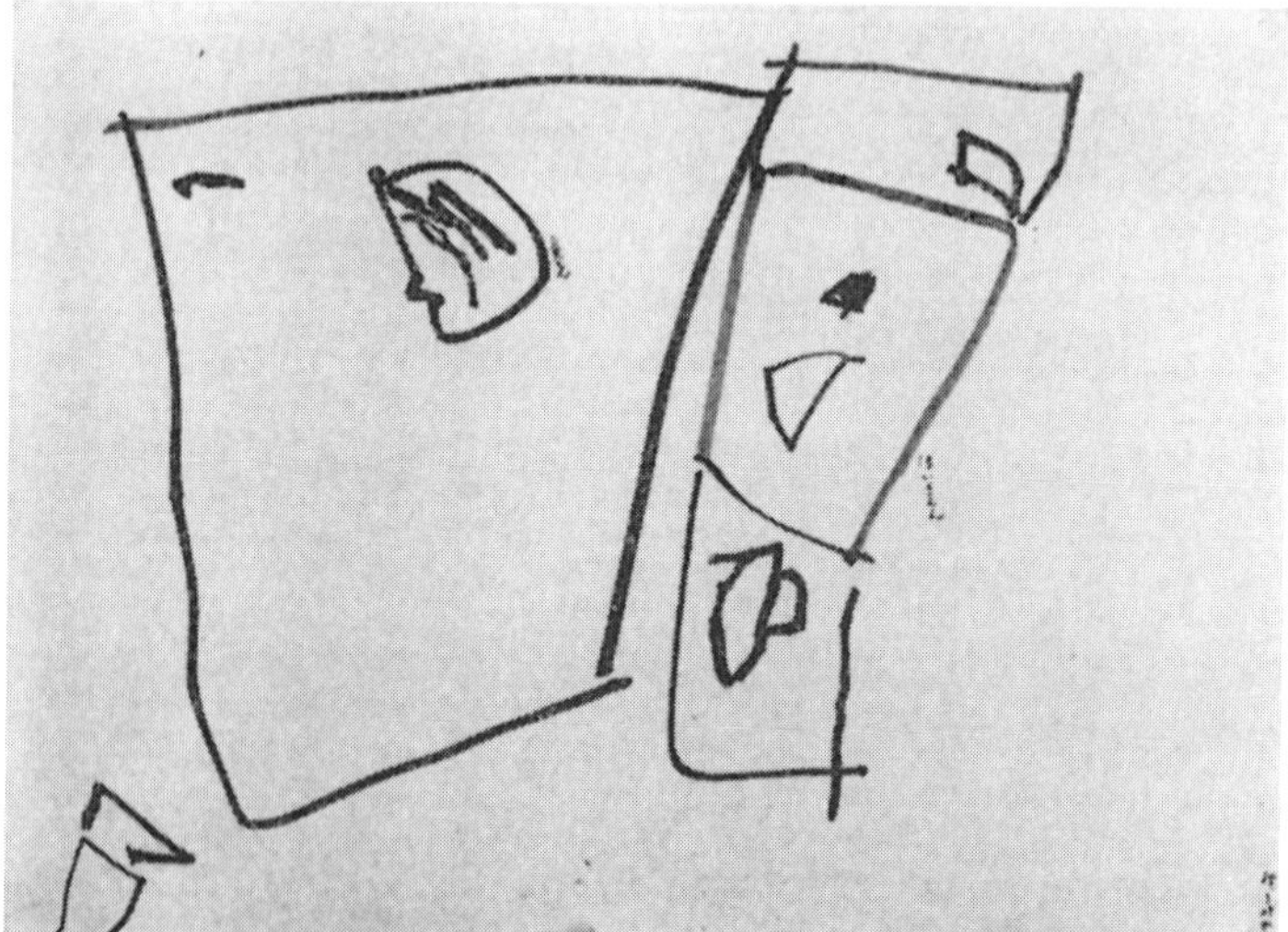

絵K—4（6歳1ヵ月） 2語文から3語文が少し出はじめ，左上がお父さん，右の方が保育園. 卒園式の前の日の絵.

入園二年目から急速に発達

入園二年目にしっかり歩けるようになったKちゃんだが、まだあまり遠くへの散歩は疲れるのでさけた（このころ描いた絵が絵K―1である)。

年長の年の運動会以後非常に体力がついてきた。第二さくら保育園から四kmはある仙元山公園まで歩きとおした。春には途中まで歩いてみたものの途中でひきかえしたことを思うと、なんと発達したことだろう。

このころより、言葉の発達も目ざましいものがあり、友だちの名前も少しずついえるようになった。「おいのひし」（おぎのひろし)、「ササキ」などがいえるようになった。一二月になってそれまで「おばあさん」といわれてきた私は、「あめみや」といってもらえるようになった。

絵にも変化があらわれ、かきながら「パパ」「ママ」「ササキ」など意味づけられるようになった。絵K―2、K―3、K―4はその成長過程を示すものである。

くわしいことは、Kちゃんの父親の手記（第一二章）があるので参考にしていただきたい。

（雨宮　みち子）

第一二章　「ダウン症」の子の親として——第二さくらの一二年間

学校を職場として一六年、自分の卒業式を含めて、二〇余回の卒業式を体験してきたが、三月三〇日の卒業式は別格であった。Kはその日、第二さくら保育園を卒園した。別れにあたって、いつものように、保母さんや、仲間たちと「さよなら　あんころもち　またきなこ」と歌いながら、握手をしてまわっていた。彼女が再び通う機会がないということも知らずに。私はこの長いようで短かった二年間をふりかえり、瞼を熱くしてながめていた。

入園まで

結婚四年目、最初の子どもを流産したあとにKが生まれた。埼玉県一の健康優良児にちなんで名づけられ、周囲から祝福されて育てられた。しかし「知らない幸福」は一年限りであった。発育が遅いという声もあったが、育児書の標準通りに育つわけではないと一笑にふしていた。かかりつけの医者のすすめで県立小児保健センターの診断をうけたのが、一九七五年一月八日であった。診断結果をきいたのは誕生日（二月一一日）すぎ、電話では話せない、直接つれてきてほしいということだった。夫婦でつれていった診察室で「ダウン症」という診断結果をつげられた。先天性染色体異常、治療は不可能、精神薄弱で病気への抵抗力も弱く、成人に達するものは少ない。「だいじに育てて下さい。心臓に奇型がある場合がありますから、一年に一度は診断につれてきてください。心を広く持って下さい」とはげまされて、小児保健センターを後にしたが、まさに天国から地獄への転落であった。「どうして私たちの子が！」　私たちは悲しみにくれた。親や兄弟がはげましにきてくれたが、それから一年くらいは、とくに妻はふさぎこみがちであった。とも働きであったので、あずけていた姉はそれが誘因となって入院することにもなった。死の誘惑にかられたこともなかったわけではない。新聞にでる、育児ノイローゼによる心中や、障害児を殺した親の話は他人事ではなかった。こんななかで、私をはげましてくれたのは、『ぼくずやない、人間や』という本であった。与謝の海養護学校の名は教育雑誌でみたような気がした。この本は本田英郎氏による与謝の海養護学校のルポルタージュであった。障害児も人間としての成長を保障するために真剣な努力が進められている様子を読み、感動させられた。悲しみの中にも、一年はまたたく間にすぎた。この間にいくつかの変化がみられた。一歳七ヵ月で立ちあがり、一歳九ヵ月で歩きはじめた。これはちょうど大相撲の秋場所、一一月場所中のことであった。相撲ずきの祖父のところにあずかってもらっていたが、テレビを見ながら「ヨイショ」のかけ声とともに立ち上がり、一歩一歩の歩みが始まった。そしてKは高笑いをした。失われていた笑声が私たちにももどってきた。健常児にくらべれば遅いが、少しずつの進歩、発達が見られ、いずれ、おしめもとれるし、言葉もでてくるだろうと思えるようになった。

三歳のとき、小児保健センターの診断をうけ、心臓に異常はないことがわかった。医師は「できるだけ早く、子どもの集団に入れたほうがよいですよ」とすすめてくれた。しかし私たちはその気になれなかった。他人に知られるのが恐かったのである。「あの子は精薄だ」といわれるのが一番気になったことだった。しかし私たちがかくそうとしても、口にこそださないが、多くの人は知っていた。三歳にもなるのに、おしめをしている、毎日の洗濯物は如実にそれを示していたのである。三度目の夏、おしめをとるべく、日中パンツだけですごさせた。頃合いを見はからって、トイレにつれていってもしない。がまんしつづけたのである。ついに風呂場でおしりをたたいて、泣きながら小便をするようになった。泣き小便でも一歩前進であった。この秋、おしめから解放された。この経験は健常児の倍の年月をかければ一定程度の発達が可能だということを教えてくれた。そしてその頃から「ママ」と「マンマ」とがいっしょになったような単語がでるようになった。この言葉がはっきりしてくれば、さらには話しができるようにと、親の願いは、どんな子をもっても同じだと思う。一九七八年三月、私は秩父高校から深谷高校へ転勤することになった。深谷には斎藤公子さんの保育園があるということを思い出し、「子鳩よはばたけ」を本棚の奥からひっぱりだして読んだのはその頃であった。そして、さくら・さくらんぼ保育園では障害児保育をやっていることを知った。

「Kをさくら保育園に入れてみよう」と妻に話すと、いつもはKの変化に消極的な反応しか示さなかった妻も、のり気になった。近所でないから世間の目を気にしなくてもすむという気分があったのは否定できないが。

くわの実保育園の小河先生にこの話をすると、すぐ斎藤先生に電話してくれた。斎藤先生は、「両親で子どもをつれて、公開保育にきてみなさい」といってくれた。さくらんぼ保育園の公開保育を訪ねたのは七八年三月一七日のことだった。赤城おろしのきびしい日、子どもたちは竹馬の練習をしていた。

公開保育を見学

公開保育のリズム運動が始まり、子どもや見学の人々がホールに入っても、Kは中に入るのをきらった。大勢の子どもにおどろいているようであった。妻と交代で子どものリズム遊びを見学をすることにした。Kと私は園庭にできたばかりの小高い丘で、山登りをした。丘の上で、言葉の少ない子どもをつれたお母さんと知りあいになった。私たちと同じ目的で公開保育を見学にやってきたS君母子だった。彼は自閉症の障害児で、大勢の人波におじけづいていた。その日の午後、斎藤先生をかこんで、見学者の話し合いがおこなわれた。その始まりに、見学者が、グループごとに自己紹介をした。何といおうかと思案している間に、私たちの番がきた。「障害児の親です」。迷わず口からでた。初めてのことであった。この保育園には、何でも自然に話せる雰囲気があった。

「どんな障害ですか」

「ダウン症です」

「公開保育の子どもの中にもダウン症の子がいました。どんな子どもでもかならず発達します。大切に育ててください」

とはげまされ、

「入園についてお願いしたい」

というと

「その件は後ほど、お話ししましょう」。

話し合いがすんだあと、斎藤先生は、「さくらんぼ保育園には障害児は飽和状態だが、四月から開園する第二さくら保育園にはあずかれる余地があると思います。名前を書いていってください。また医師の診断書を届けてください。深谷市外のようですが、親の熱意の問題ですよ」ということで、入園の話がすすんだ。そのあとの日曜日、診断書を届けにKと二人で、さくらんぼ保育園を訪ねた。Kは保育園のすべり台を憶えていた。日直の保母さんが、「遊んでいっていいですよ」といってくれた。ひとしきりすべり台で遊んで丘の上に登った。柳の芽が緑がかってくるのをながめながら、「私の家にも四年ぶりに春が訪れる」という気がした。それから一〇日後、保育園からはがきが届いた。

「梅の花が満開に咲きほこり、小鳥のさえずりもさわやかな春、大変お待たせ致しました。新しい子どもさんたちを迎える準備がととのい、下記のように入園式を行なうはこびとなりましたのでお知らせ致します。当日は子どもさんを連れていらっしゃって下さい。職員一同心よりお待ちしております。第二さくら保育園、四月六日午前一〇時半より」

第二さくらに入園

四月六日、はずんだ気持と、二年間通いきれるだろうかという不安とをかかえて、第二さくら保育園にむかった。桑畑の間をぬけて園庭に入ると、子どもたちがにぎやかに遊んでいた。しりごみするKをつれて玄関に近づくと、年配の保母さんが「Kちゃんですね」と声をかけてくれた。担任の雨宮先生だった。顔をみせるのは初めてだが、直感したという。

子どもを集めて園長の式辞などというのを予想していたが、形式的なものはすべてなし。在園児のリズムや歌を、新入園児が見たり聴いたりする。その後、子どもと親を別々にして斎藤園長の話。「さくら保育園は街中《まちなか》だが、この第二さくら保育園は畑の中で環境がよく、子どもが充分遊べるところです。毎日着がえを五組ぐらいもたせてください」。初めて保育園へきたとき、子どもたちがリュックサックをしょっていた理由がわかった。また子どものリズム遊びをみていたとき、一人の子どもがKの服装をみて「ここではタイツはいけないんだよ」といっていたわけもわかった。子どもを解放する、伸び伸び遊ばせてその子のもっている力を最大限に伸ばそうというのが、さくら・さくらんぼ保育園の方針、そのためにはどろんこ遊びや水遊びを大いにやらせようというわけ。斎藤先生のお話しの間、子どもたちは散歩にでかけていた。話しの終りころ、Kは保母さんに背負われて帰ってきた。途中まで歩いたが、歩くのをいやがり、すわりこんでしまったとのこと、先がおもいやられるスタートだった。

翌日から、私の深谷高校への出勤も始まる。朝七時半に家を出て、八時一五分保育園着、Kをおろして、三〇分までに学校に入る。帰りは五時に学校をでて、五時一五分に保育園でKを車にのせ、六時に帰宅という予定をたてた。問題は朝すんなり親離れするかであった。朝起きは従来七時ちょっと前だったが、だいぶ早くなる。六時半に起こし、食事をすませ、すぐ車にのせた。途中車の中で居ねむりするようになった。そんなこともあって保育園ですんなりわかれられなかった。しかし「おじさんいっていいよ。遊んであげるから」といってくれた子がいた。感激するとともにすくわれる思いだった。子どもは子どもどうしが一番いいのだ。車の中の居ねむりは、早ね早起きをさせるようにしたので一ヵ月ぐらいでなくなった。車の外をみながら、電車、花、山の景色などを語りかけるようにした。

帰りは極力早く学校をでるようにしたが、新任者にはつらいこと、しかし、「学校の仕事は時間じゃない。仕事のあるときは何時までもやるが、ないときは五時には学校を出る」という方針をとった。保育園は六時まで居残りができるが、五時半をメドにひきとるようにした。私が保育園につくと、Kがとんできた。泣き顔でとんでくることもあった。保母さんから一日のようすを聴く。今日は散歩を歩き通した。誰ちゃんと手をつないだ。絵本に興味を示した等々、遅い時間なので子どもが少なくなっていて、保母さんと話す機会が多くもてたのはよかった。五月の連休あけに、Kに「保育園に行くか」ときくと頭をさげて、うなずくようになった。どうにかいけそうな見通しがたってきた。

五月二一日に父母参観があった。妻と二人ででかけた。この日車椅子の子を連れたお母さんと知り合いになった。Kと同じクラスのA君のお母さんである。「うちの子がこんど保育園にお兄ちゃんのような顔をした子が入ったと話してました。うちの上の子もダウン症ですがまだ歩けません。小四になるんですよ。Kちゃんはしっかり歩けますね」。A君のお母さんとの出会いは、私たち夫婦には大きな衝撃だった。障害児をかくす必要はないのだ。子どもは広い世界を求めている。青空の下へ、子どもたちの中へ連れだださなければ発達はえられない。私たちもKを外へ連れだそう。彼女の世界を広げてやろう。

リズム遊びと歌

さくら・さくらんぼ保育園の独特の保育の一つはリズム遊び。最初の父母参観日のときはいっしょにいるだけでやる気配はみられなかった。しかし夏ごろになると、保母さんから「今日はKちゃんがリズムをやった」という話を聴くようになった。そして日曜日などになにやら手足を動かして家の中をとびまわるようになった。

帰りに遅くまで残っている子どもたちがリズム遊びをしているとき、Kもみようみまねでやっていた。家でもまねするという話しをすると、保母さんが、「お父さんも練習して一緒にやってみたら」とすすめられた。そこで居残り組の終りの時間まで（六時）とんだり、はねたりしてくるようになった。Kは動作が遅いので、他の子と差がついてしまうときなど、健常児が自分の演技を終えたのち、「Kちゃんがんばれ」と応援にきてくれた。障害児に暖かい援助の手をさしのべてくれる子どもたちに集団の豊かさを感じた。

年長組になってからは、リズム遊びにも形ができてきた。公開保育でがんばったという保母さんからの話をきくとうれしくなった。秋には運動会がある。年長児の大半が六歳になったころにやった方がよいということで、一〇月の末におこなわれる。最初の運動会では、終始雨宮先生について出場した。競走よりも普段のリズムが中心になる。半年では充分な力はだせなかった。二度目の運動会では精一杯演技した。チョウチョウやスキップのリズムをみんなと同様にやりとおした。なわとびは障害児の場合、二本にきって、それを左右でまわして走るようにしていたが、Kはそれをきらってゆっくりながら切らない縄でとんで一周した。拍手につつまれて走る姿に、一年半の成長を感じた。

リズム遊びの他に保母さんから、家で手指の運動をするとよいとすすめられた。手軽にできるし、早くから保育園に入っている年齢の低い子がよくやっていた。そこで夜、寝床に入って、一通りやるのが日課になった。ゲンコツ山のタヌキサン、オトーサンユビ、大山、小山、などを一緒にやりながら、口まねで何やらいいだすようになった。手指の運動から言葉の発達へのあしがかりができた。

言葉がでないながらも、わけのわからない文句をいろいろ言う。それがなにやら歌らしいと気づいたのは参観日のあとであった。タンポッポ、ヒライタ、マッキイロニヒライタを歌った。帰りの車の中でも気分のよいときなどにはうたうこともあった。半年もすぎるころには第三者が聴いてもタンポッポと聴こえるようになった。耳からおぼえて歌になったのだ、その後、タンポポ、ゲンコツ山、セッセッセの三つがKのレパートリーとなった。

リズムにしても歌にしても、健常児と一緒にやることにより、まねがおこり、そのくりかえしのなかでわざがみがかれるのだと思う。健常児の中でも、保育年齢の多少により上手、下手がある。上手の者を見習うことにより成長する。障害児と健常児の関係も同じで幼児期においては共同保育は大切だと思った。保母さんから「Kちゃんがもう一年早く保育園へ入っていれば、もっと発達したと思うんですが」と何度かいわれたことがある。早く子ども集団に入れていればと思うと、親の責任を痛感させられた。

動作の発達　保育園ではははじめのうち水遊びを好んだ。四月の「ひまわり、ゆり組だより」に新入園児の紹介があった。「H・Kさん、ダウン症候群という障害を持っています。最初のころは散歩のときも、歩くのをいやがりましたが、みんなに助けられて、このごろでは少しずつ歩くようになりました。特に水道のところが好きで、よく水遊びをしています」。水遊びをすれば衣服をぬらす。春から夏にかけては、毎日三組ぐらいの着がえをもたせたが、それでもたりず、借り着してくることもあった。衣服の着脱は手足の訓練の一つ。保育園にでるまでは、まわりのものが着せてやっていたので、最初はとまどったようだ。保育園では自分でやるようにしむける。またこれもみようみまねで、他の子どもたちがよごして着がえているのをみて、まねをした。夏ごろには家でも自分で着るようになった。ただ、ぬいだものは裏がえしができなかった。トイレにゆくときパンツをぬいでも、新しいのに着がえるようになった。

着脱はできるようになったが、ボタンのあるものはダメ。雨宮先生は次のようにいっていた。「HさんはTシャツだけを着せるんだもの、ボタンのあるものをもたせれば、訓練になった」。当面できることだけをやらせたので、先の訓練まで考えていなかった。ボタンのあつかいは現在の課題の一つである。

小便を風呂場でさせたことは前に書いたが、保育園では洋式トイレなのでわりと早くから使えるようになった。とくに使用後、水を流すのがおもしろく、何度もではいりした。家に帰っても水洗コックをまわすまねをした。用をたしたくなると「オシッコ」といって大人を呼びトイレへゆくのが現在である。

靴は入園前にははかせてやっていた。保育園ではそこまでめんどうをみない。まわりの子どもの様子をみながらまねてはいた。ただ始めのうち、どれが自分のかわからなくて、誰のでもはいてまわり、ぬぎすてたため帰りに私がまわりじゅうをさがしてまわることがたびたびあった。

春から秋まで靴下をはかせないので靴ははきやすかったが、冬になり靴下をはくとちょっとめんどうだった。ところが、冬のはじめに、靴をはきかけてかかとがはいらないとき、つまさきで地面をたたいて靴をはいた。ここにも他の子どものまねがあった。靴で一つ困ったことは左右をかまわずはくこと。気がつきしだいなおさせたが、今でもよくやる。そんなに気にしなくていいことだといわれたこともあるが。

指先の発達を促すために、指遊びをしたことは前にも書いた。毎日のリュックの開閉やだし入れはよくできるようになった。またビンのふたをまわすことや、軽いガラス障子をぴったり閉めることなども上手にできるようになった。

ブランコは祖父からもらった四人乗りのものがあるので入園前からのっていたが、誰かにおしてもらわなければダメだった。ところが、二年目の秋、佐々木先生が「Kちゃんがブランコを上手にこいだ」と報告してくれた。Kはブランコを「ガンゴワン」と呼ぶ。足と体を動かして自分でこいだ。次の日曜日、近所の神社裏にある一人乗りのブランコにのりにいった。「ガンゴワン」といいながら、自分でこいだだけでなく、台の上に立ちあがることまでしてみせた。以来日曜日には散歩コースにブランコが加わった。

食事は入園前は一日五回くらいたべた。朝家でたべ、祖父のところへいってまたたべる。そこで昼食・夕食をたべて家に帰り、私たちと一緒に夕食をする。そんなわけで腹がでっぱったスタイルになってしまった。保育園ではグループ別にテーブルにつき、セルフサービスで昼食をとる。最初の年は盛りつけがうまくできなかったようだが、二年目にはみんなと同じようにやった。埼玉大学の清水先生が「Kちゃんの名給仕」などといって、ビデオをみせてくれた。食べるのには時間がかかる。健常児にも時間がかかる子もいる。たべおわるまで、残さないよう時間をかける。偏食の子をなおすためにも必要だそうだ。ゆっくりたべて、たっぷり運動をする、また帰りもおそいので食事は三度になり、腹のでっぱりも秋にはなくなり、「最近だいぶしまってきたね」といわれるようにもなった。

言葉の発達

入園前に、ママ、マンマ、イタイ、おじいちゃん、おばあちゃんぐらいの単語がいえた。入園してまもなく、雨宮先生から「今日はKちゃんにおばあさんといわれたよ」という話をきいた。雨宮先生はしばらく「おばあさん」で通した。夏ごろから佐々木先生を「ダダキ」と呼ぶようになり、冬ごろには「イベー」「イトーセンセ」がいえるようになった。伊藤先生にだけセンセーがついた。保育園では先生も普通は呼びすてにしている。仲間の子どもたちでは、いつも遅くまで遊んでいる子どもを、「マビーチャン」「アビーチャン」「ノビーチャン」と呼んだのが夏ごろからである。真希ちゃん、あゆみちゃん、伸枝ちゃんのことだが、最後まで、正確には呼べなかった。

二年目に入ると「ダダキ」が「ササキ」に変化してきた。「今日、Kちゃんにササキといわれた」と話してくれた佐々木先生のうれしそうな顔が忘れられない。子どもの表情を豊かにするには、保母や両親の表情が豊かでなければならないというのが斎藤先生の持論である。私たちも表情を表わして話しかけるようにした。

歌をうたうようになったのも夏ごろからで「ゲンコツ山のタヌキさん」から始まって、「タンポッポ」「セッセッセ」など、ねる前にかならずうたうようになった。ところどころ発音がはっきりしないところがあったので、保母さんに教えてもらって、一緒にうたうようにした。これは言葉の発達に役立ったように思われる。祖母や近所の子どものところに遊びにゆくと一人でうたってみせるようになった。そして絵本をみて「タンポッポ」と指さすようにもなった。

言葉の発達が顕著になったのは二年目の秋からである。友だちの名前がいえるようになってきた。オギノヒロシ、ナオチャン、シンタクジュンチャンなど、本人にはもとより、写真を指さしていえるようになった。そして一語だけでなく「ポンポン　イタイ」「ホイクエンク」など、二語文になってきた。長らく「オバアチャン」で通してきた雨宮先生のことも「ア、メ、ミ、ヤ」といえるようになった。バスの運転手の福田さんが、卒園までには福田といわせると、あうたびに自分を指さし「フクダ」といって話しかけた。しかし「ククダ」のままだった。発音しやすいのと、発音しにくいものがあるようだ。またいったん思い込んでしまうと、直すのには時間がかかるようだ。帰りのあいさつを「ナイナイ」といいだしたのはだいぶ早い時期だったが、今もってナイナイのままである。佐々木正美先生（神奈川県小児療育相談センター所長）の療育相談のとき、このことをきいたところ、まちがっておぼえていても、あわてて直さない方がよい、子どもの話す意欲を伸ばしてやる方がよいとのことだった。

私のことを甥や姪が「ハベさん」と呼んでいたのをまねて「ハベさん」といいだしたのが夏ごろ、迎えにゆくと、仲間の子どもや保母さんに「ハベさん、ハベさん」といって、ひいてまわったので、一時子どもたちに「ハベさんが来たよ」などといわれたこともあった。そして「オトーサン、ホイクエンク」といったのが冬休みの終りである。一〇日ばかりの休みで保育園が恋しくなったようだった。三語文がでた！　斎藤先生は六歳が発達の大きな区切り目といっていたが、まさにその通りであった。六歳の誕生日を目前にして、三語文に到着した。以来、日ごとに言葉数がふえてきている。オシャベリKになった。もちろん彼女独特の言葉もあってわかりにくいのもある。

バス通園

七八年十一月ころから、時間外保育を整理したいという話がでてきた。さくら・さくらんぼ・第二さくらと三つの保育園がある形になっているが、子どもの出入りはもちろん、保母さんも、三園で年ごとに入れかわっているので、一つの保育園に、三つの園舎があるような関係が実質であった。そこで、それぞれが午後六時まで保育しているのは、保母の労働時間の保障の上で困難がある、長時間勤務を強いることは、保母の職業病（頸腕症候群）を生む危険がある、等々の理由で、第二さくらは五時で切りあげ、時間外保育はさくらとさくらんぼだけにする、第二さくらの子どもはバスでさくらに移動するという案が示された。さくら保育園は深谷駅近くの町中にある。さくらんぼ、第二さくら保育園は、花園、岡部よりの、深谷市郊外にある。さくら保育園の周辺が急速に市街化したため、三歳児以上が第二さくらにバスで通っていた。さくらから第二さくらへ進んできた子どもには、この改訂はたいした変化ではないが、私とKにはちょっと困ったことであった。私の勤務校へ行く途中に第二さくら保育園があるので、それまでは都合がよかったが、朝さくらへおいて、帰りにさくらで引きとるとなると、だいぶ遠くまで自動車で送り届け、Kは同じ道をバスでもどって第二さくら保育園に入ることになる。どうにか、前と同じようにできないものかとたのんだがだめだった。七八年一月からこれが実施された。

バス通園は時間的にはロスが多かったが、バスの中で得たのも多かった。歌をうたったり、バスを誘導する保母さんのしぐさや言葉をまねするようになった。そして、養護学校へ通うようになったとき、一番最初に心配したのは送迎バスにすなおにのれるだろうかということだったが、この時の経験がものをいって、「バス、バス」といって喜んで乗り込んだ。よい経験をすることができたと思う。

さくらんぼ会へ参加

最初の年の六月ころ、雨宮先生から、「障害児の親の会があって、六月一八日に例会がありますから出席して下さい」と連絡をうけた。そのときはそうですかと返事をしたが、普段の日曜日は、ゆっくり休みたいという気分が強く、出席しなかった。そのあとで『さくらんぼ会会報』一三号が配られた。保育園の文書は、子どものリュックに入れてもらっていた。七月一日に、東北福祉大学の河添先生を迎えて療育相談会と講演会があるという。これには参加した。さくらんぼ会（さくら・さくらんぼ・第二さくら保育園に障害児をあずけている親の会）と保問研の共催だったので県内外の保母さん多数が参加した。河添先生は「障害のなおる道すじ」と題して、障害児の発達を促す一八項目の実践について、先生の経験とその論拠を詳しく話してくれた。生活の場でなら障害を直すことができる。体に故障があっても、その故障が不自由さを生じさせないようにするなら、障害を克服したことになる。この講演は後に『障害児の育つすじみち』という本になった。要旨はすでに、父母の会の席上、斎藤先生の講話にも入っていたが、「障害もとりくみによっては、なおすこともできるのです」という河添先生の話の迫力に圧倒され、親の責任を感じさせられた。しかし一八項目すべての実施となると、ひるまないわけにはいかない（河添先生の話は、一八項目を完全に実施すれば障害を克服できる、そのうちいくつかを選ぶというのでは責任はもてないというのであったが）。早ね、早起き、テレビを視ない、朝の散歩、くらいはやってみようと妻と話しあった。テレビ世代の申し子である妻にとってテレビを消すことは苦痛だった。早くねかせて、そのあとテレビをみるということで、親の生活も変化することとなった。

九月になって、電話で「さくらんぼ会の役員改選がある。是非役員になってほしい」と連絡をうけた。例会にはじめてでたのは九月末のことだった。そこでまた、私は意識の変革をせまられた。会員の中には、他県から夫と一時別居して、子どもをさくらんぼ保育園に入れている人がいたのである。高知から来たFさん、東京から来たCさん、群馬から夫婦で引越して来たNさん。私は遠方から通っているからと一人できめこんで、興味のある会合だけでようとしてきたが、それはとんでもないことであった。入園を申し込んだとき、斎藤先生からいわれた言葉が改めて思いだされた。「親の熱意の問題ですよ」。子どもを発達させようと、生活を賭けている人がいる。私たちもそれを学ばなければならない。その後、書記をひきうけ、一年間例会にはかかさず出席した。子どもの現状の話し合いや、家庭でのとりくみについての相談、保育園に講師を招いての療育相談など。

またこのころから、保育園と障害児の親との間でゆきちがいがおこっていた。保母さんに頸腕症候群が続出し、病休が増えていた。そのため障害児の母親に、子どもに付き添うようにという要請が個々にあった。私の妻のように仕事をもっている者は除いて、家庭にいる人やパート程度の仕事をしている人には、保母の手不足の補助として、手伝ってほしいというわけである。親の方からすれば、子どもが親とはなれた方が発達のためにはよいと考えて保育園に入れたのに、親が保育園にでてくるのでは、まずいのではないかと考えた。しかし保育園の強い要請で、多くの母親は保育園にでてくることになった。この問題はさくらんぼ会例会でたびたび話し合われ、園長と話し合うことになった。しかし斎藤先生の病気もあって、話し合いがもたれたのは七九年三月になってであった。母親に付き添ってもらうのは、直接は保母の職業病による手不足を補うためだが、それだけではない。母親教育の意味もある。親と子を一緒に教育することにより「朗らかさのある母親」になってもらいたいからだ。障害児が保育園で保育されていても、家庭にいる時間の方が長い。その間に親が深刻な顔付でいたのでは、子どもの成長によくない。親の子どもへの接し方を学ぶという意味もあるので、協力してほしいと話し合いがおこなわれてみれば、なるほど納得のいくこと、障害児の親がとじこもりがちになるのは私の経験にもあった。

卒園後の問題

障害児にとっては、卒園後どうするかは大きな問題である。七九年四月から障害児の義務教育完全実施がスタートした。それにともない養護学校の新増設がすすめられている。しかし障害の程度に応じて、普通学級、特殊学級、養護学校とあり、どれにするかは親の頭を悩ます。さくらんぼ会は例会でこの問題をたびたびとりあげた。養護学校の先生を呼んで養護学校の実態を聴く会がもたれ、そのようすは私がガリに切って、会報として配布された。七九年度には、埼玉大の清水寛先生に、二回にわたって就学相談会に来てもらった。清水先生はこの五、六年来、さくら・さくらんぼ保育園の障害児保育についても、公開保育を中心にビデオテープをとっていた。そのビデオをみながら、これまでの発達の状況について話しあった。

Kについては、始めから養護学校にきめていた。言葉などのおくれが今のような状態である以上、他の学校は無理とみていた。清水先生も現在までのKの障害や発達段階、これからの学習と生活の課題などから総合的にとらえてみるとき、それがよいでしょう、といってくれた。斎藤先生も、基本的にはその方向でよいと思うが、これからの保育活動の中でのKの発達もみて、最終的な就学先をきめてはどうか、その意味で学校の選択はできるだけ遅らせたほうがよいといってくれた。六歳になってからの十月の運動会後に急速な発達がみられる、それをみきわめてから決断した方がよいというのである。発達の点ではその通りであった。しかし、今の制度の下では、早い時期に入学先を決断しなければならず、判断に戸惑った会員もあった。教育行政の側で研究してもらわなければならないことであろう。

ところで、七八年の秋に妻が突然秩父養護学校への転勤をいいだした。そのこと自体は成長の面もあった。保育園に入れるころは妻はそれほど期待感をもっていなかった。その妻が障害児教育をやってみたいというように変わったのは大きな変化であった。しかし、八〇年四月にはKが入学する。親子で同じ学校にいることは、保育園で問題となった母親が付き添うことと似た問題が起こる。例会の席上この件を話題にした。会員の中に障害児学級を担任したことのある先生もいて、直接自分の子を担任するのではないから、心配することはないというアドバイスをうけた。妻は七九年四月に秩父養護学校へ転勤した。

仲間たち

Mちゃん。五月末の日曜日、Mちゃんのお母さんから電話があった。「今日Mの誕生会をするんですが、昨日保育園の先生にKちゃんにも来てもらうように話して下さいとたのんでおいたんですが、来ていただけるでしょうか」。うれしかった。ただ一人でやれるところではないし、親子でゆくのもへんなものだし、私も予定があったので辞退する旨話して電話をきった。言葉がはなせない子まで、差別なくよんでくれたMちゃん親子に感謝せずにはおられない。Mちゃんは産休あけからの保育で、お姉さん株の一人。Kにはめんどうをみてやりたいと、わざわざ同じグループになってくれた。Kも仲良しになり、「あびいちゃん」とよんでいた。私がKをバスにのせた後、学校へ向かう途中で、お母さんの自転車の後にのって毎朝すれちがった。保育園に迎えにゆくと「ハベやんが来たよ」などといって私とも親しくなった。

Aちゃん。Aちゃんは「ぼくは保育園で一番強いんだ」と自他ともに認めるガキ大将である。縄とびもうまいし、水泳も一番、竹馬でも一番高いのにのる。しかしまたKにも親切にしてくれた。朝バス停で、気がむかないで自動車からおりたがらないときが何度もあった。そんなとき、バスからおりてきて、「Kちゃん行こう」といって、手をさしのべると、その手をにぎってついていったりした。Aちゃんは前にも書いたが、兄さんがダウン症でよく歩けない。そんなようすは全くみられない元気一番だが、心のやさしさをもった子でもあった。

H君。H君は熊谷の幼稚園でお客様あつかいになっていたのを、Kと同期に第二さくらに移ってきた障害児である。一年ぐらいたってから二人は急速に親しくなった。「アチャン」「カオチャン」と呼びあい、朝、車でバス停に送られてきて、お互いの車をみつけると迎えにゆきあった。もっとも、ほっぺたをなぜあったりして、H君のお母さんからしかられることもあったが。

Kちゃん。Kちゃんは筋ジストロフィーという難病をかかえた子である。体が小さく、かわいらしい。Kのいとこに同名の子がいたこともあって、最も早く名前を呼べた。ときどきおばあちゃんが、お母さんと一緒に迎えに来ることがあった。KはKちゃんのお母さんが迎えにくると「Kちゃん」といってロッカーのところにゆき、荷物をもっていってやっていた。おばあちゃんがいっしょに来たとき、前のことをおぼえていて「Kちゃんおばあちゃん」といって、荷物をもちだしたので、おばあちゃんがいたく感激して、あとで手紙をくれた。「Kちゃん、いよいよそつえんですね。いつまでもやさしいきもちでね。またいつかあいませうね。Kちゃんのおばあちゃんより」。

まわりの人々

この二年間でKは大きく成長した。朝晩の送り迎えはきつかった。とくに春から夏にかけては、転勤二年目ともなると仕事量もふえ六時までに迎えにゆくのが困難なこともあった。そんなとき、おそくまでみていてくれた保母さんに感謝しないではおれない。薄暗い道端を手をつないで「タンポッポ」を歌いながら歩いたのはなつかしい思い出である。

この二年間私は出張を極力おさえた。六時までに深谷へ帰れるものだけ、最小限にした。それも不可能なとき、林間学校のようなときは熊谷に勤めている義兄に送迎をたのんだ。まわりの者にささえられた二年間であった。

保母さんとはいろいろ知りあいになった。最初、ひまわり・ゆり組は園児四〇余人、うち三人の障害児をかかえ、雨宮、伊藤、森末、清水の四人の保母さんで指導していた。ところが六月末に姉妹園の要請で、森末先生が小鹿野へ移り、清水先生も病気で休養し、保父の伊部先生と長期実習生の佐々木先生にかわった。七九年四月から年長になり月・太陽組と名称もかわり伊部先生にかわって、中野先生が加わった。中野先生は旧姓のマッチャンで通っていた。

バスの送り迎えのさい、お母さん方とも親しくなった。Kは帰りに握手をして「サヨナラアンコロモチ、マタキナコ」と歌ってもらうのを森末先生からおそわった。保母さんでも、園児でも、お母さんとでも誰とでも握手をしたがった。そして幾人かの「握手仲間」ができた。卒園をまえに「言葉がはっきりしてきたね」といっしょによろこんでもらった。

季節のかわりめには風邪をひく。しかし長く休んだことはなかった。「熱があるのでひきとって下さい」と学校へ電話がかかったことが二度あった。こんなときでも次の日一日休めば元気になった。村田医院で診療をうけ水薬をもらうと「ジュース」といって喜んでのんだ。もっとも、運悪く遠足の前に熱がでたことが二度あって、最初の春の遠足と二年目の秋の遠足には参加できなかった。

卒　園

三月末の一〇日間に卒園旅行、合宿、卒園式準備、卒園式と続く。この間体調をくずしたが、一日休んだだけでこなした。最後の行事には全部参加させたかった。合宿は卒園旅行から帰ったあと、保育園に一泊するもの。両親からはなれて泊まるのは初めてだった。みんなと一緒だったので、風呂にも入り楽しくすごせたようだった。次の日は土曜日、迎えにいったのが二時頃。年長児で土曜の時間外保育にいたのはKだけだった。普通の土曜だと、時間外も相当いるが、合宿のあとだけに、早めに迎えがきたようだった。このときはちょっとかわいそうな気がした。なにしろ、第四時が十二時四五分に終わり、ショートホームルームと清掃指導をすると、学校を出られるのは早くても一時半。

そして卒園式。斎藤先生から卒園児一人一人に卒園証書が手渡され、場内を一周する。保育年数順、生年月日順なので、Kは最後。まちくたびれてしまってうまくできなかった。家へ帰ってから、やらせてみたら元気にやってみせた。残念だった。

そして今

Kは四日から秩父養護学校へ通いだした。これからは健常児との交わりも少なく、保育園の二年間のようにはゆかない。もちろん私は「すべての障害児を地域の普通学級へ」という主張には与《くみ》しない。遊びや模倣を中心とする幼児期には健常児と障害児との共同保育は、双方によい影響をおよぼす。これは第二さくらの二年間が証明している。しかし文字学習に入る段階になると、共同学習は困難である。ただ望むならば健常児との遊びの場が広げられたらと思う。

この二年間に多くの変化を経験したのは、むしろ私たち夫婦であった。障害児をかくそうとしていた状態から、外へ出すことに確信をもてるようになり、発達に希望がもてるようになったことである。はげましてくれた斎藤先生をはじめとする保育園関係者、園児とそのお母さん方、ありがとうございました。

障害者に対して世間の目はまだ冷たい。一九八一年は「国際障害者年」の始まりである。この年を障害児者とそれをかかえる者たちが、広く手を結びあって、世間の偏見をとりのぞいてゆく機会にしたい。私はKの成長・発達を願うとともに、そのための道を歩んでゆきたいと思う。

五月の末に第二さくら保育園を訪ねた。この原稿をみてもらうためである。伊藤、中野両先生は産休に入り、佐々木先生は仙台の保育園に移り、雨宮先生だけになっていた。さくら・さくらんぼ保育園は子どもに責任をもつだけでなく、保母養成も重要な任務としている。Kは直接お世話にならなかったが、青山先生は四月から長瀞に開園したたけの子保育園に移っていた。たけの子保育園の案内には「障害児保育もおこないます。御相談下さい」とあった。地域で健常児との統合保育がおこなわれるのがよりよいことだと思う。さくら・さくらんぼ保育園のまいた種が広く実ることを期待したい。

（長谷部　晃）

第一三章　障害児父母の会──さくらんぼ会の活動

司会　全障研（全国障害者問題研究会）大会も終わり、新たな一歩をふみ出した今日、清水寛先生（埼玉大学）を迎えての、さくらんぼ会（さくら・さくらんぼ保育園の障害児父母の会）の恒例になっている懇談会を開催いたします。なお先生の大学のゼミの学生たちも参加させてほしいとのことで了承します。障害児の父親、母親の想いを理解していただくのに良い機会だと思いますし、今日の話しあいが現場の最前線に立つ人にすこしでもはげみになれば幸いです。さくらんぼ会は現在三四名、在園児が八名、学童保育へきているものが六名、残りは卒園生です。さくらんぼ、第二さくらを卒園して普通学校へ養護学校へとそれぞれ地域、環境もちがいますので一概に言えませんが、それぞれの子どもの今の状況、働きかけ等を聞かせてくれませんか。

S　私の子どもは小学校の二年生です。肢体不自由なので、母親が自転車で四キロほど毎日学校へおくりむかえしてます。小学校では二年生になると二階に移るはずでしたが、学校側の配慮で一年の時と同じ一階の教室にしてもらえました。来年はどうなるかわかりませんが、運動面はだめですけど、読んだり書いたりはなんとかやれそうです。書き方コンクールでは金賞をもらってきました。

（「ワースゴイ」「スバラシイ」）

H　私の子どもは新設された養護学校へ行っているのですが、二年生です。学校でのプール遊びを非常にいやがっていたのを町にプールができたのを機会に近所の仲の良い友だちにたのんで、少しずつ水になれるようにしてもらったのです。始めはプールのふちで遊ぶだけでしたが、学校ではプールに無理に入れたりしたようなので、家の風呂でさえ入るのをいやがったほどでした。保育園ではプールの中でもへいきで水遊びをしていたのに、近くの同年齢の友だちとの交流が今、子どもには最良の教師のようです。

N うちの場合は普通学校のなかよし学級へ行っているのですが、今まで学校が終わると一人でカギっ子になってしまって、テレビ、甘い菓子が放任になっていたのを、母親が毎日さくらんぼ学童保育まで自転車で五キロの道程を、おくりむかえしてからすごく積極的になり、まだ二年生ですが、なかよし学級六人のグループのリーダーになりつつあるようです。遠いこともあって、いろいろなやみましたが思いきって学童にきて良かったと思ってます。小学校の学童は障害児ということであずかってもらえませんでした。私も負けないようにと先日の休みの日に、なかよし学級の子どもと親をさそって近くの山々でも、ハイキングを計画して実行したのですが、みごとに失敗でした。障害児だからと言って家の中に引きこんでしまうのです。やってもだめだと自分できめてしまって、近所の子どもたちとの集団から遠ざけてしまうんです。そのくせ学習塾へかよわせたりしていて、さくらんぼ保育園の父母のような人たちだったら子どもも、もっともっと発達するのになあ。

K うちの子もなかよし学級で、さくらんぼ学童へきています。学校では列を乱すからと言って朝の朝礼さえ出してはもらえず、運動会はもちろんだめ、教室にとじこめられっぱなし、学童保育へきてはじめて自然の実物にふれ、集団の友だちの後を追えるようになってきたところです。K君やT君の遊びのまねをしたりして学童保育の中ですこしずつでも保育園の時の実践が実を結んでゆくのがわかるような気がするところです。

H 私のところでは養護学校へ行ってます。すごく元気で、走ることは私よりも速いかな。四年生ですがまだ文字学習の段階ではないと思い、学習させていません。学童へ来て粘土をこねて、つぼや皿を作ってみたり、ボール遊びをしたり、遊べるだけ遊ばせ、体を動かし、労働にたえる体力をつけ、物を作り出す意欲を引きださせるよう、学童の集団の中で自己の要求を一対一でなく仲間全体にぶっつけられるようにしたいと思ってます。それからでも文字学習はおそくないと思うのです。

F　うちの子は隣町の小学校の六年生です。今度上がる中学校のことでなやんでいるんです。統合中学校なので町内の四つの小学校から集まってきます。それぞれの小学校になかよし学級があるわけですが、中学校のなかよし学級にはだれも入れたがらないので、現在は休業状態なのだそうです。中学生ともなると周りの目を気にして勉強ができてもできなくとも普通学級においてくれと親がたのみこむとのことで、兄弟姉妹になかよし学級生がいたのでは、嫁をもらったり、くれたりできぬと言う、地域の人々の目と口はふさがれない状態です。で先生にお願いしたいのは京都にある与謝の海養護学校を紹介してほしいのです。この目で見たいし、たしかめたいのです。写真集でしか見たことはないのですが、あの障害をもった子らの目がキラキラ輝いて何かにむかって進んで行く姿を、そのような子どもと教師と親たちの集団がどのようにつくられていったかをつかんできたいのです。親としてわが子をそういう教育や集団のあるところに入れてやりたいと思うのです。

保母　お母さんの気持、痛いほどわかるんですけど、与謝の海の学校を卒業しても、やはりお家がこちらだから帰ってくるわけでしょう。やっぱり地域の学校をかえたいわね。地域の人たちの障害児に対する見方を本当に与謝の海の学校をつくった人たちのようにかえたいし、私たちの力で何とか与謝の海のような学校を地域につくりたいわねえ。与謝の海はあまりにも遠いんですものね。かわいそうじゃないかしら。

F　私もそんな意味で与謝の海へ行きたいと言ったのではなく、この目でたしかめてきたいし、その与謝の海の良さをこの深谷の地でも作り上げていきたいということもふくめてのことなのです。

M　障害児をもつ一人の父親として、私も思うんですが、親としていつでもわが子に対してこれが最善だとわかるとどんなおもいをしてでもしてやりたいと考えるものなんです。その道が、たとえ曲っていても遠まわりになるにしても。私も子どもが生まれた時、重症仮死で、チアノーゼで全身まっ黒になってケイレンでピクピク動いているさまを見て、ほんとうにこれがわが子かと目をうたがいたかったです。医師に抱いてやれと言われたら抱いてやれたかと、今でもうたがいます。それからの毎日、毎日のつみかさねのなかから、愛情も生まれ、なんとかしてやりたい、なんとかしなくてはならぬと固い思いと愛情が育ってきて、今では目の中に入れても痛くはないほどです。それだけの思いを愛情がないだの、不幸だのと言われては、あまりにもみじめすぎます。

清水　障害児教育の義務制が実施されて、二年たちました。どんなに障害が重い子どもでも六歳になれば病院や施設のなかでの教育をふくめて学校教育をうけられるような制度が実施されるようになったことはたいへん意義ぶかいことです。しかし、これまで政府は真剣にこの子らの教育の整備・充実にとりくまず、三〇年あまりもひきのばしてきた上での実施なので、すべての障害児にいきとどいた教育をという面では多くの問題が山積しています。就学の適切な保障をどうするかということもその重要な一つです。将来の方向としては、就学相談活動は早期からの障害の診断・治療・保育・教育・リハビリテーションなどと結びつけて行ない、六歳になったらその子にとってその地域で最も適切な場がえらべるようになっていることが理想的です。しかし、地域の中にその障害や発達に必要な場があまりにととのえられていないのが現実です。各地のすすんだ就学前対策や学校づくりの成果や教訓に積極的に学びながら、何よりもまず私たち自身が働き、くらし、そして子どもたちが育っていくところの地域の中に、Mさんもいわれるような「これが最善だ」という場を、本当の親の愛情の力をよせ合い高め合いながら、就学前の発達保障にとりくむこうした保育所の職員たちや広く地域の人たちとともに力を合わせてつくり出していこうではありませんか。そのためにも障害児の親が、積極的に地域の学校の教師に働きかけるとか、地域のＰＴＡを動かしたり、学童保育を充実して障害児とともに親も横のつながりを強めていくことが大切です。

与謝の海養護学校の話ですが、私もこの一〇年あまり何度も学生たちと、また障害児をもつ親の方々と泊まりこみで見学にまいりました。子どもたちみんなの瞳がキラキラ輝いているといわれましたが、あの子ども集団は子どもだけのものでなく、親を変え、地域を変え、行政を変えてきた結果として、つまり親の集団、教師の集団、地域住民の集団のそれぞれの自治の力を大切にする、長い、ねばりづよい取組みのなかで、子どもたち一人ひとりが獲得したものなのだ、ということをしっかりつかんできていただきたいと思います。

司会　では、だいぶ夜もふけてまいりましたので、今後の取組み方などを話していただきます。

H　私は現在養護学校を通じて、地域の小学校、中学校との交流をもっと深めていこうと父母の会を作ったり、学校だけでなく、地域の婦人会、青年団、ボランティアグループ等に呼びかけて障害者年むけの映画会、「今できること」を開くこととしてます。ぜひ成功させます。

H　さくらんぼ学童のことですが、三〇名中六人障害をもつ子がいるんです。さくら・さくらんぼ保育園の延長として子どもたちが、生き生きとして保育園時代のつみかさねが、学童の中でやっと実を一つ二つ実らせ始めたという感じかな。子どもたちのこの姿をもう一歩進めて、学童の延長として作業所または授産所へともっていきたいのです。

M　作業所と言うより、ともに生き、生産し、ともに学べるような生活共同体にまで高めていきたいな。手呂山にある「新しき村」のような、農業をやりながら助け合い、学び合いながら芸術を愛し、陶芸をしたり自然の中で、搾取せず、されず、希望です。

M　私のこれからは、早期発見、早期治療としての大津方式の深谷地区への導入です。昨年らい二度の対市交渉をしたりしているのですが、まだまだ道は遠いしけわしいです。私の子どもも早く治療できたから、今のように軽くてすんでいるんです、身をもって早期発見、治療がいかに大切かを知ったのです。ぜひとも、この地で大津方式を実現させるべく運動中です。

N　私は、なかよし学級の六人の仲間をなんとかして、いっしょに山へ行ったり、スポーツをやったり、親子ともども発達するよう、くじけずまたさそってみます。そして各学校のなかよし学級の仲間とも横のつながりを持ちたいと思ってますし、ＰＴＡでも、なんでも出て行って発言したいと思います。

司会　ではこの辺で閉会にしたいと思います。全障研第十五回大会で田中昌人先生が病いをおしての記念講演の中で、今年の国際障害者年は明治の自由民権運動から、ちょうど百年目にしてやっと咲き始めた、弱い弱い花である、この花を大事に大事に守って実を実らせるのは、私たち、障害を持つ子の親であり、兄弟姉妹でもあると言われたことを、あらためて胸にきざんで子どもたちの自立にむかって頑張りましょう。おそくまでごくろうさんでした。

（文責・さくらんぼ会　松崎幸成）

終章　さくら・さくらんぼ保育園の障害児保育

さくら・さくらんぼ保育園は開園以来さまざまな障害児を保育してきた。全盲児・聾児・自閉症児・大頭症児・水頭症児・小児てんかん児・髄膜炎《ずいまくえん》の子ども・小児マヒ児・脳性マヒ児・ダウン氏症候群の子・デランゲ氏症の子・ちえおくれ児・低血糖症児・進行性筋ジストロフィーの子・股関節脱臼の子・先天性絞扼溝症候群両指機能障害の子・慢性硬膜下水腫兼てんかんという診断名でちえおくれの子ども・言語障害をともなっている子ども・他、交通事故および火傷による身体障害児、などである。なかでも多いのは自閉症児であった。

聾児は、さくらんぼ保育園に入園前は聾学校の幼児部に通い、絵をかいたカードをみせての発語訓練をうけていたとのことであった。さくらんぼ保育園に入園してリズム遊びや散歩、庭での泥遊びなどで、わずかのあいだに心をほぐし、顔があかるくなり、音はきこえないが〝見える〟ということはすばらしく、何でも模倣をして発達した（絵1、絵2参照）。

絵1、絵2は入所当初の絵ならびに四ヵ月後の絵である。

このころ、ある聾学校の先生たちがさかんにさくらんぼ保育園を訪れ、リズム遊びを聾学校にもとり入れてくれるようになり、発語指導をなるべく早く、というその学校の先生方のすすめもあって、この子はすぐにその聾学校に

絵 1　聾児の入所したての絵（3歳）．赤い色だが，内にこもった固いうごきのない絵である．

絵 2　同じ聾児が，わずか4ヵ月後にこんなたのしい絵を描いた．船にのっている人を描いている．水色で動きが感じられる絵である．

絵 3（股関節脱臼の子どもの絵）この絵はギブスをはめていて，思いっきり水や泥で遊べないいらだちが感じられる．赤のマジックで執拗に画面をよごしている．（2歳6ヵ月のころ）

絵 4（同上）ギブスがとれてからはすぐ健常児に追いつき，この絵は6歳になってからドリトル先生アフリカゆきの話をきき描いた．アフリカの猿がドリトル先生と別れをおしんでいる場面．ユーモラスを感ずる創造性あふれる絵である．（カラー口絵参照）

いった。その後、同窓会にはお母さんとたびたび訪ねてきたが、今では会話はあまり困らないまでに育ってくれている。

股関節脱臼の子どもは、固いギブスをはめて入所した一年は、歩くこともできず、他の子のように思うぞんぶん水遊び、泥遊びもできない自分にじれて、二歳半になっても紙いっぱいよごしてのぬたくりの絵で、友だちが近づくと髪の毛をひっぱったり、手をひっかいたりで保母たちを悩ませたが、ギブスがとれるまでの辛抱と、私たちもその日のくるのを待ちに待った。特別製の椅子に横いっぱいにひろげたままの足で座っていた二年間は、その子にとってもつらいことであったろうが、ギブスがとれてからは急激に運動をするようになり、卒園期には高いところからのとびおりもでき、竹おどりも上手に、絵もすばらしく創造的になってくれたし、何より、たいへん心やさしい子に育ってくれたのがうれしい。

二枚の絵はこの子の入所時、および卒園期の絵である（絵3、絵4参照）。

小児マヒの子どもは、あの全国的に小児マヒが大流行したとき（昭和三五年ごろ）の子どもであった。

私たちは厚生省に対し、全国の母親たちと一緒にソビエトの生ワクをのませてほしい、という大運動を、この子どものお母さんを先頭に展開したのであった。

私はそのころ夜も預かっていた小さい子どもがいた。絶えず小児マヒの危険はどの子にもあったため、夜もねむれないほどであった。こうした想いの全国の母親たちの運動が実って、今は生ワクのおかげでもうその危険は遠ざかった。

が、はじめに犠牲になった子どもは本当に痛々しかった。

この子どもは熱心な母親が毎日隣町からさくら保育園につれてきたのであった。その後その町にも姉妹園ができ、そこに移って卒園した。保育園の間はやさしい友だちの中でたのしくすごしたが、小学校にはいって泣くようになり、小学三年生のとき、肢体不自由児の学校に移った。がんばり屋で、高校卒業のときは代表にえらばれ、先生に謝辞をのべたという。お母さんはそのときのテープを私のところに持参し、うれし泣きに泣いた。その後みごとに大学に入学した。

交通事故で片足の甲から指先までがつぶれてしまった子どもは、二歳半で入園したころはお母さんは靴下をぬがせないでほしいと強く要望した。しかし私はお母さんをはげました。彼女はたくましくはだしでとびまわるようになったが、年長児クラスの時、新しく入園した子どもに、とりの足のようだ、といわれ、家にかえって泣いたというが、その翌日話し合い、彼女は〝もう泣かない〟と私にちかった。そして入学してもはだしで堂々と走り、竹踊りを踊った。彼女は『あすを拓く子ら』（あゆみ出版）の中のあのすばらしい大根を描いた子である。虫が食べている小さい穴までみのがさず描いた。二五周年の記念に印刷した『カルタ』の箱の絵〝あまんじゃくがうりこをさらっていった〟という絵も彼女が描いたものである。

水頭症の子どもは、映画「さくらんぼ坊や」パート1に、すばらしい健常児として活躍している。このことは『ひとの先祖と子どものおいたち』（築地書館）の付言に書いたが、とび箱がとべなかったしげ乃ちゃんをはげましている男の子のひとりがそうである。

デランゲ氏症の子どもも、『足のはたらきと子どもの成長』（築地書館）の中に絵を紹介した。デランゲ氏症と診断をうけた子どもは三人いたが、どの子も五歳ころまで若干ちえおくれを感じさせたが、ぞうの足の裏といわれる程はだしで遊びまわった末、六歳のときは全く健常児であった。

映画「さくらんぼ坊や」で活躍するダウン氏症候群のYちゃんは三年間の保育の中で最後の卒園式に輝くばかりの

映画「さくらんぼ坊や」に大うつしになったダウン氏症候群のＹちゃんのこのうれしそうな顔をみてほしい.

笑顔で卒園証書をうけとり、高々と手をあげて最後まで証書をしっかりとにぎり、ホールを一じゅんして席につき、満場のかっさいをうけたのであった（一九四ページ写真参照）。

小児てんかんの子どもたちは薬の服用と、保育園での解放された毎日で、ほとんど発作はおきず元気に育っていってくれたし、他のちえおくれ児たちもそれぞれにのびてくれた。

こうしたなかで比較的保育年数の短かった自閉児たちは、卒園してからのお父さん、お母さんの努力はたいへんである。

特にさくらんぼの学童くらぶに通うことができない他市町村から通っていた子どもたちのことが今は私の心にかかっている。『はぐくむ』（ぶどう社）の著者森正子さんの子どもであるK君もその一人である。

K君は入園半年頃は茶色でまだぬたくりの絵を描いていたが（絵5）、二年間の保育で友だちとの交わりができるようになるとかわいい人間の絵を描くように育った（絵6）。

ところが入学期が近づくと、K君の絵に大きな変化があらわれた（絵7、絵8参照）。

卒園期、入学のまちがった準備がうかがわれる絵である。私たちは早速両親と話しあったが、その時点では、まだ親のあせる気持を解消しきれたとはいいきれない状態であった。脳性マヒのS君の家でもそうであった。障害児の親の気持を真に理解し援助することのむずかしさは時がたたないと解消しえなかった。

こんな時、自閉症児の療育相談をしてくださっていた佐々木正美先生は私たちをはげましてくださり、お父さん、お母さんたちに、「よみかきの能力より、友だちとあそべる能力の方がずっとずっと高いのですよ。もし幼児期に十分遊ぶ力が育っていないと、その欠陥は思春期になってでてくるのですよ」とかんで含めるように話してくださるのであった。

絵 5 （自閉児K君の絵）入園はじめての絵で茶色のぬたくりであった．4歳半のころである．

絵 6 この絵は2年後に描いた絵である．0歳から入所していたあきら君がある日，「K…水もってこいな」と砂場から声をかけた，K君は「ハイ」と返事し，水をもっていった．「もっともってこいな」とあきら君はなにげなくいう．K君は何回も水を運び，この日から友だちとの交わりができてきた．

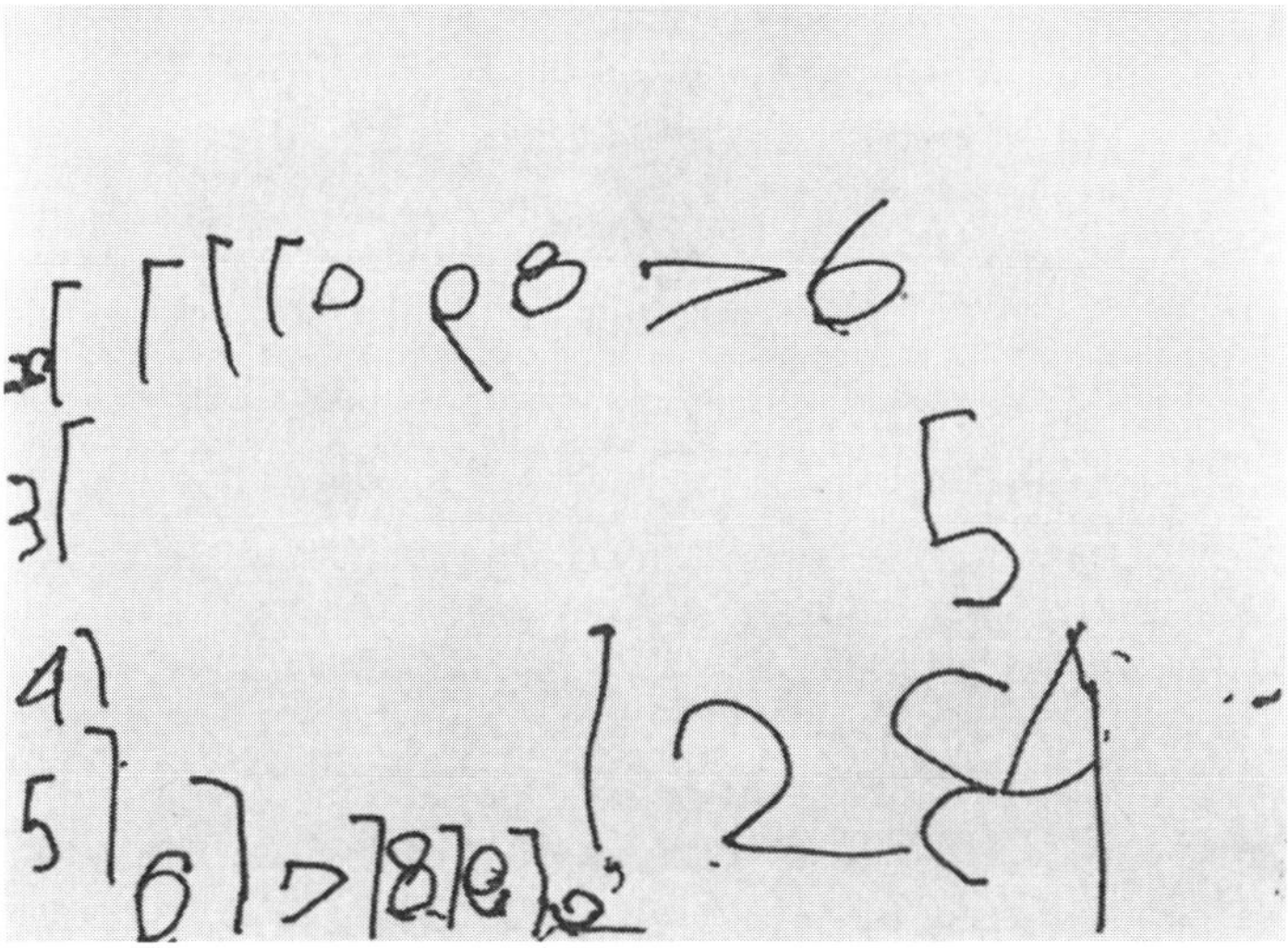

絵 7　卒園期まもないころこんな絵を描くようになってしまった.
時計をみて時間をおしえたようだ。黒い色で数字をかいている.

絵 8　同上.

K子ちゃんはいつもは手足の指はこのように内側に曲げたままであった.

脳性マヒの子どもの保育でも、私たちは実に多くのことを学んでいる。

ころんだ時のために頭に厚いやわらかいヘルメット帽のようなものをかぶせられ、重たい矯正靴をはいたまま遊んでいる多くの脳性マヒ児を施設でみたとき、私はその子らの手・足の細さゆえ一層心が痛んだのであった。私は、決して脳性マヒ児に帽子はかぶせまい、重い靴ははかせまい、この子らの手・足を太くしてやろう、とひそかにその時思ったのであった。

その後、実際に私の、脳性マヒ児の保育が始まったのである。不安がる両親を説得し、どんなに転んでもよいように私は一年間は芝生で育てることにした。立たせること、あるかせることをあせる親たちを説き伏せ、一年うつぶせにして腕の力をつけ、草木の精気を全身で呼吸させて食欲を出させ、骨が、肉が、育つのをまつのである。

芝生の上で私は子どもの両足首をもち、魚のように背骨をゆすった(二〇〇ページ写真参照)。

両手をとり、おきよ、とばかりからだをゆすると、これまたふしぎ、今まで中にちぢめていた足指をひらき、あの0歳児の親指のそりが出てきて、その指で私のひざをけり、脳性マヒ児K子ちゃんは立った（二〇一ページ写真）！

そして彼女は何とうれしげに笑ったことか（二〇二ページ写真）。

今までスタピライザーをつけて立つ訓練のみをしてきたこの子どもは、そのために首の座りもおくれたと思われるのだ。今はもうあせらない母親になってくれた。母親の顔も実にはれやかになった。

この子もきっとS君のように歩く日の来ることを私は確信している。何故ならとてもがっちりと固いももになってきたからである。

私たちはこうして今、早期治療のおくれた子どもたちのやや困難な仕事に懸命になりつつ、早期発見・早期治療を叫びつづけている。

私たちの園の零歳児の保育室はあたかも障害児の治療室の感さえするのである。

『子どもの発達とヒトの進化』（築地書館）の付言に書いたように、今私たちのまわりにも障害児の出生があまりにもふえてきているのに慄然とするばかりである。

ここに再び私たちの園の調査表を紹介する（本書末尾資料参照）。深谷市の保健所の方々から貴重な意見をいただき、一項目調査事項をふやした。

この母親の妊娠中、また出産時の状態の調査は零歳時期の発達状況の調査表とともに、園児の卒園までずっと継続して参考にし、一人一人の子どもの六歳までの発達にどうかかわってくるのかを私たちはずっとここ数年観察中である。しかし零歳から私たちの園に入所した子どもたちは、満二歳頃までには妊娠中、および出産時の発育のおくれを克服しつつあることがうかがわれ、乳児保育の重要性をますます痛感するのである。

参考資料として、さくらんぼ保育園の零歳児たちの、職員会議に提出した資料を紹介する。以後、この調査は年長

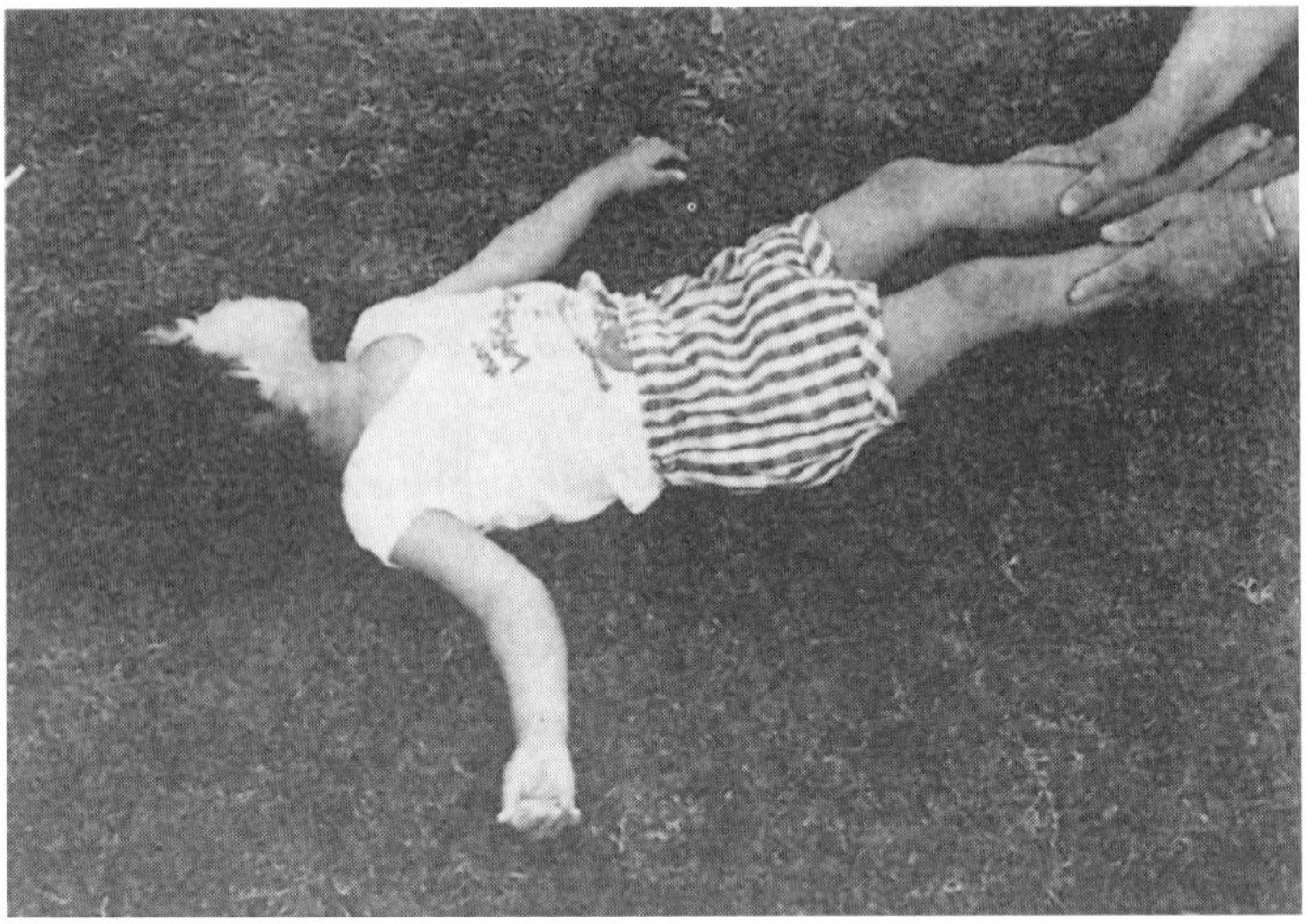

「赤いべべ着た可愛いい金魚」と私はうたいながら，くねくねと背骨を左右にくねらせてやると，どの子どもも気持がよいのか喜ぶ．特に脳性マヒ児，自閉児には毎日のようにやるとよい．（在園児のK子ちゃん．）

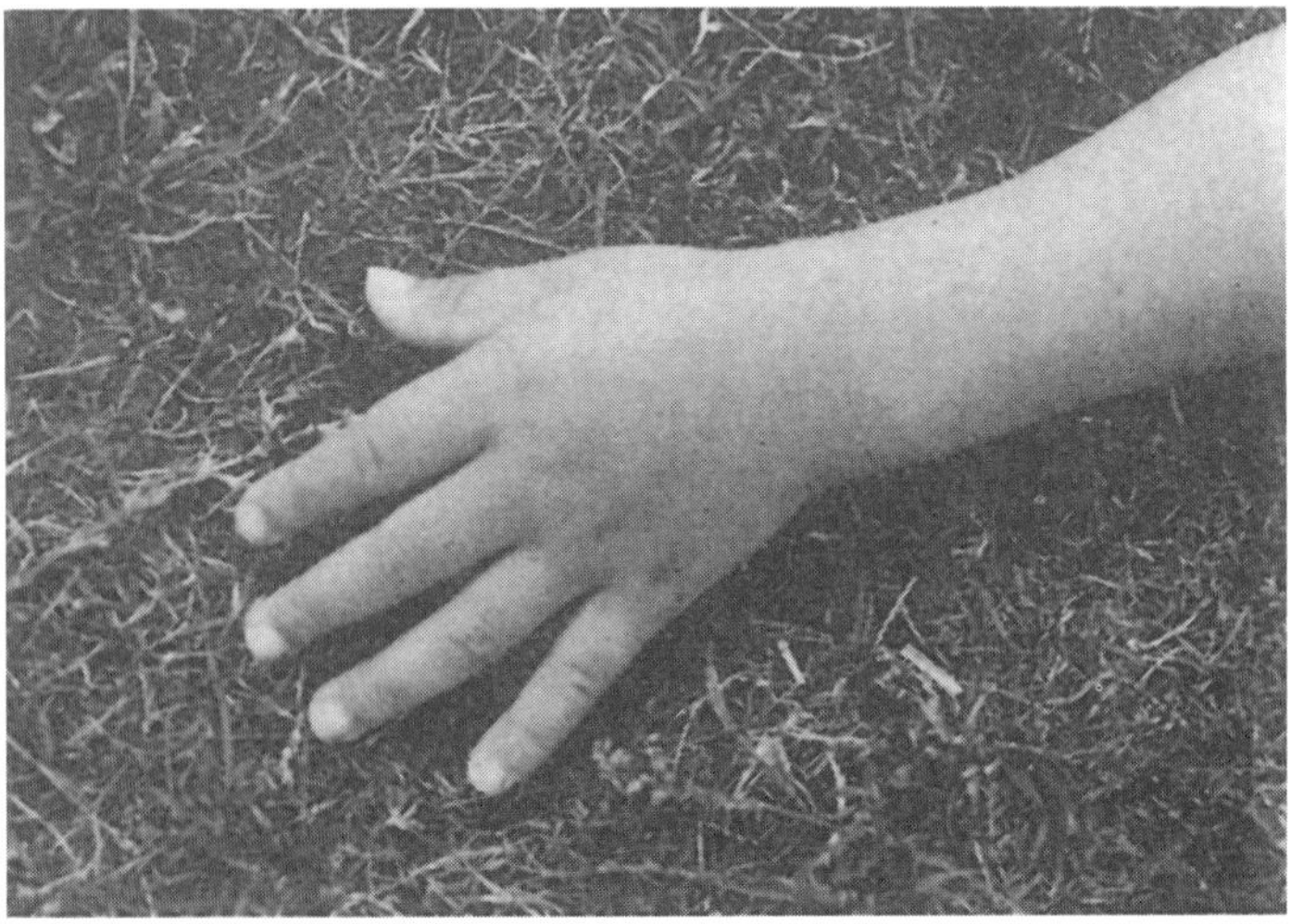

するとふしぎ！　脳性マヒ児は緊張にひきつっていた手指をのばした．全く健常児のようにすんなりと指をひらいた．

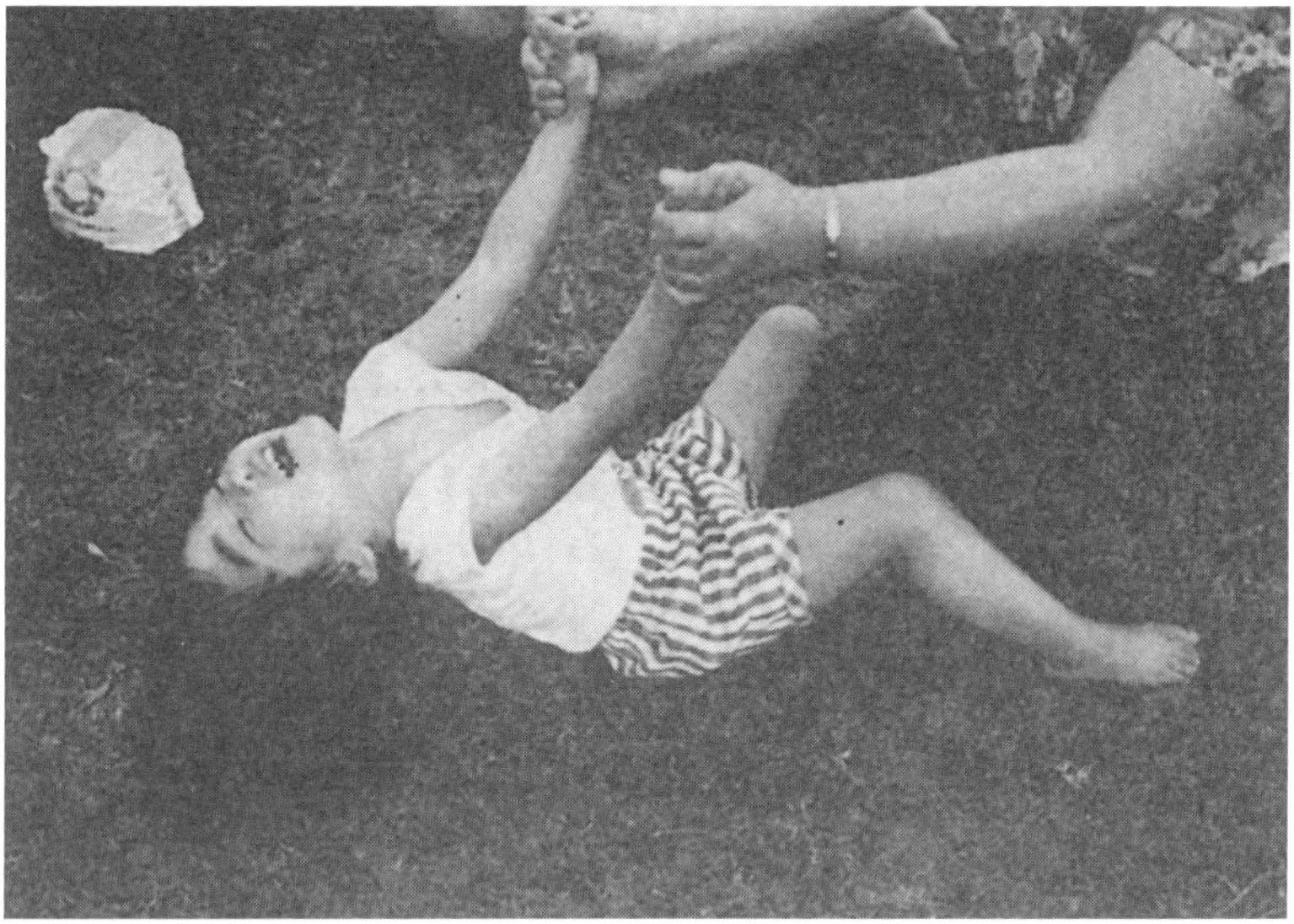

▲〝おふねはぎっちらこ〟とうたいながらおこしたりねかせたりしてからだを動かしてやるとやはり気持がよく、次第に足指もひろげ、緊張をといてくる。
◀そして足の親指をそらせてけり、私のひざの上で立った。

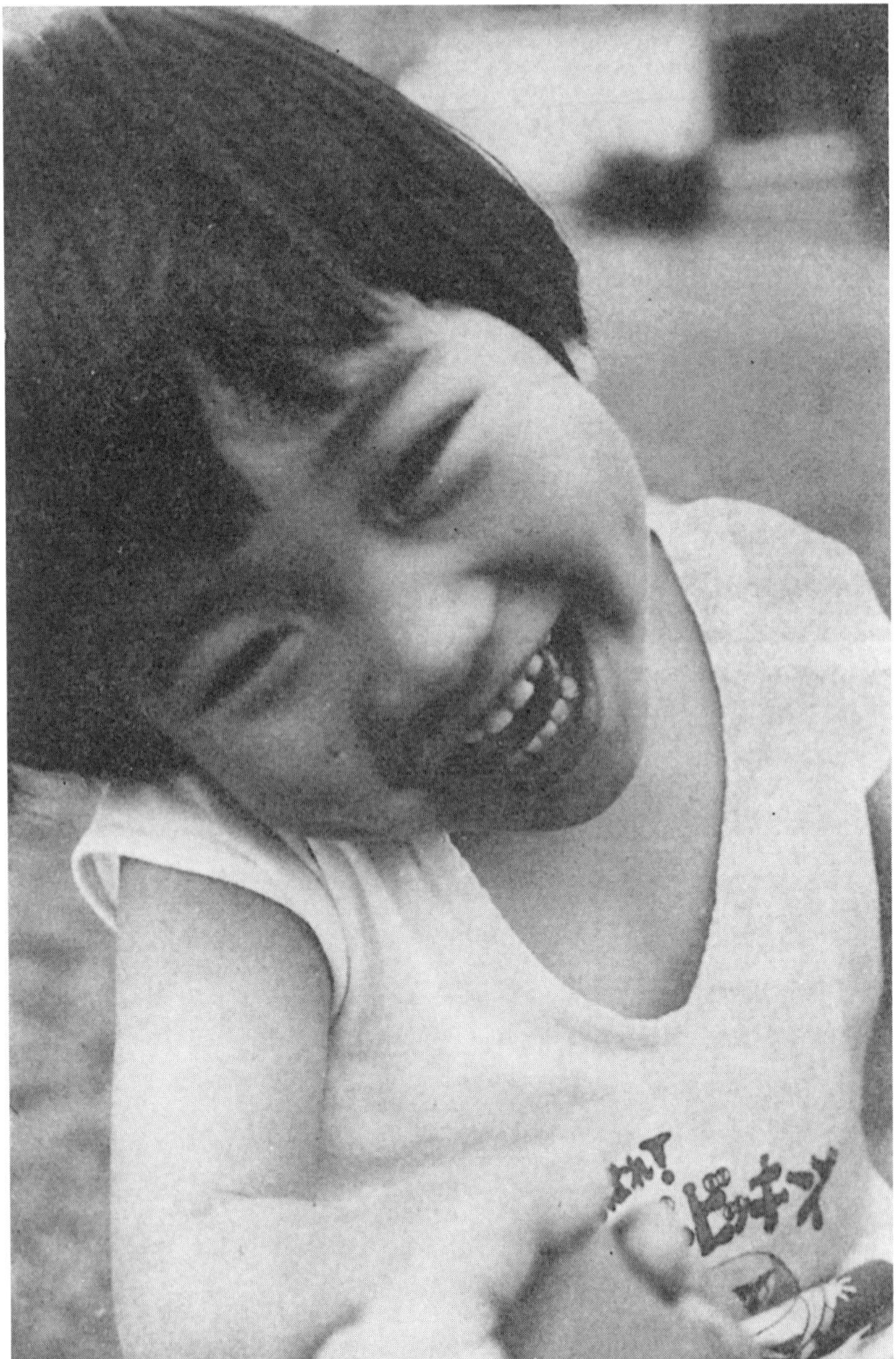

数ヵ月前夏でも靴下をはいていた，というK子ちゃんはもうこんなうすぎで，この笑顔である.

さくらんぼの零歳児室．長い間民家を改造した部屋をつかっていたが，1980年，やっと零歳児室ができた．芝生も広く子どもは柵がないのでひとりでおりて這ってあそぶ．

児クラスまで生かし、その後の変化をずっと記録してゆくのである（本書末尾資料参照）。

零歳児の保育は、何とありがたいことであろうか。ある旧職員の子どもは出産時に脳内出血のあることを宣告されたが、生後二ヵ月で入園、六ヵ月で脳内出血はきえた。専門医がC・Tスキャンをとり直した結果、もう心配はないと診断されたという。もしそのまま自宅にねかせておけば、点頭てんかんがおきたかもしれなかった。あるいは脳性マヒになったかもしれなかった。これまで何度か大津市にゆくことを決心させようと思ったが、今は子どもにも母親にも笑顔が出てきた。

桧材を張った広い床面のあるさくらんぼ保育園の乳児室は朝から夕方まで陽がまわり、風通しもよく、夏は扇風機もいらない。

部屋にはベッドはない。斜面と段差のある床面と、やはり斜面のある広い芝生が神経系の故障もつぐなってくれるのであろう。

ヒトの子の、人間に育つ力の何とすばらしいことか。

▲▶零歳児室はベッドをおかず、桧の床、たたみで段差もあり、おおごとをしながら這って、それが発達をうながす。

無力といわれた零歳児の中には、どんな障害をもいやそうとする〝育つ力、生きる力〟がかくされているのである。私たちはただただその自然の力におどろくばかりである。

さて、このようにすべての子が笑える日を、と願いつづけてきた私たちではあるが、まだまだこの園を巣立つ障害児の数は少ない。

それであるのに、すでに私たちはこの間、十人余の職員たちの健康破壊という最も痛ましいことに直面した。

さくらんぼ保育園は日本で最初に健常児と障害児の統合保育所として認定されたために、まだ施設が完備しないうちに比較的重い障害児が一園に集中した結果、職員の神経疲労や肉体疲労が極限に達したためであった。今は職業病の早期発見・早期治療に対する認識もしだいに深まってきたが、当初は、すべてが私たちにとって新しい経験であったため、職業病の発見も認識も後手に回り、罹病者の数を多くし、また初期に罹病した職員たちは症状も重く、その回復にはまだ日がかかる現状である。季節保育所の最初の職員であり、さくらんぼ保育園の園長であった千葉さんもその一人である。彼女は全盲児・重い自閉児・ちえおくれ児など多くの障害児たちを育ててくれた人である。彼女を助けた職員たちも次つぎと同じ病でたおれた。このことはかつてさくら保育園が火災で全焼した時以上に私たちの園の存続を危くした。

しかし職員集団、父母集団はよく団結した。そして立ち上り、国会請願をし、ついに障害児の集中園制度を国に改めさせることに成功した。どの保育園にも障害児保育の補助金を出す制度に改めさせることができたのである。職業病にたおれた職員は全員労災に認定された。何人か職場復帰する職員も出てきたが、何人かは転職したり、結婚のためやめた。今千葉さんたち、まだ職場復帰に至らない職員も懸命に治療にはげみつつ、この本をまとめる仕事に力をかしてくれた。

障害児の親の会もきたえられた。大勢の職員がほとんど同時にたおれたため、やむをえず、両親が別居して一時深谷にきて入園している障害児には父親のもとにかえってもらった。親の会ではたいへん大きい問題となったし、深谷在住の障害児の母親には、目の放せない子どもの場合、つきそってもらった。これに対しても大きい不満が出た。職員と父母の間の不信が表面化した時もあったが、これも今は克服できたと思っている。

障害児親の会—さくらんぼ会はすでに自力で運動できるまでに育ってきた。困難があったからこそ、深く問題を話しあったからこそ、である。今さくらんぼ会は、行政に対し、大津市のような早期発見の制度を要求し運動をつづけているし、また卒園後の対策にも目をむけ始めている。

えりちゃんの死（「はじめに」参照）は大きくみんなの心をふるい立たせているのである。

学童くらぶの充実とともに与謝の海養護学校につづこうというごきである。この地域にも与謝の海養護学校を！と願う障害児の親たちのねがいはしだいに切実なものになってきているようだ。

私は不幸な大正時代に生をうけ、大きい戦争を経験し、私の人生の三分の二はいつも子どもたちの泣き顔をみ、泣き声が耳をはなれなかった。

今ようやく、私のまわりの子どもたちは一人、また一人と心からの笑みをうかべ、命輝かせて生きてくれるようになってきたことはうれしいことではあるが、暗雲がすべて立ち去ったわけではない。一九八一年は国際障害者年のはじめであるというのに、何故か子どもたちにはつらい年のはじめになりかけている。この本の出版はその暗雲をふき払う勇気を与えてくれることを願って職員たち一同の期待のうちに書きすすめられたのである。

最後に、今まで私たちの仕事をはげまし、力をかして下さった多くの諸先生方、私たちが学んだその著書名をしるし、感謝のことばのかわりとしたい。

柳田謙十郎氏（哲学者）

著書――『労働と人間』（学習の友社）『自然・人間・保育』（あゆみ出版）『弁証法的世界』（創文社）

斎藤喜博氏（元島小学校長）

著書――『斎藤喜博著作集』（麦書房）

矢川徳光氏（教育学者）

著書――『矢川徳光教育学著作集』（青木書店）

翻訳――『クルプスカヤ選集』（明治図書）『マカレンコ著作集』（明治図書）

井尻正二氏（古生物学者）

著書――『井尻正二選集』（大月書店）『ひとの先祖とこどものおいたち』（築地書館）『こどもの発達とヒトの進化』（同）

近藤四郎氏（京大霊長類研究所教授）

著書――『足の話』（岩波書店）『足のはたらきと子どもの成長』（築地書館）

香原志勢氏（立教大学一般教育学教授）

著書――『人類生物学入門』（中央公論社）『手のうごきと脳の働き』（築地書館）

久保田競氏（京大霊長類研究所所長）

著書――『脳の発達と子どものからだ』（築地書館）

佐々木正美氏（神奈川県小児療育相談センター所長）

著書――『自閉症児の学習指導』(学研)『育つ』(神奈川児童療育福祉財団)『障害児保育』(全国社会福祉協議会)

清水寛氏(埼玉大学教育学部助教授)

著書――『障害児教育とはなにか』(青木書店)『セガン研究』(編)

河添邦俊氏(高知大学教授)

著書――『障害児の育つみちすじ』(ミネルヴァ書房)『子育てのみちすじ』(同上)

田中昌人氏(京都大学助教授)

著書――『子どもの発達と診断』(大月書店)

秋葉英則氏(大阪教育大学助教授)

著書――『子育てに科学とロマンを』(ささら書房)『育ちあいの子育て』(労働旬報社)

近藤薫樹氏(日本福祉大学教授)

著書――『人間』(青木書店)

三木成夫氏(芸術大学センター医師)

この他、私たちは集団でルソーの『エミール』(明治図書)を埼玉大の清水寛氏の援助をうけて学習している。

また脳性マヒその他脳障害の早期発見のため、府中市の都立神経病院の小児神経内科医である林万リ氏にもたびたび来園していただき、この時は各地の姉妹園からも零歳児が集まってくるようになった。

こうして大勢の方々の援助や、全障研の先輩・仲間たちの実践に学びつつ、今日にいたった。

私たちは、保育園の職員会や北埼玉保問研など、集団で学習する場をもっている。このことはひとりの成果をみんなのものにし、お互いの率直な批判もまた実践に生かすこともでき、共同で研究・実践の道もつくり出すことができて本当にありがたいことである。最近は市内公立保育園の保母や保健婦の方々ともつながりが深まり、県内の障害児保育の推進のための組織もでき、一歩、一歩ずつではあるが広がりをもちはじめた昨今である。

ともあれ、私は、困難な障害児保育に一生懸命とりくんでくれる職員たちに感謝でいっぱいである。そしてからだをこわした職員たちの完全復帰をまちつつ、これからまた新たな障害児保育のあゆみをふみ出したい、と考えている。

この原稿をまとめている時、ニュースは京大の福井謙一氏のノーベル化学賞の受賞を大きく報道した。私は福井教授の発見されたフロンティア軌道の理論をきき、大変面白く感じた。

電子核の最も遠い軌道をまわる電子が、最もエネルギーが大きく、化学反応をおこす、という発見である。私はその法則が、こどもたちの運動の法則に適用できるのに驚き、大変面白く感じたのである。というのは、いつもホールをかけ回る運動で、中心を小さく回るこどもは発達の遅れている子どもだからである。決してずるく考えて楽をするために小さく回っているのではない。エネルギーが小さくて外側をかけることができないのである。

そのため、保育者たちと相談し、できる限り、外側を走るよう一緒に走る等配慮すると同時に、家庭とも連絡をとり、夜早くねかせてもらうこと、朝は早くおきてちゃんと朝食を食べさせることの他、しっかりとあるかせたり、仕事を手伝わせたり、甘い間食をやめさせたり、からだを動かすことを、はげましはげましするうち、だんだんと力がつき、自らの力で外側を走るようになってきたとき、その発達の目ざましさに職員一同おどろくのである。したがって他園でリズム遊びを指導するときも、はじめて出合う子どもたちであっても、内側を小さくまわる子どもたちに注目するようになり、あとで担任の先生に、その子の生育歴や、偏食のあるなし、登園の時間などをきくと、その子どもの発達についてのアドバイスができ、すべての子どもをのばしきる保育への手がかりが生じてくるのである。

最もエネルギーの高い電子が運動量も大きく、最も中心を遠く大きくまわり、そして化学変化をする、というこのフロンティア軌道の理論は、ちょっと飛躍かも知れないが、このように子どもたちのうごきにもあてはまり、大変面白く感じたのである。

私たちはいろんな人たちにはげまされる。全く教育・保育には関係がないと思われる仕事からも学ぶことができ、そしてはげまされる。

国際障害者年の最初の年である一九八一年は自由民権百年の年でもある。私たちは埼玉北部に住み、自由民権運動とともに立ち上った秩父困民党の闘いに特に興味をもつのであるが、その学習会のおり、『自由民権の民衆像』(新日本出版社)を書かれた中沢市朗氏より、自由民権運動の理論的指導者であった植木枝盛が書いた『尊人説』を紹介してもらった。

これをみると、今から百年前、日本の民主主義の運動の先達《せんだつ》も、世界の科学の発達を知り、そして人間の平等と尊厳に気づいた、ということがうかがえ、感深いものがある。

「天下大なりと雖も、人間の天下也、人間は天下の人間に非ず、世界広しと雖も、亦人の世界也、人は世界の人に非ず、人間は独立也、人は其人の人にして、他人の人に非ざる也、必当さに自由にして、些も圧抑強制せらる、道理あるべからず……嗚呼大なるかな斯人間、嗚呼大ひなるかな人間の力、天上天下に貴重高大にして有力有勢の者は其唯人間乎」とのべている。

まさに私たちは、その人間の子どもを育てているのであって、いかにことばがまだ生ぜずとも人間の子なのである。

ところが、先日、アメリカの障害児の教育の実際(行動療法)が特集され報道されたが、〝命じられたことを行なえばチョコレートなどを口に入れてやる〟ということをくり返し、できるようにする、というまるで動物の芸をしこむようなやり方をしている場面をみて、私は心が痛んだのである。

私たちの障害児保育は、〃一生懸命やれば誰でもできるようになる〃という、真の人間信頼が、時にはきびしい要求、はげましになるが、これは口に入れる〃アメ〃とは大きくちがうものである。かけがえのない人間尊厳、人間信頼の科学が私たちを支えてくれているのである。

〔付記〕　この原稿を書き終えたある日、私は映画「育つ」パート3（安田生命社会事業団）を観た。これは、さくらんぼ保育園で二年間保育した一人の自閉症児が、小学校に入学してからの記録映画である。ところが文字学習、数の観念を学習させるために、アメリカで行なわれている〃できたらチョコレートなどをほうびにやる〃という方法がとられているのに私はおどろいた。

この方法はたしかに速効性はあるが、さくらんぼ入園中のあの輝くばかりの笑顔はうすれ、手を細かく顔の前で振るという神経症状が相当ひどくあらわれるようになってしまった。この子どもの将来が大変気づかわれるのである。

健常児たちの教育においても今早期知的教育が思春期に精神障害をおこす危険性のあることを世界の精神科医たちが訴えはじめているときである。

このことに、健常児であろうが、障害をもつ子であろうが、すべての子どもの親たちは気づいてもらいたいと強く強く願われる。労働がサルを人間に発達させた——という歴史的事実に学び、十分にからだをつかっての友だちどうしとの遊びと、からだに〃力〃をつける労働こそ知的発達を促すもとになる、ということを深く心にきざみつけてもらいたいのである。

（斎藤　公子）

資　料

さくら・さくらんぼ保育園の調査表・発達記録表の一例

（本文 199 ページ参照．現在この表は試作中で年々改善を加えている．）

出産時の調査表①（さくら・さくらんぼ保育園）

児童名		生年月日		入所年月日	

家　族　構　成

	氏　　名	生年月日	職業	勤　務　先
父				
母				

妊娠前　及び　妊娠中の状況について

◦妊婦の仕事の内容 ＿＿＿＿＿＿＿＿

　いつまで続けましたか ＿＿＿＿＿＿＿＿

　負担だったらその理由 ＿＿＿＿＿＿＿＿

◦車の運転はいつまでしましたか ＿＿＿＿＿＿＿＿

家　庭　環　境

家屋　　自宅，借家，アパート，社宅

間数

採光　（ひあたり）

騒音　　静，騒，普通

既　往　症

入所時までにかかった病名と，その状態について，できるだけ詳しく書いて下さい．　（湿疹　その他について）

◦夫婦間の血縁関係がある場合，詳しく記入して下さい．

◦妊娠中の異状について　　（その１）

・途中に出血はありましたか

はい　・　いいえ

（あればいつ頃）＿＿＿＿＿＿＿＿

（どんな状態）＿＿＿＿＿＿＿＿

◦妊娠前の栄養状態（平常）

偏食はありましたか ＿＿＿＿＿＿＿＿

特に甘いものが好きですか ＿＿＿＿＿＿＿＿

食事は良く食べられましたか ＿＿＿＿＿＿＿＿

◦妊娠前の健康状態（貧血症，他）

＿＿＿＿＿＿＿＿＿＿＿＿＿＿＿＿

◦流産・死産の経験は　なし　・　あり

あれば　流産（　　）回　死産（　　）回

◦長期にわたる（2年以上）　避妊はありましたか

はい　・　いいえ

◦妊娠中の腹部X線照射があれば

いつ頃 ＿＿＿＿＿＿＿＿

何　故 ＿＿＿＿＿＿＿＿

◦妊娠中の注射・薬物投与がありましたか

はい　・　いいえ

あれば　いつ，何を

＿＿＿＿＿＿＿＿＿＿＿＿＿＿＿＿

• 中毒症はありましたか ＿＿＿＿＿＿＿＿

• 切迫流産はありましたか

はい　・　いいえ

（あればいつ頃） ＿＿＿＿＿＿＿＿

• さかごでしたか　はい　・　いいえ

（状態，時期）

＿＿＿＿＿＿＿＿＿＿＿＿＿＿＿＿

• 妊娠中の感染について，（　　）ヶ月頃かも書いて下さい

＿＿＿＿＿＿＿＿＿＿＿＿＿＿＿＿

• つわりの状態はどうでしたか

（食事の状態も詳しく書いて下さい）

＿＿＿＿＿＿＿＿＿＿＿＿＿＿＿＿

• 妊娠中に　家庭上，または仕事上その他で，心理的ストレスがありましたか

＿＿＿＿＿＿＿＿＿＿＿＿＿＿＿＿

出 産 時 の 調 査 表 ②

∘ 妊娠中の異状について　　　（その２）

慢性病（糖尿病・腎臓病・ぜんそく・他）がありましたか

RH因子について

血液型不適合について

胎児の心拍数は正常でしたか　はい　・　いいえ

心悸動は規則的でしたか　はい　・　いいえ

貧血はどうでしたか

血圧は正常でしたか

蛋白尿と　浮腫はでましたか

○　○

∘ 在胎期間　　満期出産　（　　）日早い

（　　）日遅れる

∘ 分娩の場所　　病院　　診療所

助産院　　自宅

出産時の児の状況について

∘ 体　重（　　　　）g

∘ 生まれてすぐ産声をあげましたか

はい　・　いいえ

（どの位経過しましたか　　その状態）

∘ へその緒を巻きつけていましたか

いたらその状態を詳しく書いて下さい

∘ うぶ声は　　大きかった　・　小さかった

∘ 特別な処置をうけましたか

保育器に　（　　　）日入っていた

人工蘇生　・　酸素吸入　・　交換血液　・　薬物投与など，他をうけましたか

出 産 時 の 状 況

◦分娩の状況　　正常　　帝王切開
　鉗子分娩　　吸引分娩　　その他

◦分娩時に，陣痛促進等のため，注射，投薬，その他を受けましたか．局所麻酔などしましたか

◦陣痛時間　（　　）時間
　陣痛は強かった　　弱かった

◦破水してから生まれ出た時までの時間

◦羊水は透明でしたか

◦頭位分娩でしたか　　はい　・　いいえ
　（状態）

◦体温は正常でしたか　　はい　・　いいえ
◦生まれた時の皮膚の色は
　正常　　蒼白　　赤すぎる　　黄疸
　チアノーゼ等　記入して下さい

◦嘔吐・けいれん・後弓反張反射・他がありましたら詳しく書いて下さい

◦頭に血腫・産痛・非対称性はありましたか

◦泉門の大きさについて書いて下さい（緊張の変化，膨隆，陥凹がありましたら書いて下さい

◦顔の表情・非対称性・目のまわりに浮腫はありましたか

◦手は握っていましたか　　はい　・　いいえ

◦初乳は飲ませましたか　　はい　・　いいえ
◦哺乳の力はどうでしたか

◦授乳状況
　母　乳（　　から　　まで）
　ミルク（　　から　　まで）
　混　合（　　から　　まで）

発達記録表①（さくら・さくらんぼ保育園）

名　　前 ＿＿＿＿＿＿＿＿＿＿

生 年 月 日　　年　　月　　日

入所年月日　　年　　日　　月

入所時の視診

皮膚	血色はどうか 弾力性はどうか 湿疹は出来ているか
表情	おだやか，しかめている，無欲状，顔の麻痺等
唇	鼻・顎・耳の型に奇型はないか
目	眼瞼の型に変ったところはないか 目のまわりに乳腫はないか 斜相ではないか

②手

手を口にもっていく		
握っていた手を開くようになる		
手に物を握らせるとそれを持ち，ふる		
目の前にあるものに手を出して，つかむ		
手のひら，中指薬指小指をつかってものを握る		
5指で物をつかむ		
3指で物をつまむ		
親指と人さし指でものをつまむ		

姿勢	正常で対称的か否か 非対称性があるかないか 後弓反張がないか　かるいか　つよいか 蛙体位がないか　あるか

①目・耳・表情

項　　目	月　　数 （1，2，3，……12）	備　　考
明るい方をむく		
一方をじいっと見る		
動くものを目で追う		
音のする方へ顔をむける		
あやすと笑う		
あやすと声をたてて笑う		
表情がゆたかか		
泣き方はどうか		

一方の手から他方の手に持ちかえる		
両手にものをもち打ち合わす		
コップを持って口へはこぶ （もち方はどうか）		
スプーンを口へはこぶ （もち方はどうか）		

③足

あおむけで足をピンピンさせる		
ひざの上で足をツンツンさせる		
うつぶせにしたとき足の親指が床についているか		
足は左右対象かどうか		
足をつく力が強いか弱いか		

発 達 記 録 表 ②

項目	月数 (1, 2, 3, ……12)	備考
④全身運動　新生児の泣くときのふるえなど		
自発的な手，足のふり，運動について（病的とふられるものがないか）		
首がすわる		
ねがえりをする（腕がぬけているか）		
うつぶせで首をもちあげる　（何分か）		
うつぶせで肩をあげる　（何分か）		
うつぶせで腕が立つ（手をひらいているか）		
腹ばいで動く 円をえがく（〃）		
腹ばいで後方にさがる（〃）		

項目	月数 (1, 2, 3, ……12)	備考
段をはってのぼる（高さは？　何段か）		
段をおりられる（高さは？　何段か）		
ひとり立ちをする		
ひとり歩きをする（何歩か　歩き方はどうか）		
しゃがみ腰ができる		
ことば　認識及び集団性の発達		
アーアー，ウーウー……など声をだす		
ゴニョゴニョとしきりに言っている		

腹ばいで前進する 1. 両腕をついて動く		
2. 両手をついて動く		
3. 片腕で動く		
4. 両手を交互について動く （両せい類ハイハイ）		
5. 足の親指をついているか （手を開いているか）		
四つ足のハイハイができる		
腰をしきりにあげる		
高ばいをする		
自分からお座りをする		
つかまり立ちをする		
つたい歩きをする		

大人の口まねをしてかたことがでる		
音節語がでる（種類）		
人見知りをする		
指さした方を見る		
指さしをする（具体物と合わない）		
指さしをする （具体物とあう）		
手をパチパチする		
手をバイバイする		
手あそびの真似をする その種類 （例） いないいないばあとっとのめ　にんぎにんぎ		
名前をよばれるとふりむく		

発達記録表 ③

項目	月数(1，2，3，……12)	備考
ボールをころがすところがしかえす		
いれものに入っているものを外へつかみ出す		
自分のものがわかる(ふとん，くつなど)		
まわりの子とかかわりをもち(内容) 。顔を見合わせて笑う 。物をとりっこする 。まねをする 。何やらお話しをしあう		
ふりまわしたり，ゆさぶったりすると笑ってよろこぶ，いやがる		

項目	月数(1，2，3，……12)	備考
その他		
歯はいつごろはえはじめたか		
大泉門がふさがったのはいつか(大いさ膨隆又は陥没)		
眠りが浅いか		
音にピタッと驚く		
お乳をすう力が強いか弱いか		
そしゃく力はどうか		
体を異常にそらすことはないか		
既往症		
突発性発疹		
麻疹		
水痘		
その他の病気		

離　乳　食

月　齢	内　容	食べた量	食べた時の反応とその変化	排便回数 正常・異常	そしゃく力と飲みこむ力	ミルク又は牛乳の飲み量（1回）	体　重

調査表①——妊娠前および

	児童氏名（現在の年齢）	生年月日	入園年月日（入所年齢）	母の出産年齢	兄弟との年齢差	父母の職業		母体の	
						父	母	いつまで仕事を	車の運転
1	A（1歳4か月）			29歳	姉4上	会社員	保母	産前8週間	出産2日前
2	B（1歳3か月）			31歳	兄6上	教員	保母（年長担任）	産前6週間	出産2日前
3	C（1歳2か月）			28歳	姉3上	地方公務員	地方公務員（事務）	産前2ケ月	出産するまで
4	D（1歳1か月）			29歳	姉2上	会社員	家事		出産するまで
5	E（9か月）			30歳	兄6上 姉4上	治療士	保母（2歳児）	産前6週間	出産1ケ月前
6	F（〃）			32歳	兄4上	公務員	保母	産前7週間	産休に入るまで
7	G（〃）			32歳	兄4上	公務員	保母	産前7週間	産休に入るまで
8	H（6か月）			32歳		施設指導員	施設保母	産前6週間	産休に入るまで
9	I（〃）			28歳		農業自営	家業（農業自営）	入院前まで	9ケ月頃まで
10	J（5か月）			25歳		会社員	保母（2歳担当）	産前6週間	1週間前まで

妊娠中の状況

状況 / 妊娠前の病気	甘いもの	血圧	尿蛋白	貧血	その他の異常	つわり
良好	普通	低血圧（妊娠前）正常（妊娠中）	6，8か月時の２度	あり	妊娠前期３ヶ月休業	普通
良好	普通	正常	１度＋－	少しあり（74％）	妊娠前期３ヶ月休業 流産２回　流産止め	前期あったが食べられた
良好	普通	正常	なし	あり	増血剤の注射（妊娠８ヶ月頃）長期避妊	なし
なし	好き	正常	後半にあり	あり（９ヶ月～）	増血剤の注射，投薬（９ヶ月～10ヶ月頃）	３～４ヶ月頃嘔吐ひどいが食事は普通
良好	普通	正常	浮腫でない（－）	なし	長期避妊	胸がむかつく程度，食事は良くたべた
疲れやすかった	嫌い	正常	なし	あり 鉄剤投与	妊娠３ヶ月頃出血あり，長期避妊 妊娠10ヶ月・出産２～３日前Ｘ線照射 ①　切迫流血予防薬 ②　鉄剤	よく食べられたが嘔吐ひどかった，特に朝食後
疲れやすかった	嫌い	正常	なし	あり 鉄剤投与	３日間絶食．４～５本リンゲルうつ． ・切迫流産で３ヶ月頃，２週間入院． ・さかご(妊娠29日)食事は野菜とカルシウムよく食べた	通勤途中も車中でよくはく
良好	普通	正常	６ヶ月頃あり ７ヶ月頃浮腫	あり（57％）	増血剤の注射４ヶ月頃から投薬 妊娠４ヶ月頃むくむ（中毒症）切迫流産４ヶ月頃	殆んどなかった
貧血症	好き	初期100/60～100/70 ９ヶ月から120/70となる	なし	血色素 ２ヶ月 10.2（64％） ８ヶ月 10.5（66％）	妊娠前期，後期に２回，食あたりで病院で注射と投薬 妊娠中期まで精神不安定つづく	気持悪くなり３～４回吐気あり精神状態不安だったが食事はふつう
良好	好きだけど妊娠中はたべない	120/70	５ヶ月～６ヶ月頃±となった	なし	増血剤（３ヶ月～）	３～４回はいた程度

調査表②——母体,

	児童氏名	陣痛時間	陣痛強弱	在胎期間	陣痛促進のため	分娩の状況	産声	産声の強弱
1	A	12時間	普通	満期出産	なし	正常	1.2 秒後	普通
2	B	6～7時間	普通	7日早い	なし	正常	すぐあげた	
3	C	26時間	弱かった	6日遅れ	なし	正常	すぐあげた	大きかった
4	D		弱かった	7日早い	局所麻酔	帝王切開	すぐあげた	大きかった
5	E	4時間25分	強かった	12日遅れ	投薬うけた	正常	すぐあげた	大きかった
6	F			8日早い	全身麻酔	帝王切開	あげた (P70P～7.2P 9点)	大きかった
7	G			8日早い	全身麻酔	帝王切開	あげたが Apgor Scre (1分 6点 5分 9点)	弱く小さかった
8	H	6～7時間	強かった	3日早い	産道を作るための薬2種	正常	あげなかった 1～2分位経過	普通
9	I	23時間	弱かった	満期出産	注射12時間	正常	あげなかった 5分経過	弱く小さかった
10	J	2日間	弱かった	2日遅れ	なし	正常	すぐあげた	大きかった

出産時の状況

特別な措置	手の握り	初　乳	出産時の児の状況	出産場所	出産児 体　重
な　し	ひらいていた	飲ませた	破水後２時間	病　　院	3,150g
な　し	握っていた	飲ませた	破水と同時	病　　院	2,850g
な　し	握っていた	飲ませた	前期破水	病　　院	3,550g
な　し	握っていた	飲ませた	帝王切開	助 産 院	3,550g
な　し	握っていた	飲ませた	破水して30分位後	病　　院	4,460g
保育器に２日入る	握っていた	飲ませた	軀幹淡紅で四肢チアノーゼ(＋) 嘔吐（－）	病　　院	2,610g
保育器に３日入る	握っていた	飲ませた	軀幹淡紅で四肢チアノーゼ(＋) 嘔吐(＋)（－のみ）	病　　院	2,540g
な　し	握っていた	飲ませない	破水して16時間後 へその緒，一巻きしていた 出産時頭が赤いと周りの人に言われた	病　　院	2,860g
２日後病院に入院光線療法保育器に21日入る	?	飲ませた	黄疸強にて入院，羊水感染症候群，破水して10分～20分：羊水にごっていた．皮膚の色蒼白頭に血腫，頭部臍帯一巻きしていた	病　　院	2,500g
な　し	握っていた	飲ませた	へその緒一巻きしていた（首）	病　　院	3,100g

調査表③——健康状態——

	児童氏名	入所前の状況	入所時の視診	健康状態（入所後 既応症，その他	体重（kg）
1	A	母乳で育つ	血色よく，あやすと声をたてて笑う．動くものを目で追う．	良好（既） 0.3 気管支炎 0.6 突発性発診 1.1 風しん 風邪による眼病	10.1
2	B	母乳で育つ．	親指を外側にして握る．保母が話しかけると，声がする方向に顔をむける．	良好（既）去年アトピー性湿しん 1.2 とびひ	8.6
3	C	2.5ケ月まで祖母に見て貰う．	血色よく，保母の話しかけに視線を合わせ笑顔でこたえる．ミルクの飲みとても良い．	良好（既）去年　発熱下痢 1月半 1.0 風しん	10.3
4	D	母が見ていたが，父親の勤務が多忙で，子どもとの接触殆んどなかった	皮フの弾力性やや乏しい．アトピー性湿しん．反り異常にそらす時ある．	良好　去年風邪ひきやすい （既）0.11 風しん 0.9　水ぼうそう	8.55
5	E	3ケ月まで母親みていた．産後の体調悪いので産後休暇をのばした．	保母の話しかけに視線を合わせてよく笑う．又あやすとキャーキャー大声を出して喜ぶ．表情豊か．オモチャでよく遊ぶ．	良好（既） 0.7 風邪 0.9 中耳炎	10.1
6	F	4.5ケ月まで母親がみていた．	皮フのつや悪い．よくねむる．ミルク吐く．指先がチアノーゼ手足が細い．笑顔が多いが声を出してあまり笑わない．寝がえりしようとよく体を動かす．	発熱しやすい． 体重の増加少ない． チアノーゼなくなる． 吐かなくなる．	6.55
7	G	保育園を母親1年間休職する．入所までA市に住んでいた．	笑顔多い．声を出して笑う．ミルク吐く．声を出してよくおしゃべりする（喃語）．指先がチアノーゼ，手足が細い．	発熱しやすい．吐かない．体重の増加少ない．チアノーゼなくなる．6ケ月健診で左右非対称．	6.5
8	H	入所直前まで母親の実家で多勢の大人に囲まれ育ち，過保護気味．抱きぐせ強い．	顔色青白く，湿しんあり，皮フのつや張りよくない．額にしわよせ神経質そう．よく泣く．物音にビクつく．	風邪ひきやすい．咳でる．さかまつげ（左目）．湿しん．4ケ月半から体のふるえ出る．現在まで7回．	7.4
9	I	21日間保育器に入っていた．母乳で育つが，泣く毎にお乳を与えていた．多勢（6人）の大人の中で育つ．抱きぐせ強い．	反りが強い．お乳を吐く．手を固く握っている．色白，ややしかめ顔，笑顔少ない．物音によくビクつき，かん高い声でよく泣く．ミルクの飲み弱く，熟睡しない．	専門医月1度受ける． 血腫のあと消える． 右手の親指中にしてにぎり固い．一課題．	7.05
10	J	母乳で育つ． やや過保護気味．	色白．笑顔でよくニコニコしている．よく熟睡する．頭部に赤味を帯びたこぶある．左足きゅうがい形成不全	体調をくずしやすい． ミルクの飲み悪い． 題のこぶから水を抜く． 突発性発診．	7.65

<table>
<tr><th>～)</th><th colspan="3">離　乳　食</th><th rowspan="2">母乳のんだ期間</th><th rowspan="2">そ　の　他</th></tr>
<tr><th>歯</th><th>内　容</th><th>時　期</th><th>吸引力・そしゃく力・その他</th></tr>
<tr><td>上
002 | 200
002 | 200
下</td><td>普通食
(1～2歳用)
1 回 食</td><td>1.2ケ月～</td><td>意欲的によく食べる．スプーンを横手に持つ．飲みこみやや弱い．</td><td>10ケ月迄</td><td></td></tr>
<tr><td>102 | 201
002 | 200</td><td>〃</td><td>1.2ケ月～</td><td>意欲的によく食べる．スプーンを横手に持つ．</td><td>7.5ケ月迄</td><td></td></tr>
<tr><td>102 | 201
002 | 200</td><td>〃</td><td>1.1ケ月～</td><td>意欲的によく食べる．スプーンを横手に持つ．</td><td></td><td>2.5ケ月頃 ミルク 240cc 家で飲んでいた．入所後 180cc にして貰う．</td></tr>
<tr><td>202 | 202
202 | 202</td><td>〃</td><td>1歳～</td><td>食は細いが，励まされ生野菜を食べる．スプーンを横手に持つ．</td><td>1ケ月迄</td><td></td></tr>
<tr><td>102 | 201
102 | 201</td><td>後期食
(きざみ)
＋牛乳
150
2 回 食</td><td>7ケ月～</td><td>意欲的によく食べる．手づかみで最後までがんばる．マンマーよく言う．</td><td>8ケ月迄</td><td>食欲旺盛で誰れか食事をしているとマンマ，マンマと傍に寄って行き要求する．満腹になると，すぐ寝るがねむり浅い．</td></tr>
<tr><td>002 | 200
002 | 200</td><td>〃
＋ミルク
180</td><td>〃</td><td>集中して食べる．手づかみで最後までがんばる．</td><td></td><td>離乳食がすすむにつれて，嘔吐なくなってきた．ミルク 180cc もよく飲むが便がややゆるい（しだいにかたくなってきている）</td></tr>
<tr><td>002 | 200
001 | 100</td><td>〃
＋ミルク
180</td><td>〃</td><td>落ちついてゆっくり食べる．手づかみで最後までがんばる．</td><td></td><td>体重 入所 5月 6月 7月 8月
5.05 5.5 6.07 6.1 6.5</td></tr>
<tr><td>000 | 000
001 | 000</td><td>〃
＋ミルク
180
1 回 食</td><td>6ケ月～</td><td>意欲的に食べる．手づかみ＋補助</td><td>初乳のみ</td><td>ミルクの飲み4月当初110cc～130ccを30～40分だったが（途中でねむる），現在 180cc を12～15分位になる．クロスカット乳首使用．</td></tr>
<tr><td>000 | 000
001 | 100</td><td>〃
＋ミルク
180</td><td>〃</td><td>喜んで食べる．手づかみ＋補助</td><td>4ケ月迄</td><td>ミルクに切り換え段々と熟睡できるようになる．かん高い泣き声減る．現在 180cc 飲み，時々少量吐く．5ケ月すぎから（ハイハイ以後）生活リズム出る．</td></tr>
<tr><td>000 | 000
000 | 000</td><td>中期食
(つぶし)
＋ミルク
180</td><td>5ケ月</td><td>舌をペチャペチャして喜んでよく食べる．スプーンで食べさせてやる．ミルクの飲み悪い．</td><td>継続中</td><td>ミルクの飲み量不足気味．
S乳首使用．</td></tr>
</table>

調査表④――発達

	名前	「移動能力」を得ていく過程					
		首のすわり	寝がえり	「ハイハイ」	おすわり（完全に一人で）	つかまり立ち，つたい歩き	直立姿勢・二足歩行
1	A	3か月	4か月	7. 両生類ハイ 8. 四つ足ハイ	9か月	8か月	1歳1か月（5/12） 〃 （5/18）
2	B	2か月20日	3か月25日	8.「バタフライハイ」 9. 四つ足ハイ	8か月半	9か月	1歳（5/24） 1歳2か月半(8/5)
3	C	4か月	4か月	8.5 片手片足ではう 10.5 両生類ハイ 11 四つ足ハイ	8か月28日	9か月13日	1歳 1歳1か月（7/27）
4	D	3か月	4か月	8. 足指をつかわないで腕とひじ，足の内側ではう 9. 両生類ハイ（1週間）	8か月7日	8か月3日	1歳すぎ（7/23） 1歳1か月（8/11）
5	E	4か月	5か月（先にやったのは左回り）	6.5 両生類ハイ（足指をしっかりつけて）	9か月	8か月 8か月半	
6	F	4か月	5か月（4/27） （左回り）	7.「バタフライハイ」 8.5. 四つ足ハイ	8か月22日	8か月半 9か月	
7	G	4か月	5か月半（5/9） （左回り）	7.5「バタフライハイ」 8.5 両生類ハイと併用	8か月22日	8か月22日 9か月	
8	H	3か月半	5か月（7/7） （左回り）	6. うつぶせで後ずさりする，まだ「飛行機」のようなかっこうをする．			
9	I	3か月	3か月半（6/4） （左回り）	4.5. 両生類ハイ 四つ足ハイ・高バイの姿勢で体を前後にゆする	6か月（8/20）		
10	J	3か月半(6/18)	4か月6日(7/24) （右回り）	5. うつぶせで後ずさりする．			

状況――

＋ リズム リズムなど	手―足―指
うさぎ・かえる――かかとをあげる あひる――腰をおとし両手をひろげて３歩あるく かめ――補助すれば両足首をにぎる	・両生類ハイ（リズム）で足指をつかい進む.
あひる――腰をおとして体を上下にゆする つばめ――胸をはって両手を後ろに広げる かめ――特に好んでする	・「ハイハイ」――初め右手があまり開かなかったが足指はつかっていた.
どんぐり――１人で回転する 金魚――腰をくねらせようとする	・「ハイハイ」――初め，手指が丸まっていたが足指はつかっていた（10か月以後しだいに手，指がひらいてくる）
かめ・うさぎ――自分から体を動かす 両生類はい――　〃	・「ハイハイ」――初め手指が丸まっていた. 足指はつかわない.
	・「ハイハイ」――９か月ごろまで手指を固くにぎっていたが，少し開き始めた.
	6.5　左手にぎっている（うつぶせで） 7.　両手をひらく　（　〃　） 9.　「ハイハイ」――足指つかわず手指は軽くまるまっている.
	7.　両手をひらく（うつぶせで） 9.　「ハイハイ」――足を外へむけ（横にして）足指をつかわずすすむ．手は開いている
	2.　親指を中に入れにぎっている 3.　両手ひらく 6.　うつぶせ――両手指をしっかりとひらき，胸をはり，両足指をたてて床につける
	2.　親指を上にしてにぎる．寝ている時右手にぎる. 6.　右手のにぎり強い（親指を中心にして）
	2.　寝ている時右手にぎる．左手はたまにひらく. 3.　両手ひらく．天井からつりさがっているおもちゃをひっぱる.

調査表④（つづき）

	名前	音　声・言　葉・認　識	そ　の　他
1	A	「たんぽぽ」「秋の空」「羊をつれて」などの歌，リズムの歌をうたう．大人のいうことはよくわかる（「〜に〜をわたして」）．うなずいて返事する。	・イスを運んで食事の用意を手伝う ・木馬にのり自分でこぐ ・パンツを１人でぬぎ手でひきあげる ・他の３人ととっくみあいをする
2	B	オトーサン，オカーサン，タータン（兄），ダメ，モットー，ハイッなどちゃんと話せば大人の言うことがわかる	・オシッコの前後に教える． ・「人見知り」が時にある． ・小さい子の相手をしてよくあそぶ． ・かめが大好き．
3	C	一生けん命に何かを話そうとする．行動する時必ず何か言う。ナイナイ，イヤー，チョーダイ，バッカー，イヤダヨー，コレッ	・水あそびが好きでプールの中で手足をばたつかせてあそぶ． ・おこる時，床にころがり手足をばたばたして激しくおこる．
4	D	バッカー よく話をしてくれる．	・水あそびが大好き． ・７月の母の入院以後送りむかえの際泣く ・１歳すぎから「すききらい」がはっきりする．
5	E	・寝がえりをしてから大きな声を出すようになり，何かを要求する． ・アーアー，マンマ，「〜チャン」	・水あそびが大好き ・食欲旺盛 ・「行動力」（ハイハイのスピード）抜群になる ・意欲があり何にでも興味を示す
6	F	7.　母・兄をみてよろこぶ，保母をみてニコニコする． 9.　バイバイをする	・食欲旺盛 ・水あそび，土（どろ）いじりなども喜んでとりくむ．
7	G	7.　母の顔をみてキャキャよろこぶ．リズムを大人がやるのをじっとみている． 9.　「バイバイ」らしく言葉とともに手をにぎにぎする．	・６か月健診で足の左右非対象と診断された． ・食欲旺盛 ・「ハイハイ」のスピードも出，動きが出てきた．
8	H	2.　話しかけると目をみてアーアー，ウーウーとよく声を出す． 6.　保母にたいして「オイー」と時々声をかけてくる．	・水あそびをしたくて泣くほど好き． ・大きな子があそんでくれるとよろこぶ． ・A君とよくあそぶ（２人でニコニコしている）
9	I	3.　歌をうたってやるとウーウーと声を出す． 6.　親しい大人にたいしてはってきてだっこを求める．	・４か月すぎぐらいまでは物音にビクついていたが「ハイハイ」をするなど「行動力」がつくとともに表情が豊かになってきた．
10	J	2.　ゆさぶったり話しかけると大きく口をあけて笑う． 5.　歌をうたってやるとアーアーと声を出す．人をおってみる．	・体がやわらかい（足指をすうぐらい）反面，足のケリがやや弱い．

斎藤 公子（さいとう きみこ）
（1920 年－2009 年）保育実践家。

富山市生まれ。東京女子高等師範学校にて、倉橋惣三の指導を受け、戸倉ハルより「リズム表現」を学ぶ。

のちに「律動」を西垣都美に、「リトミック」を小林宗作に学び、独自の「リズムあそび」を生み出す。宮武辰夫から知的障害のある子どもの描画について教えを受けた。1956 年、埼玉県深谷市に「さくら幼児園」開園。統合保育の映画の記録「さくらんぼ坊や」シリーズが製作され、1986 年「アリサ ヒトから人間への記録」が文部省特選。

斎藤公子の保育実践は〝さくら・さくらんぼ保育〟として全国に広がった。晩年、オランダから来日した重度の脳性麻痺の子どもの保育にも尽力し、2003 年には「第 7 回内藤寿七郎国際育児賞希望大賞・生命の尊厳賞」を受賞。

著書
・『子育て・錦を織るしごと』・『生物の進化に学ぶ乳幼児の子育て』（かもがわ出版）
・『ヒトが人間になる』（太郎次郎社エディタス）
・『子どもは描く』・『さくら・さくらんぼの障害児保育』（2019 年復刊、K フリーダム）
《斎藤公子の保育絵本》以下 4 冊（2019 年復刊、K フリーダム）
・『森は生きている』・『黄金のかもしか』・『錦のなかの仙女』・『サルタン王ものがたり』

【DVD ブック子どもたちは未来シリーズ〔全 4 期〕】（いずれも、かもがわ出版）
・I 期 DVD①乳幼児の生活・保育園の日々 /DVD②絵に観る子どもの心と体
・II 期 DVD③赤ちゃんの育て方 /DVD④楽しく，しなやかにリズムあそび /DVD⑤永遠のしごと－文化を紡ぐ
・III 期 DVD⑥斎藤公子最後の卒園式 /BOOK 斎藤公子のリズムと歌
・別巻 乳幼児のための脳科学〈小泉英明編著〉DVD⑦付

映画
・「アリサ」DVD（映画「さくらんぼ坊や」総集編；78 分）（K フリーダム扱い〔ホームページ参照〕）

改装版　さくら・さくらんぼの障害児保育

2019 年 7 月 8 日　改装版 1 刷発行
編著　斎藤 公子／斎藤公子の部屋（佐藤幸紀）
発行　K フリーダム (http://www.k-freedom.jp)
　　　桐野 昌三（代表）／古賀 海華穂・坪谷 菜津美（編集アシスタント）
発売　株式会社太郎次郎社エディタス
　　　〒113-0033 東京都文京区本郷 3-4-3-8F
　　　TEL 03-3815-0605
印刷　モリモト印刷株式会社

ISBN 978-4-8118-4122-9　C0077
この本は、『さくら・さくらんぼの障害児保育』（青木書店、1982 年第 1 版 5 刷）をもとに復刊したものです。